D1352795

sciences et société

Dans la collection «Sciences et société»
Aux Éditions La Découverte

Marcel Blanc, *L'ère de la génétique.*

Mohamed Bouguerra, *Les poisons du tiers monde.*

Alan Chalmers, *Qu'est-ce que la science?*

Bruno Latour, Steve Woolgar, *La vie de laboratoire. La production des faits scientifiques.*

Pierre Lévy, *La machine univers.*

Richard C. Lewontin, Steven Rose, Leon J. Kamin, *Nous ne sommes pas programmés* (épuisé).

Sven Ortoli, Jean-Pierre Pharabod, *Le cantique des quantiques.*

Michel de Pracontal, *L'imposture scientifique en dix leçons.*

L'explosion de la communication

Des mêmes auteurs

Ouvrage de Philippe Breton

Histoire de l'informatique, La Découverte, Paris, 1987
(coll. «Histoire des sciences»).

Ouvrages de Serge Proulx

Changer de société (dir. avec Pierre Vallières), Québec / Amérique, Montréal, 1982.
Vivre avec l'ordinateur: les usagers de la micro-informatique (dir.), G. Vermette, Montréal, 1988.

Philippe Breton
Serge Proulx

L'explosion de la communication

La naissance d'une nouvelle idéologie

La Découverte – Boréal
Paris – Montréal

© Éditions La Découverte
1, place Paul-Painlevé, 75005 Paris
ISBN 2-7071-1786-2

© pour le Canada Éditions du **Boréal**
5450, Côte-des-Neiges
Montréal H3T 1Y6 Québec
ISBN 2-89052-254-7
Dépôt légal: 1er trimestre 1989
Bibliothèque nationale du Québec

Remerciements

L'idée de ce livre est née quelque part entre Strasbourg, Paris, Dakar, Namur et Montréal. Plusieurs voyages que les auteurs ont faits ensemble dans ces villes, à l'occasion de séminaires et de colloques, ont permis la mise en place d'une collaboration placée précisément sous le signe de la communication. Commencé à Montréal, le livre a été terminé à Strasbourg, après avoir connu une phase de mûrissement intense au colloque «Epistémologie de la communication», qui s'est tenu à Cerisy-La-Salle en juin 1988. Tous les amis qui nous ont aidés — et supportés — à cette occasion doivent ici être remerciés.

Serge Proulx tient à remercier chaleureusement les quelques personnes qui ont accepté de lire et critiquer certaines parties du manuscrit: particulièrement Marie-Blanche Tahon, chercheur au Département des communications de l'Université du Québec à Montréal, pour son amitié indéfectible et son important soutien, et aussi ses collègues et amis Pierre Lévy et Michel Pichette, de la même université, Josiane Jouët, chercheur au Centre national d'études des télécommunications (Paris), André Vitalis, chercheur au LIANA (Université de Nantes) et Antoine Hennion, chercheur au Centre de sociologie de l'innovation de l'École des mines de

Paris. Il remercie également tous les étudiants et étudiantes en communication de l'Université du Québec à Montréal qui, au fil des ans, l'ont aidé à mieux préciser sa pensée.

L'écriture éloigne toujours de ceux que l'on voudrait pourtant plus proches. Si ce livre pouvait être une manière d'excuse pour un éloignement temporaire, une bonne partie de son objectif serait remplie; Philippe Breton remercie donc plus particulièrement, pour leur compréhension quotidienne et leur soutien amical, Jean Kraft, René Kahn, Jean-Christian Spenle, Daniel Lemoine, Nicole Bart et Hervé Mantz, mais aussi Fred Dijs à Amsterdam, Stéphane Clément à Genève, Charles Davis à Ottawa et Wolkard Knigge à Oldenbourg; une pensée également pour les étudiants en communication qui ont eu à connaître les épreuves de ce texte. Alice et Marcel Bousquet ont soutenu ce livre par leur intérêt répété. Annie Bousquet, Emmanuelle et Maud Ebstein, Yann Breton, ont été, d'une certaine façon, la raison d'être de ce travail.

Enfin, *and last but not least*, les auteurs remercient chaleureusement François Gèze, directeur des éditions La Découverte, pour son soutien amical, sa grande patience, et son efficace et méticuleux travail d'éditeur.

Introduction

Le point de départ de ce livre est une question: pourquoi aujourd'hui parle-t-on autant de «communication», qu'est-ce qui fait que ce thème est désormais «incontournable»? À cette question il nous a souvent été répondu que si le mot «communiquer» était sur toutes les lèvres, à propos de tout et de rien, c'était parce que les techniques de communication étaient partout présentes, et que notre univers quotidien était désormais peuplé de satellites et d'ordinateurs, de nouvelles chaînes de télévision, de minitel, de téléphones, de nouveaux moyens d'information.

Une revue des ouvrages actuellement publiés sur le thème de la communication, en Amérique du Nord comme en Europe, nous a effectivement convaincus de cette omniprésence des techniques. L'abondance d'ouvrages, de discours, de rapports gouvernementaux, de comptes rendus, de recommandations de comités contraste d'ailleurs singulièrement avec le fait que ces écrits sont très souvent presque uniquement consacrés à la description des techniques de communication et de leurs «effets» sur notre société.

Notre question de départ ne trouvait donc toujours pas de réponse satisfaisante, mais elle s'enrichissait d'une dimension

9

supplémentaire: pourquoi parle-t-on aujourd'hui tant de la communication *et de ses techniques* ?

Il était clair que, pour avancer, notre enquête devait prendre du recul par rapport à l'ensemble de cette littérature descriptive. Nous avons donc cherché à savoir *à partir de quand* on s'était mis à tant parler de communication dans notre société. Cette piste de recherche, qui impliquait un travail historique, nous est rapidement apparue comme la plus prometteuse. Elle nous a permis d'opérer immédiatement une distinction simple mais essentielle: de tout temps les techniques de communication ont existé et ont été utilisées, mais par contre le discours qui fait de la communication une *valeur centrale,* à laquelle il est nécessaire de recourir systématiquement pour résoudre toutes sortes de problèmes sociaux et économiques, est, lui, d'apparition historique récente. Plusieurs éléments de notre enquête préliminaire nous ont alors amenés à formuler l'hypothèse que ce que nous avons appelé l'«idéologie de la communication» était apparue en Occident dans les années comprises entre 1940 et 1950.

La coïncidence entre cette naissance que nous commencions à discerner et les enjeux historiques formidables et dramatiques qui ont caractérisé cette période nous appelait cependant à beaucoup de prudence, d'autant plus que notre objectif dans ce livre n'était pas, au départ, de faire œuvre d'historiens, mais simplement de faire partager au lecteur un regard nouveau sur la communication.

Nous avons donc décidé d'abord de mieux définir notre champ d'investigation, ensuite de pousser l'interrogation historique encore plus loin dans le temps, pour voir si effectivement cette rupture contemporaine que nous croyions déceler était pertinente.

Le champ de la communication, même considéré à travers ses techniques, pouvait apparaître en effet comme bien vaste. Il fallut donc le réduire à la «communication sociale» et écarter — peut-être n'est-ce là que partie remise — d'un côté les communications interpersonnelles, c'est-à-dire tout le domaine de la communication directe entre les personnes, et de l'autre les communications au sens des moyens de transport physique des individus. Ce découpage, même s'il paraît simple, n'en est pas moins arbitraire. Souvent les événements sont intimement liés,

10

plus sans doute que les catégories abstraites de l'observation ne le laissent parfois croire.

Ce découpage opéré, qui nous libérait des inconvénients d'une trop grande généralité, nous restions face à ce «noyau dur»: la *communication sociale*, c'est-à-dire la communication médiatisée, impliquant généralement des messages circulant entre des groupes de personnes, ou d'une personne à un groupe.

Les recherches historiques engagées alors nous convainquirent de la grande ancienneté d'existence des techniques de communication sociale, les deux premières repérables historiquement étant l'écriture et la rhétorique. Une lecture attentive des auteurs qui abordaient cette question — en général toujours indirectement — nous permit de dégager alors un point essentiel pour la suite du travail: l'importance du contexte social et culturel dans l'apparition et l'usage des techniques de communication.

Nous avions en effet été choqués par le «déterminisme technique» qui caractérise la plupart des travaux actuels sur la communication. Or une revue des conditions dans lesquelles les techniques de communication se sont implantées dans notre société, de l'Antiquité jusqu'à nos jours, faisait apparaître à quel point on avait jusque-là sous-estimé l'importance, dans le cas de l'écriture, ou de l'imprimerie, ou encore des premières techniques électroniques, du contexte social, qui souvent jouait un rôle d'impulsion décisif à la fois dans l'innovation et dans les conditions ultérieures de son usage.

Cette forte présence du contexte social nous renvoyait justement à notre question initiale. Il nous fallait expliquer pourquoi, dans les années quarante, les techniques de communication avaient connu un formidable coup de fouet, au point que l'on pouvait parler, à partir de ce moment, d'une véritable «explosion de la communication». Une recherche approfondie sur le milieu des grands ingénieurs de la communication, tant du côté des télécommunications que de celui de l'informatique naissante, nous permit de dégager ce fait essentiel: l'«idéologie de la communication», ce discours explicite et cohérent centré sur le thème de la communication, était bien apparue au milieu du siècle et, comme une sorte de réponse positive à une situation vécue tragiquement, cette idéologie se constituait sous nos yeux comme

11

une véritable *alternative* aux idéologies politiques perçues à l'époque dans ces milieux comme ayant fait faillite dans la gestion des affaires humaines. Conçue comme «alternative à la barbarie» dans un contexte où l'humanisme classique avait volé en éclats pour ne laisser la place qu'aux philosophies de l'absurde, l'idéologie de la communication se présentait comme une idéologie «sans ennemi», instaurant — grâce aux techniques — une sorte de norme consensuelle dans les rapports sociaux. Une idéologie sans ennemi mais pas sans lutte ni sans ombre, puisque désormais le Mal y serait personnifié par l'«entropie», le «désordre», la «désorganisation», le «bruit» (au sens de la théorie de l'information).

Les «thérapeutiques exterminationnistes» qui avaient caractérisé les idéologies politiques du XXe siècle se voyaient ainsi remplacées par le projet utopique d'une «société de communication» où hommes et machines travailleraient en harmonie et, pourquoi pas, sur un pied d'égalité, grâce aux nouvelles «intelligences artificielles». Il nous fallut constater que cette opération n'était possible qu'au prix d'une redéfinition «anthropologique» de ce qu'était la personne humaine et surtout la machine, placée désormais sur le même plan que l'homme. Cette nouvelle idéologie, à ne prendre aucun homme en particulier pour ennemi, ne les désignait-elle pas tous à une réforme peu acceptable éthiquement?

Cette enquête, passionnante car elle nous plongeait d'un seul coup dans le creuset d'où étaient sortis tous les discours actuels sur la communication, nous permit dès lors de porter un regard neuf sur les techniques de communication et les problèmes *actuels* que posent leur emploi.

Plusieurs questions sur ce sujet étaient, depuis un certain temps, traitées par les spécialistes, ainsi le pouvoir effectif — ou supposé — des médias sur les individus, ou encore sur les capacités de manipulation de la communication publicitaire. De nombreuses interrogations subsistaient également sur la question de la convergence des techniques de communication et de leur intégration, notamment grâce au recours à l'électronique.

Notre souci de faire partager au lecteur non seulement une recherche sur les conditions d'émergence du thème de la communication, mais aussi une connaissance approfondie des débats sur l'usage des techniques, nous a donc conduits à proposer une revue, la plus complète possible, de la façon dont les meilleurs experts avaient analysé la question des médias dans leur rapport avec le pouvoir. Pour faciliter le travail et aussi systématiser un peu l'approche, l'ouvrage devait proposer une cartographie des différents «territoires de la communication» en cherchant à mettre en évidence les *convergences* — qui nous sont apparues moins probables qu'il n'y paraît généralement —, et les *différences*, non seulement au niveau des techniques mais également au niveau des hommes et des «cultures» auxquelles ils se rattachent.

Nous avons cherché également à y voir plus clair dans l'argumentation qui accompagnait généralement le développement des techniques de communication, notamment du point de vue économique. La place et le rôle des techniques de communication dans les pays du tiers monde constituent de ce point de vue un bon révélateur de la situation générale. L'importance de l'idéologie en matière de recours aux techniques de communication constitue peut-être un élément nouveau de la discussion, déjà très riche, sur la question de la «déréglementation». Parler d'«explosion de la communication» incite aussi à la réflexion sur le mouvement actuel de décomposition et de recomposition autour des techniques et de leurs usages.

Toute la nouveauté dont nous sommes abreuvés aujourd'hui ne devait pas non plus nous faire oublier que ce domaine est traversé par un très ancien clivage, dont nous suivons le cheminement tout au long des chapitres du livre. Ce clivage sépare, dans le monde de la communication et, plus globalement, de l'expression et de la créativité humaines, la «culture de l'argumentation» et la «culture de l'évidence». Là où la première privilégie l'homme dans sa parole et dans sa vie en société, l'autre met en avant la vérité, la démonstration et un rapport au monde libéré des contraintes naturelles. Entre les lignes de ce livre circule au fond une seule idée, celle d'un équilibre, au sein de la communication ou grâce à elle, entre ces deux cultures.

I

Les techniques de communication dans l'histoire

1

Les premiers pas de l'écriture

Le langage, qui fait partie initialement de la dotation biologique de l'espèce humaine, joue un rôle fondamental dans la communication sociale, dont il est une voie essentielle. À ce titre le langage est le point de départ, la plus ancienne couche archéologique de toutes les techniques d'expression qu'il a engendrées, en particulier ces deux genres essentiels que seront l'*écriture*, puis, quelque temps après, la systématisation des règles de l'expression orale sous la forme de la *rhétorique*. La différence entre le langage et les techniques de communication qui ont suivi est double. D'une part, le langage est au départ une donnée biologique là où l'écriture et la rhétorique sont des données culturelles. L'enfant peut apprendre à parler parce qu'il y est prédisposé génétiquement, tandis que l'écriture ou le perfectionnement de l'expression verbale nécessitent l'apprentissage organisé d'un mode de retranscription adapté à la langue parlée. Il suffit, pour apprendre à parler, de vivre dans un milieu où l'on parle, ce qui n'est pas vrai pour l'écriture. D'autre part, le langage est une donnée historique bien antérieure à l'invention de l'écriture ou de la rhétorique. Alors que les linguistes dénombrent trois mille langues parlées actuellement (quatre mille autres auraient disparu), à peine une centaine d'entre elles sont effectivement retranscrites grâce à l'écriture (idéographique ou alphabétique). Or, comme nous le rappelle avec force Eric A. Havelock*, toute conception qui identifierait la richesse et la complexité d'une culture avec un certain développement de l'usage de l'écriture est à rejeter résolument. Une culture peut dépendre totalement, d'une façon ou d'une autre, de la communication orale, et être néanmoins une culture au plein sens du terme.

L'invention de ces deux techniques de communication particulières que sont l'écriture et la rhétorique doit donc impérativement être replacée dans leur contexte historique d'apparition, seul capable de nous informer sur leur nécessité et leur rôle. Il n'y a en effet pas de nécessité biologique à l'émergence des techniques dans ce domaine, mais plutôt une contingence sociale.

La naissance de l'écriture

L'histoire de l'invention de l'écriture, comme technique de retranscription de la langue parlée, s'accomplit en deux grandes vagues successives, qui correspondent à deux modes d'écriture matériellement différents: l'écriture idéographique, qu'elle soit purement figurative ou qu'elle serve à exprimer des sons, et l'écriture alphabétique. L'écriture idéographique est née en Mésopotamie, probablement aux alentours du IVe millénaire avant J.-C. Elle était au début, pour ce que nous en savons, purement pictographique, c'est-à-dire qu'un dessin figuratif servait à représenter un objet ou un être donné (un dessin d'arbre pour un arbre, une tête d'âne pour représenter un âne, etc.). Puis, vers 3000 avant J.-C., le pictogramme devint plus abstrait et surtout

---

* Les références des travaux et ouvrages cités dans l'ensemble du livre sont réunies dans la bibliographie (organisée par ordre alphabétique d'auteurs) figurant en fin de volume. À la fin de chaque chapitre, figure le rappel des principales références utilisées.

une combinaison de dessins put référer phonétiquement à un mot sans qu'il y ait un rapport figuratif direct entre ce mot et les dessins correspondants (comme dans l'équivalent du mot français «tapis» que l'on désignerait par l'intermédiaire du dessin d'un «tas» — un amoncellement de choses — et de celui d'une «pie» — l'oiseau noir et blanc).

Les Égyptiens utilisèrent également une écriture de ce type, mais leurs hiéroglyphes, plus riches et plus diversifiés, avaient une capacité d'expression de la langue écrite beaucoup plus grande que l'écriture «cunéiforme» des Sumériens de Méso-potamie (l'écriture cunéiforme tient son nom de *cuneus,* «clou» en latin, parce que ses dessins ont l'air d'être une combinaison de clous à tête, ce qui s'explique par la nature du poinçon utilisé, taillé au bout en forme de triangle très allongé pour dessiner dans l'argile).

La présence, côte à côte dans un même texte, de dessins qu'il faut interpréter au sens figuratif (un dessin de chat pour un chat) et de dessins qu'il faut au contraire traiter comme l'équivalent d'un son parlé (un «chat» pour la première partie du mot «cha-peau») a entraîné la formation d'une catégorie particulière de signes, les «déterminatifs», qui indiquent comment il faut inter-préter le signe qu'ils accompagnent, et qui permettent de distin-guer par exemple si un dessin donné doit être pris au sens figuratif, ou s'il exprime une réalité plus abstraite. Le signe déterminatif qui accompagnait l'image constituait une véritable communication au second degré, puisque ce signe renseignait directement le lecteur sur le contexte de sa lecture.

Le mouvement de l'écriture semble donc s'éloigner progres-sivement de l'image, de la représentation analogique des objets. Poussé par le changement social et en particulier l'accroissement des échanges commerciaux, ce mouvement vers l'abstraction des écritures va déboucher sur l'invention de l'écriture alphabé-tique, qui autorisa un détachement complet vis-à-vis de l'image en fondant l'écriture sur la combinaison d'un petit nombre de signes abstraits codés qui représentaient les sons effectivement parlés. Ce détachement progressif de la dimension analogique de l'image est peut-être à mettre en rapport, pour ce qui concerne en tout cas les principales langues sémitiques, avec le refus de représenter Dieu par l'image, dans le judaïsme, ou tout être vivant dans l'islam — ces deux religions s'exprimant dans une écriture alphabétique.

L'invention de l'alphabet (*alphabetum* en latin vient des lettres grecques *alpha* et *bêta*) remonte aux Phéniciens, et peut-être avant eux aux Sémites de Syrie, à la charnière entre le IIe et le Ier millénaire. Mais ce premier alphabet eut une portée limitée car il ne contenait pas de voyelles et constituait donc une grande source d'ambiguïté à la lecture (le texte écrit ne représentait pas entièrement les mots parlés). Il faudra attendre la formation en Grèce, entre le VIIIe et le IVe siècle avant J.-C., d'un alphabet comprenant des voyelles, pour obtenir un bon système de retranscription de la langue parlée. Cet alphabet fut l'un des produits des multiples changements sociaux qui affectaient la Grèce depuis 1100 avant J.-C.; des changements qui conduiront à la forme moderne de l'organisation en cités *(polis)* et aux valeurs de la démocratie athénienne. L'alphabet grec, dans son principe, fut à l'origine des grandes écritures alphabétiques qui lui succéderont jusqu'à la généralisation de l'alphabet latin en Occident.

Les techniques de l'écriture semblent donc avoir été animées à la fois par une stimulation sociale et par un principe d'économie interne rapprochant toujours plus la langue écrite et la langue parlée. Le système d'écriture phonique grec a effectivement permis de transformer la lecture en une sorte d'automatisme. Comme le dit Havelock, l'écriture en vint à ressembler à un courant électrique communiquant directement au cerveau les sons de la langue évoquée, de telle sorte que leur signification résonnait, si l'on peut dire, dans la conscience du lecteur sans référence à des particularités quelconques de la graphie.

L'abstraction qu'impliquait le système de codification alphabétique renforça considérablement la tendance naturelle de l'écriture à être relativement indépendante de la langue qu'elle sert à retranscrire. Un même système de notation écrite, surtout s'il est alphabétique, peut en effet servir à retranscrire des langues tout à fait différentes. L'écriture hébraïque, par exemple, sert aussi bien à retranscrire le yiddish, pourtant composé essentiellement de mots d'origine germanique et slave, que l'hébreu ancien et l'hébreu moderne qui en est dérivé. L'écriture arabe sert aussi bien à retranscrire le persan, qui est une langue indo-européenne au même titre que le latin et le français, que l'arabe parlé, qui est une langue sémitique.

Kemal Atatürk, par volonté d'occidentalisation de son pays, a pu supprimer par décret en 1928 l'écriture arabe employée pour noter la langue turque et la remplacer par l'alphabet latin sans que ce changement n'affecte la langue parlée. La structure fondamentale d'un langage n'est en effet pas modifiée par le système de retranscription qu'elle s'est choisi. Car le choix d'un type d'écriture n'obéit que rarement à des considérations «techniques» internes aux langues considérées.

La dimension sociale de l'écriture

Le mouvement de l'invention de l'écriture, ou plutôt des différentes vagues d'écritures que l'humanité a connues, dépendit en effet de deux impératifs, l'un technique — l'écriture cunéiforme ou alphabétique est une «invention» au sens technique du terme —, l'autre social et politique. L'écriture, comme toutes les autres techniques de communication qui suivront, semble de ce point de vue s'inscrire dans une séquence où un contexte social et politique enveloppant prépare en amont le terrain d'une invention et détermine en aval l'ampleur et l'orientation qu'elle prendra par la suite.

Quel est en effet le contexte d'apparition de l'écriture ou, autrement dit, pourquoi a-t-on inventé le signe écrit? Les premiers pictogrammes sumériens furent intimement associés au système numérique qui les a précédés. Les fameuses tablettes d'argile, qui constituaient le principal support des documents écrits de cette période, ont d'abord servi à reporter les chiffres correspondant à des quantités de marchandises. Dans une première étape, ces chiffres furent figurés par des cailloux de différentes tailles et enfermés dans des boules d'argile creuses. Progressivement les cailloux disparurent au profit d'inscriptions reportées sur la surface même de l'argile. Les boules d'argile finirent, par commodité, par être utilisées sous forme de tablettes grossièrement arrondies, puis plates. Vers 3200 avant J.-C., ces chiffres furent complétés par le dessin des êtres ou objets que ces quantités représentaient. De ce moment date la naissance de l'écriture, au sein d'un usage clairement dédié à ce que nous appellerions maintenant la comptabilité écrite.

Le premier instrument ayant servi à écrire incarne d'ailleurs cette dualité, puisque le «calame», outil servant à graver l'argile encore molle, était rond à un bout, afin de tracer les symboles numériques (des encoches plus ou moins fines) et en forme de pointe à l'autre bout pour dessiner les pictogrammes. Plus tard ces pointes prendront la forme de triangles allongés. Les scribes sumériens prirent l'habitude de rédiger des tablettes comportant sur leur face pictogrammes et chiffres, et sur leur revers les totaux de chaque groupe de marchandises, accompagnés de ce qui pourrait être une signature.

Cette pratique était évidemment en rapport direct avec le développement de la civilisation mésopotamienne, dans une région fertile et connaissant une certaine forme d'urbanisation. Les inventaires étaient associés à un développement du stockage et de la concentration des biens, mais aussi au développement des échanges commerciaux. La finalité première de l'écriture a donc été de conserver des informations. Dans ce sens, bien sûr, les premiers écrits servirent d'auxiliaire à la circulation des biens. Mais peut-on parler pour autant d'une véritable technique de communication? L'écriture ne fut-elle pas plutôt une mémoire d'inventaire qu'un instrument de communication des idées?

L'importance décisive du contexte social dans les différentes vagues de perfectionnement qu'a connues l'écriture est également bien illustrée par les conditions dans lesquelles s'est fait le choix de l'alphabet ionien qui s'imposa finalement en Grèce. À partir du VIIIe siècle avant J.-C., plusieurs tentatives avaient été faites pour noter tous les sons de la langue parlée grecque par un système de signes alphabétiques comportant des voyelles. De multiples alphabets locaux furent élaborés et deux grands systèmes se dégagèrent, l'oriental et l'occidental, jusqu'au choix, corollaire de la puissance d'Athènes, de l'oriental (dit alphabet ionien) pour retranscrire l'attique.

Ce choix d'alphabet, loin de correspondre à une nécessité propre à la langue, fut en fait déterminé par le jeu d'une puissance politique, Athènes, qui imposa sa façon de voir. Le même phénomène se reproduira à Rome dont la domination politique s'accompagnera, comme facteur d'unification, de l'expansion de l'alphabet latin, avec les effets durables que l'on connaît, puisqu'il est encore en vigueur aujourd'hui dans une grande partie du monde occidental.

L'importance sociale de l'écriture dans l'Antiquité

Le rôle social exact de l'écriture, en tout cas dans la période qui s'écoule depuis son invention jusqu'à la fin du Moyen Âge occidental, n'est pas simple à établir. Ne sommes-nous pas tentés de surévaluer l'importance du texte écrit dans cette période de l'histoire? L'idée, couramment répandue, selon laquelle l'émergence de l'écriture, et principalement de l'écriture alphabétique syllabique, aurait été, en soi, le point de départ d'importantes modifications politiques, sociales et culturelles est-elle si assurée? Elle implique en tout cas deux points de vue qui sont loin d'être acquis: d'une part, l'écrit aurait été d'emblée utilisé comme une technique de communication et aurait donc par ce fait modifié en profondeur les modes de circulation des idées et des informations; d'autre part, le monopole de l'écriture aurait été une source de pouvoir pour ses détenteurs, qui aurait transformé les conditions d'exercice de l'autorité et les grands équilibres sociaux.

Il faut remarquer, dans un premier temps, que ces deux arguments sont en partie contradictoires. Le développement supposé de l'écriture comme technique de communication captant à son profit les grandes voies de circulation sociale des idées est en effet antagoniste avec le monopole exercé par les scribes en vue d'asseoir le pouvoir d'une nouvelle couche sociale, car ce monopole suppose justement une restriction et un rétrécissement de ces mêmes voies de communication. Pour répondre précisément aux questions qui se posent dans ce domaine, il faut faire une distinction, essentielle pour le monde antique, entre le progrès interne des techniques de l'écriture, notamment avec l'invention de l'alphabet grec, qui fut très rapide, et les usages sociaux de l'écrit, qui, par contre, ne se répandirent que très lentement et restèrent toujours secondaires dans une société dominée par l'oral.

La situation dans l'Antiquité était en résumé la suivante: un nombre restreint de textes écrits, peu de lecteurs et encore moins d'auteurs. La limitation de cette diffusion fut sans aucun doute largement encouragée par la rareté et le caractère onéreux des supports utilisés à l'époque, le parchemin et le papyrus. La pratique du palimpseste (texte écrit au même emplacement qu'un texte précédent qui a été gratté ou effacé pour l'occasion) illustre bien ce problème. L'aisance et la rapidité de lecture étaient un idéal très difficile à atteindre, même en Grèce et un peu plus tard à Rome. Havelock nous rappelle que le nombre de textes sur lesquels l'Athénien alphabétisé pouvait s'exercer restait très limité.

L'influence du texte comme moyen de communication, qui avait connu un certain développement jusqu'à la chute de l'Empire, ira en décroissant avec le retour d'une forme technique particulière associée à l'écriture, la calligraphie, qui fait de la lettre un pur objet visuel. L'écrit calligraphié quittait le domaine des communications pour entrer dans l'univers artistique. Faut-il pour autant, comme le font certains auteurs, condamner la calligraphie et d'une façon plus générale tout emploi de l'écriture qui s'éloignerait des contraintes fonctionnelles d'une retranscription limpide et efficace du langage parlé? Faut-il voir dans la virtuosité calligraphique qui va se répandre pendant tout le haut Moyen Âge «l'ennemi de la diffusion sociale de l'usage de l'écriture»? Ces questions nous permettent de mieux saisir à quel point l'écriture n'a jamais été par nature une technique de communication et que la direction qu'elle a prise à un moment ou à un autre de son histoire fut largement dépendante du contexte social qui l'orienta. Il n'a évidemment pas suffi qu'avec l'alphabet grec l'écriture devienne pour un temps une technique de communication performante pour que cette potentialité se réalise immédiatement.

Avec l'invention du signe écrit va naître une profession, en tout cas une corporation de spécialistes, les scribes, qui, comme nous l'avons vu, ont été d'abord comptables avant d'être écrivains. L'importance sociale de l'écriture ne s'est-elle pas accrue du fait qu'elle aurait été un moyen de pouvoir efficace monopolisé par une minorité? La pratique de l'écriture et de la lecture va en effet être limitée à ce que Havelock appelle un «usage professionnel de l'écriture» qui va durer près de 4 500 ans, du IVᵉ millénaire jusqu'à la Renaissance, avec une courte et relative interruption du ivᵉ siècle grec jusqu'à la chute de l'Empire romain, lequel verra pour longtemps le retour des scribes professionnels.

L'importance sociale de ces scribes, techniciens du pouvoir ou copistes reclus dans des monastères isolés, comptables égyptiens ou artistes enlumineurs, peut sans doute être appréciée de diverses façons. Il faut peut-être prendre garde, là aussi, à ne pas exagérer rétrospectivement le poids d'une corporation qui est restée, du fait de la nature de son art, en partie à l'écart des lieux de prises de décision. La place centrale occupée par les scribes dont la fonction était l'inventaire ou la comptabilité doit être relativisée par le fait qu'il faudra attendre très longtemps avant que les centres économiques se confondent avec les centres décisionnels. La place de l'économie dans l'Antiquité n'est pas telle que les scribes, acteurs malgré tout dotés d'un rôle second, puissent être considérés comme détenteurs d'un réel pouvoir. L'influence des copistes et des enlumineurs ne doit pas non plus être surestimée malgré le prestige religieux de leur fonction. Dans les cultures orales qui prédominèrent jusqu'à la Renaissance, le pouvoir du langage laissa en fait peu de place à l'écrit et le rhéteur, sur le modèle de Cicéron par exemple, fut, à tout prendre, plus proche des centres de décisions que le scribe.

La mémoire et l'écriture

La faible diffusion sociale des techniques de l'écriture ne masque-t-elle pas l'importance des bouleversements intellectuels que l'écrit aurait néanmoins provoqués? Certains auteurs n'hésitent pas à voir dans l'alphabet la source première des valeurs et de la culture grecques et à faire ainsi de ce mode original de retranscription de la langue le nerf de la modernité. Outre que l'histoire se réduit rarement à des causes uniques, une telle position méconnaît plusieurs ordres de réalité. D'abord, comme cela a été dit plus haut, les valeurs de la société grecque sont très largement, sinon complètement, apparues dans la période qui précéda l'invention de cet alphabet, de 1100 à 500 avant J.-C. Ensuite, une telle rupture radicale, qui ferait de l'alphabet le pivot quasi unique de l'entrée de l'homme dans la civilisation, fait bien peu de cas de la culture orale. N'y a-t-il pas là le germe d'une nouvelle partition, aussi douteuse que les précédentes, entre société «primitive» et société «civilisée»? La société du XXe siècle est-elle plus «civilisée» d'être hyper-alphabétisée? La démonstration reste encore à faire.

Malgré le peu d'informations dont nous disposons sur ces éventuelles transformations intellectuelles qu'auraient provoquées la découverte, puis l'usage de l'alphabet grec (usage dont nous avons vu combien il était probablement restreint), il est toutefois possible de parvenir à certaines conclusions si l'on examine par exemple l'évolution des formes de mémorisation que développe l'Antiquité.

L'une des raisons pour lesquelles Socrate manifesta une forte opposition à l'usage de l'écriture (comme d'ailleurs à la rhétorique) était, comme l'indique ce passage célèbre du *Phèdre*, sa capacité à produire l'oubli dans les âmes en leur faisant négliger la mémoire: «Confiants dans l'écriture, c'est du dehors, par des caractères étrangers, et non plus du dedans, du fond d'eux-mêmes qu'ils chercheront à susciter leurs souvenirs... ce que tu vas procurer à tes disciples, c'est la présomption qu'ils ont la science, non la science elle-même.» Il ne faut évidemment pas trop s'arrêter à l'hostilité de Socrate vis-à-vis de toutes les techniques de communication, même si l'influence du philosophe n'aura pas, jusqu'à aujourd'hui encore, que des conséquences heureuses.

Le point sur lequel Socrate avait sans doute raison était le fait que le développement de l'écriture devait changer profondément les conditions de mémorisation du savoir et des informations. La mémoire des anciens, dans les cultures orales, était capable de performances inouïes. Dans quelle mesure l'apparition de l'alphabet grec a-t-il modifié le traitement du souvenir? De ce point de vue, on peut être à peu près certain que les craintes de Socrate, au moins pour ce qui concerne l'Antiquité, n'étaient pas fondées: le IVe siècle avant J.-C. a justement été la période à partir de laquelle se sont développés les procédés de mémorisation systématisés par la rhétorique et ne faisant appel donc qu'à l'oral.

Les grandes règles de la «mémoire artificielle», nous rappelle Frances Yates, étaient déjà connues depuis longtemps, mais l'extension du rôle de la parole organisée en a favorisé la diffusion à une échelle jusque-là inconnue. Il est clair que si l'écrit avait modifié en profondeur les conditions de la production intellectuelle, les systèmes rhétoriques de mémorisation orale n'auraient jamais connu le développement sans précédent qu'ils ont eu dans l'Antiquité. La rhétorique apparaît ainsi, plus que l'écriture, comme la technique de communication propre à l'Antiquité.

Bibliographie: M. FABRE, 1963; G. GUSDORF, 1952; E.A. HAVELOCK, 1981; G. IFRAH, 1985; G. JEAN, 1987; F. YATES, 1975.

2

La puissance de la rhétorique

Il est incontestable que les Grecs inventèrent les grandes techniques qui constituent les fondements de la rhétorique. Ils en furent aussi les plus vigoureux critiques. Ces techniques eurent, notamment à Athènes, un usage essentiellement juridique, dans le cadre des plaidoiries de procès, mais aussi un usage politique, puisque le discours dit «épidictique», l'éloge funèbre par exemple, permettait de transmettre les valeurs propres à la cité.

Mais il fallut attendre Rome, et les institutions de la République, pour que la rhétorique joue à plein son rôle de technique de communication et qu'elle se développe dans toute son ampleur. Rome était, pratiquement au sens moderne, une «société de communication». Son influence de ce point de vue débordera largement les frontières temporelles de l'Empire puisque l'idée d'un lien social fondé sur la communication organisée et institutionnalisée traversera le Moyen Âge, sera portée par la Renaissance et fécondera l'époque contemporaine.

Comment est née la rhétorique? Il semble que l'on puisse localiser avec précision en Sicile, au IVe siècle avant J.-C., la naissance de la rhétorique, à la fois comme réflexion sur le discours dont le but est de convaincre, et comme enseignement des techniques de persuasion. Barthes souligne à cette occasion que c'est pour «défendre son bien» que l'on a commencé à «réfléchir sur le langage». Vers 485 avant J.-C., deux tyrans siciliens, Gelon et Hieron, avaient dépossédé de leurs propriétés les habitants de Syracuse afin de lotir les mercenaires qu'ils avaient employés. Lorsqu'ils furent renversés par un soulèvement démocratique et que l'on voulut revenir à la situation antérieure, il y eut des procès innombrables pour que chaque famille puisse récupérer ses biens. Les nombreuses plaidoiries qui suivirent donnèrent naissance à un enseignement spécifique, donné par les premiers rhéteurs connus, Corax et Thisias. La rhétorique semble bien avoir été le fruit, dans un contexte de bouleversement social, d'une volonté de retour à l'équilibre excluant l'usage de la force.

Les premiers pas de la rhétorique

Corax inventa l'idée selon laquelle tout discours devait être organisé en grandes parties qui se succédaient naturellement. Cette technique de prise de parole constituera la base future de toute exposition réfléchie des arguments. Tout discours devait commencer par une adresse au juge, l' «exorde», destinée à préparer le public et à le sensibiliser aux arguments qui allaient suivre, et devait être clos par une «péroraison» qui frappait l'esprit des participants. Entre ces deux parties du discours, les faits étaient d'abord exposés dans une «narration», puis discutés dans une partie nommée «confirmation».

Compte tenu des liens entre la Sicile et Athènes, ces nouvelles techniques de communication, qui faisaient leurs preuves dans les procès contre les tyrans, se répandirent rapidement dans la cité grecque. L'un des facteurs de sa diffusion fut sans doute l'exigence de la justice grecque que les plaignants se défendent en personne. Le métier de logographe (celui qui écrivait les discours) se développa, car chaque citoyen ne se sentait évidemment pas capable d'argumenter devant un tribunal sans l'aide d'un expert, soit par manque de formation juridique, soit par manque de culture tout court. La rhétorique connut alors une première dérive «technicienne» sous la forme de l'enseignement des sophistes (vers 450 avant J.-C.), qui affirmaient la toute-puissance du verbe et de l'argumentation, en même temps qu'une philosophie selon laquelle il n'y a pas de vérité en soi mais seulement des opinions relatives. Entre les mains des sophistes, la rhétorique devenait progressivement un pur outil, stérile et formel, utilisant des figures de style apprises par cœur et que l'on employait automatiquement dans telle ou telle situation, un outil au service de tous les pouvoirs.

Prenant prétexte de cette dérive des «technologues», comme Aristote les appelait, Socrate et Platon condamnèrent toute forme d'organisation du discours qui ne s'appuyait pas d'abord sur la recherche de la vérité. La rhétorique pour Platon n'était pas un art, mais seulement un empirisme et une routine qui visaient à l'agréable, sans souci du meilleur, «parce qu'elle n'avait pas, pour offrir les choses qu'elle offre, de raison fondée sur ce qui en est en nature, et qu'elle ne pouvait par la suite les rapporter chacune à sa cause». Cette querelle entre Platon et les sophistes devait avoir des conséquences durables car au-delà de la rhétorique, c'était au fond la légitimité même de toute technique de communication qui était visée. Socrate témoigna sans ménagement, et en conformant sa pratique à sa pensée, son hostilité à l'écriture, qui, selon lui, changeait, en la dénaturant, la nature même du savoir.

Les deux grandes techniques de communication de l'Antiquité, l'écriture et la rhétorique, étaient ainsi prises pour cibles, de façon durable et toujours actuelle, par les philosophes et une partie du monde intellectuel. Ces derniers se résoudront à l'écriture, et sous certaines conditions à la rhétorique, mais moins comme instrument de communication que comme outil de divulgation de la vérité à qui saurait bien la reconnaître.

L'un des élèves de Platon, Aristote (384-322 avant J.-C.), qui sera aussi précepteur d'Alexandre le Grand, partira lui aussi en guerre contre les sophistes mais en réhabilitant la rhétorique. Comme le remarque Mérédic Dufour, cette nouvelle rhétorique, comme auxiliaire de la parole dégagée d'un rapport trop pesant à la morale et à la vérité, pourra remplir son rôle dans la cité, devant le tribunal, qui décide des sanctions applicables aux violations de la loi, comme devant l'assemblée, qui délibère sur la sauvegarde de l'État. Cette rhétorique était définie par Aristote non plus comme un pur outil de pouvoir par la persuasion, mais comme l'art de «découvrir tout ce qu'un cas donné comporte de persuasif» en sorte que, selon Dufour, «sa règle était non pas l'immoralisme, renversement de la morale reçue, mais l'amoralisme, indifférence provisoire à l'égard de l'impératif». La rhétorique d'Aristote se présente comme une pratique très souple, qui tient compte des circonstances. Ce qui compte avant tout chez un orateur, c'est sa capacité à faire face en toute occasion et à adapter son discours au contexte.

Il serait sans doute un peu trop proche des conceptions modernes de la communication de décomposer, comme le fait Barthes, les trois tomes de la *Rhétorique* d'Aristote en un livre I qui serait consacré à l'émetteur du message (conception des arguments), un livre II au récepteur du message (parce qu'il traite des émotions et des arguments en tant qu'ils sont reçus) et un livre III au message lui-même (l'analyse des figures et de l'ordre des parties du discours). Il n'en reste pas moins vrai qu'Aristote a conçu un art nouveau de la communication quotidienne et de la prise de parole en public, une technique à mi-chemin entre le cynisme relativiste des sophistes et l'indifférence sociale des philosophes platoniciens.

Mais, malgré les progrès dans la démocratie qu'une telle conception de la communication encourageait, la cité grecque n'était pas le cadre social idéal qui permettait l'épanouissement des nouvelles techniques de la parole. Rome, vers laquelle les rhéteurs grecs désormais affluaient, constituera le milieu culturel et social le plus approprié pour que la communication rhétorique s'y développe. Les valeurs qui étaient le fondement de la République, puis de l'Empire, et qui firent la spécificité et la grandeur de Rome, étaient en correspondance étroite et dans un rapport de renforcement mutuel avec l'esprit de la rhétorique.

Rome, société de communication

Tout, à Rome, s'organisait autour de la volonté de faire de la communication sociale une des clefs de voûte de la vie quotidienne. L'architecture des villes, notamment l'institution des forums, portait en elle cette volonté. Ces places centrales, toujours bruyantes et animées, qui étaient le creuset de la vie politique et sociale avaient existé aussi en Grèce, mais là où à Athènes les temples et les édifices qui la bordaient offraient à la contemplation l'harmonie de leurs proportions (comme le Parthénon), le temple romain, comme le remarque Pierre Grimal, était surtout une façade, véritable décor de la vie publique, destinée à s'intégrer dans un forum ou une aire sacrée, afin d'être immédiatement à la portée des mortels. La spiritualité romaine était tout entière tournée vers l'intérieur de la cité.

Le souci du lien social était tel que tout homme qui souhaitait se faire respecter se devait de connaître par leur nom chacun des citoyens qui étaient susceptibles de le croiser dans la rue tout au long de la journée. À la fin de la République et sous l'Empire, les citoyens les plus riches étaient accompagnés d'un *nomenclator*, un esclave spécialisé qui leur soufflait le nom des personnes rencontrées.

La vie intellectuelle était présente partout sur la place publique, dans les salles ouvertes à tout venant, dans les conversations. Elle formait une part importante des activités sociales. Comme le remarque Grimal, les conditions de la vie publique, à partir du IIe siècle avant notre ère, firent de l'art oratoire une nécessité quotidienne. Les procès politiques se multipliaient, et l'opinion publique joua un rôle de plus en plus grand dans la vie politique et au Sénat. Comme cela avait été le cas en Grèce, cet appel aux techniques oratoires donna lieu à une dérive esthétisante, facilitée par un certain goût romain pour l'emphase. Mais les meilleurs orateurs, et Cicéron (106-43 avant J.-C.) le premier, luttèrent contre cette dérive d'un outil d'autant plus précieux qu'il permettait de substituer la parole à la violence physique et de moraliser ainsi l'exercice du pouvoir.

Cicéron fut lui-même l'exemple d'une personnalité qui atteignit, par la seule force de ses plaidoiries et de ses discours après sa victoire sur Catilina, en 63, la position sociale et le prestige qui auraient été autrement ceux d'un chef militaire. Le succès de l'éloquence d'un Cicéron tenait à la parfaite adéquation entre sa technique oratoire et les valeurs dont elle permettait la promotion; et en premier lieu l'idée, devenue typiquement romaine, selon laquelle la nature des hommes leur imposait d'être solidaires, dans un univers conçu comme une immense cité dont tous les membres avaient, impérativement, des devoirs les uns envers les autres.

Cette valeur centrale de la romanité, l'*humanitas*, s'inscrivait au centre d'un faisceau de prescriptions morales qui toutes, d'une façon ou d'une autre, mettaient en avant avec force l'idée d'un lien social où la communication était institutionnalisée. La maîtrise de soi *(virtus)*, par exemple, était opposée à l'incapacité de dominer sa nature et de subordonner sa personne à la cité. Elle impliquait une conception tyrannique du devoir civique. La piété *(pietas),* loin d'être tournée vers des mondes imaginaires et inaccessibles, impliquait l'observation scrupuleuse des rites et des rapports existant entre les êtres à l'intérieur même de l'univers. La communication permanente avec les manes des ancêtres — figurés par des acteurs dans les processions funèbres — et le respect des engagements avec les vivants étaient les fondements de la vie sociale tout entière. Les membres de la cité se devaient ainsi une solidarité sans faille, dont l'extension à d'autres peuples allait constituer une des bases de l'Empire romain.

La formation de l'Empire romain: un lien social original

La grande particularité de l'Empire romain — qui le distingua des empires antérieurs bâtis sur la simple domination militaire — fut sans doute que son pouvoir était garanti par la participation des vaincus à une cité indéfiniment élargie qui accueillait progressivement ses ennemis en son sein. L'autonomie des villes conquises était garantie et chacune d'entre elles recevait un statut particulier.

Grimal voit dans ce phénomène les vertus de l'association, sorte de lien juridique et moral, qui, plus que la contrainte, lia entre elles, sous l'égide de Rome, les différentes nations soumises. Celles-ci adoptèrent en quelques années la civilisation conquérante, et l'aristocratie locale, en général, souhaitait ardemment devenir «romaine» — comme voudront le devenir, plusieurs siècles plus tard, les conquérants barbares.

Jacques Ellul, par contre, analyse cette pénétration de l'influence romaine chez les peuples voisins pendant la période républicaine comme le fruit d'une politique de propagande psychologique orientée vers l'étranger. Il s'agissait de créer chez ces peuples la conviction de la supériorité de Rome afin qu'ils demandent eux-mêmes l'intégration dans le système romain, comme une sorte de consécration. Dans les fédérations, les peuples vaincus gardaient leur autonomie mais fournissaient des contingents militaires. Ce système détachait les peuples les uns des autres à cause du lien exclusif qui s'établissait entre eux et Rome (cent cinquante traités séparés furent signés rien qu'en Italie). L'institution de la «colonie», qui était une cité romaine construite en territoire étranger, permettait à la fois d'exercer une surveillance militaire, d'effectuer un peuplement démographique, et de faire la démonstration de l'efficacité de l'organisation et de l'administration romaines.

Les populations voisines des colonies recevaient des statuts sociaux différents qui répartissaient l'ensemble des habitants de l'Empire en citoyens de Rome, en Latins, en Italiens, en «coloniaires», en fédérés, enfin en pérégrins. Les cités avaient également des statuts différents. Les habitants de l'Empire, remarque Ellul, devenaient finalement plus attachés à Rome qu'à leur propre patrie, et attendaient de Rome la décision qui allait leur permettre de faire partie d'une catégorie supérieure. Cette politique, qui jouait sur les sentiments, permettait d'obtenir une adhésion intérieure que Rome n'aurait sûrement jamais provoquée par la force pure. Il s'agissait de susciter l'émulation, la fidélité, le dévouement, l'orgueil enfin d'appartenir à un système si grandiose.

Qu'il s'agisse d'une entreprise de propagande ayant substitué la persuasion psychologique à l'emploi des armes, ou des conséquences d'un système politique et juridique qui contenait les prémisses d'un certain humanisme, le résultat au fond est le même, puisqu'à la force brute se substitua une politique institutionnelle de communication sociale qui fit la preuve de son efficacité à travers ses vertus civilisatrices.

Les Latins, même lorsqu'ils recouraient à la force brute, n'en concevaient pas moins les rapports avec leurs ennemis comme devant être codifiés légalement. Un ennemi, par exemple, ne pouvait être mis à mort que par quelqu'un régulièrement enrôlé par un *imperator*. Il était par ailleurs interdit de tuer un ennemi qui s'était rendu ou qui n'était pas ressortissant d'une nation à laquelle la guerre avait été régulièrement déclarée. Le sommet de l'édifice juridique qui fixait les règles de la communication en temps de guerre était l'obligation, à laquelle les Romains s'astreignaient bien sûr eux-mêmes, que l'acte de reddition d'une nation vaincue soit accepté par les deux parties. Hypocrisie juridique ou sens profond de la notion de contrat? En tout état de cause, ce système permit l'instauration de règles du jeu dans des secteurs de la communication où toute avancée était une progression de la civilisation.

La civilisation latine: une culture de la communication

Les conditions dans lesquelles l'Empire s'était formé, même si, bien sûr, la conquête ne fut pas exempte de violences, contribuèrent largement à la diffusion de la culture latine et à son universalité, dans l'espace comme dans le temps. Cette universalité, loin de se présenter comme un impérialisme culturel, prit la forme plus communicative d'une recherche de conciliation, typique elle aussi de l'esprit romain, et symbolisée par le culte de la déesse Concordia, qui n'était autre que le symbole de l'unanimité civique. La culture latine fut en premier lieu, compte tenu des fondements juridiques et politiques de l'Empire, une culture d'assimilation et de traduction, comme en témoigneront l'intégration tour à tour, dans un ensemble original, de la culture grecque, des influences orientales et, pour finir, du christianisme.

La langue romaine était fortement teintée de pragmatisme et une certaine défiance à l'égard de l'abstraction et des formules trop générales avait conduit les écrivains latins à mettre au point un style clair et précis, qui ne laissait rien dans l'ombre. Grimal note que le latin de Rome était une «machinerie délicate» et que cette langue témoignait d'un véritable effort pour noter sans équivoque la valeur exacte des affirmations.

Il ne suffisait pas, dit-il, que la langue énonce un fait, il fallait aussi qu'elle puisse indiquer dans quelle mesure celui qui parle prenait cet énoncé à son compte, s'il voulait lui conférer une objectivité pleine et entière, ou si, au contraire, il se faisait seulement le porte-parole d'autrui ou encore s'il se bornait à évoquer une simple possibilité. Grimal note aussi, et ce point est d'importance, que les principaux concepts grecs, marqués par la recherche d'une universalité abstraite, furent traduits en latin avec un sens différent, plus matériel et aussi plus tourné vers la vie sociale de la cité. Ce pragmatisme donna naissance à l'idée d'information, c'est-à-dire d'une connaissance que l'on peut élaborer, argumenter, et surtout d'une connaissance transmissible, notamment par le biais de l'enseignement.

La naissance de la notion d'information

Un trait typiquement romain était la volonté d'instruire, d'informer, et cette valeur était pratiquement induite par les caractéristiques propres d'une langue tout entière tournée vers la communication matérielle. Le mot latin *informatio,* qui est à l'origine du terme moderne d' «information», renvoie à deux familles de sens. D'une part, il désigne l'action très matérielle de façonner, de donner une forme. D'autre part, il signifie, suivant le contexte, enseignement et instruction, ou idée, notion, représentation.

La cohabitation de ces deux familles de sens, l'une renvoyant à l'univers de la construction matérielle, l'autre à celui de la connaissance et de l'instruction, paraît typique d'une invention latine. Elle indique que la culture romaine ne dissociait pas, comme les Grecs le faisaient, le domaine de la technique et celui de la connaissance. En Grèce les distinctions sociales rendaient assez étanches les deux mondes, celui des artisans et des techniciens, qui étaient des esclaves, et celui des hommes libres, des citoyens qui se livraient aux jeux de l'esprit. Ainsi le mépris des intellectuels grecs vis-à-vis de la rhétorique doit-il aussi être compris comme un mépris vis-à-vis des techniques. Par comparaison, la société latine paraît moins complexée de faire de la connaissance l'objet d'une construction, d'un façonnage.

Cette attitude était parfaitement illustrée par le rapport que les Romains entretenaient à la vie privée quotidienne — rapport qui, pour la première fois dans les lettres antiques, fait l'objet de récits avec le *Satiricon* de Pétrone alors que jusque-là il était inconcevable que l'on racontât les aventures de personnages qui n'appartenaient ni à la légende ni à l'histoire.

Tous les détours, les drames et les fêtes de la vie privée, avaient fini par être représentés en public, par exemple dans des comédies qui ne reculaient ni devant la familiarité ni devant l'obscénité. Ovide, dont le succès ne se démentira pas bien au-delà de l'existence de l'Empire romain, inventa un nouveau genre, toujours actuel, le guide des relations amoureuses, version antique de ce que nous nommerions maintenant «prescription de comportements». *L'Art d'aimer*, en effet, est un manuel qui indique avec précision, dans un luxe inégalé d'exemples et de recommandations pratiques, où et comment rencontrer un partenaire, comment l'aborder, le séduire et enfin le conserver. La rhétorique était mise ainsi directement au service de la vie quotidienne.

Le développement de l'enseignement de la rhétorique

Avec la professionnalisation de la rhétorique autour des multiples écoles qui s'étaient ouvertes dès le IIe siècle, son enseignement se fit désormais à partir de manuels. Les traités les plus célèbres furent la *Rhétorique à Herennius*, fruit des réflexions d'un auteur inconnu, qui sera copié pendant tout le Moyen Âge, le *De oratore* de Cicéron, ouvrage connu et apprécié jusqu'au XIXe siècle, et le *De institutione oratoria* de Quintilien, un plan complet de formation pédagogique, qui sera lui très apprécié par Luther, Érasme, La Fontaine, Racine. Cicéron avait romanisé Aristote en le désintellectualisant mais aussi en luttant contre la spécialisation des écoles pour faire la promotion de la culture générale.

L'enseignement était à base de culture générale. L'élève, sous la direction d'un maître qui montrait l'exemple et payait de sa personne, devait faire deux types d'exercices, des narrations (résumé et analyse d'événements historiques ou d'actualité, organisés ou non selon des canevas types) et des déclamations, discours construits sur des cas hypothétiques. Ainsi l'élève, loin de recevoir un savoir abstrait, apprenait à communiquer. Sa culture était une culture de communication et elle le préparait à ses futures responsabilités de citoyen. Dans ce sens, «informer» un élève était tout autant lui donner un enseignement que lui apprendre à s'en servir.

La prédominance de l'enseignement de la rhétorique n'empêcha cependant pas la place croissante occupée par le document écrit, malgré le caractère encore fruste des supports techniques du livre. La rencontre de la rhétorique avec l'écrit devait se faire avec Quintilien (30-100), qui fonda une théorie de l'écrire. Ce grand rhéteur, le dernier de l'Antiquité, apprenait à celui qui voulait progresser dans l'écriture un certain nombre de règles: lire et écrire beaucoup, imiter des modèles, corriger ses textes après les avoir laisser «reposer».

La période qui va du IIe au IVe siècle après J.-C., période de paix et de commerce, permit à la rhétorique d'englober la culture générale, d'être la culture générale, et ainsi de se couler dans l'écrit. Le livre peut ainsi commencer à être un support de communication, fonction qui ne se développera pleinement qu'à la Renaissance. À côté des harangues des philosophes, des déclamations des rhéteurs et de leurs élèves, il y avait en effet des lectures publiques *(recitationes)*. Les écrivains, parfois même les empereurs à partir d'Auguste, lisaient leurs œuvres en public. Le développement du livre restait d'ailleurs fortement marqué par les pratiques oratoires. Les œuvres écrites étaient pensées en fonction d'une lecture publique et les auteurs recherchaient des effets de conférencier, terminant par exemple chacun de leurs développements par une *sententia,* une formule frappante, qui réveillait l'attention de l'auditeur et résumait ce qui venait d'être dit, dans la plus pure tradition oratoire. Ces lectures publiques étaient parfois organisées par des libraires entreprenants qui trouvaient ce moyen pour faire connaître les nouveautés ou les «rééditions». «À Rome, écrit Grimal, les librairies, comme les salles de déclamations, étaient le rendez-vous des connaisseurs, qui discutaient des problèmes littéraires: les jeunes gens écoutaient, les vieux clients péroraient, parmi les livres dont les rouleaux, soigneusement poncés, s'alignaient au-dessus d'eux. La porte de la boutique était couverte d'inscriptions annonçant les ouvrages en vente; parfois le premier vers du poème était reproduit sous le buste de l'auteur. La publicité s'étalait sur les piliers voisins. Ces boutiques de libraires étaient situées, naturellement, au voisinage du forum.»

Les Romains développèrent ainsi toutes les techniques de communication qu'ils héritaient des différents peuples de l'Empire. L'affiche, par exemple, était connue depuis longtemps. Les Grecs s'en servaient pour faire connaître les lois, gravées sur des tablettes de bois ou de pierre. Rome inventa l' «album» — des murs badigeonnés de chaux et divisés en rectangles — pour qu'y soient apposées des inscriptions. Le transport des messages — illustré par le guerrier de Marathon qui annonce la victoire à Athènes et meurt d'épuisement — puis la transmission à distance des messages (le grec *tele* signifie «au loin») étaient bien sûr connus dans les anciennes cultures. Thésée, pour faire connaître sa victoire sur le Minotaure et donc annoncer qu'il était sain et sauf, devait remplacer les voiles noires de son vaisseau par des voiles blanches. Son oubli entraîna le suicide d'Égée. Les Romains quant à eux, toujours plus pragmatiques, utilisèrent ces techniques pour jalonner leurs routes militaires d'un réseau de télégraphie optique. Ils inventèrent également, dans un souci d'efficacité, le principe des mouvements de l'enseigne dans chaque manipule de légion qui servait ainsi à transmettre les ordres du commandement jusqu'aux derniers des soldats. Ils perfectionnèrent également l'institution du mot de passe pour les gardes de nuit, avec un fonctionnement très codifié. L'efficacité romaine était ainsi en partie obtenue grâce à une prise de conscience de l'importance du message.

Conscients, plus que tout autre peuple, du rôle de l'information dans la vie publique, les Romains inventent également le premier véritable journal, les *Acta diurna,* par lequel César faisait rendre compte des travaux du Sénat, mais aussi des fêtes et des faits divers.

Dès le IVe siècle avant J.-C., l'alphabet ionien avait remplacé les alphabets grecs locaux. La grande diffusion de cet alphabet à travers le monde méditerranéen, et au-delà, viendra des Latins. Au Ier siècle avant J.-C., au temps de Cicéron, les mutations de l'alphabet s'étaient stabilisées et il ne lui manquait qu'une seule lettre pour avoir sa forme actuelle. Cet alphabet latin servira de base commune à l'écriture dans tout l'Occident. Parallèlement aux manuscrits latins que le Moyen Âge recopia et que la Renaissance devait redécouvrir, les grands enseignements de la rhétorique, à travers Aristote, Cicéron et Quintilien, traversèrent les siècles, grâce à leur intégration dans le catholicisme. En traversant l'Antiquité, le discours judiciaire était resté intact, le discours délibératif, à la fin de la République, s'était transporté dans les cours impériales et les ambassades et le discours épidictique connaîtra une nouvelle vigueur avec la prédication chrétienne.

Le *logos* grec était devenu, dans sa traduction romaine, *ratio,* la «parole» était devenue «calcul». La culture romaine, tout entière pétrie par l'idée d'organiser la communication en vue de maintenir vivant le lien social, avait inventé l'information, c'est-à-dire la «parole pour l'autre»

Bibliographie: ARISTOTE, trad. M. DUFOUR, 1967; R. BARTHES, 1970; P. BRETON, 1985; CICÉRON, trad. E. COURBAUD, 1922; A. DELLA SANTA, 1986; J. ELLUL, 1967; M. FABRE, 1963; P. GRIMAL, 1968, 1986; C. PERELMAN et OLBRECHTS-TYTECA, 1970; O. REBOUL, 1984.

3

La Renaissance ou le renouveau de la communication

La période de la Renaissance, et singulièrement les décennies qui s'écoulent entre 1450 et le milieu du XVIᵉ siècle, a été particulièrement propice au développement des techniques de communication. La transformation du document écrit en livre imprimé est souvent présentée comme le symbole des mutations intellectuelles et sociales qui caractérisent la sortie du Moyen Âge et qui ont transformé le document écrit en un incomparable outil de communication.

Le livre imprimé, support de nouvelles pratiques de communication intellectuelle, a été véritablement au point de convergence du nouvel esprit technique, du développement de l'esprit mercantile et de la mise en mouvement des idées qu'inauguraient les humanistes, dont les modalités d'échange intellectuel préfigurent les formes modernes de la communication sociale.

L'imprimerie: cause ou conséquence?

Le livre moderne est à l'intersection de deux dimensions: d'une part, le système technique qui permit son amélioration comme support de textes; d'autre part, le monde extraordinairement varié des idées dont il favorisa la diffusion. Les techniques de l'imprimerie, couplées avec celles qui permettent le transport et la diffusion des livres jusqu'au lecteur — techniques généralement laissées dans l'ombre malgré leur importance —, ont incontestablement démultiplié la fonction de communication du livre.

Mais peut-on dire pour autant que le livre et avec lui le système technique de l'imprimerie ont été à l'origine du bouleversement général des idées et des structures sociales qui conduit à la Renaissance? La tentation est grande, ici comme ailleurs, de voir dans la technique la cause du changement social. Il est vrai que grâce aux techniques de l'imprimerie l'expansion du livre a été spectaculaire. De la publication du premier livre typographié — le psautier de Mayence — en 1457, jusqu'au tournant du siècle, en 1500, on ne compta pas moins de 15 à 20 millions d'ouvrages répartis en 35 000 éditions, soit une production moyenne d'environ 1 300 livres par jour. Il est vrai aussi que le livre imprimé a été l'un des supports essentiels des idées nouvelles qui se sont répandues dans les milieux humanistes et à partir de là dans des cercles plus larges.

Mais, plutôt que de voir dans l'imprimerie la cause des transformations de la Renaissance, ce que des slogans comme la «culture de l'imprimé» ou la «galaxie Gutenberg» tendraient à faire croire, ne peut-on tenter d'élargir le champ de vision? Et tenter de comprendre dans quelle mesure l'innovation qu'a constituée le livre imprimé a elle-même été soutenue, et rendue possible, par les multiples bouleversements sociaux et intellectuels que l'Europe a connus à partir du xvᵉ siècle? Période qui n'est d'ailleurs pas ici un point de départ absolument fixe, puisque l'Europe était le théâtre, depuis le xiiiᵉ siècle, au prix de multiples convulsions, d'importantes secousses qui allaient la mettre en mouvement, comme le repeuplement progressif des villes, le vaste mouvement des croisades qui permit un contact avec les cultures grecques et arabes, ou la naissance des ordres mendiants annonciateurs d'un besoin profond de réformes.

Bien sûr le livre était en lui-même, du fait qu'il systématisait l'écriture, porteur de changement, notamment du point de vue de la circulation et de la communication des idées. Mais le xvᵉ siècle a été celui de la mise en mouvement des idées, et il serait sans doute plus juste de dire que c'est le mouvement intellectuel en train de se répandre en Europe qui fit bouger les livres et favorisa leur nouvelle fonction de communication. Pendant tout le Moyen Âge, la conservation, et la copie des textes, essentiellement à l'usage du circuit fermé des bibliothèques monacales furent en effet l'unique destin des livres.

Le livre n'était pas, par nature, un outil de communication. Si les ouvrages qui avaient comme objectif principal de diffuser des idées, éventuellement des idées nouvelles, et de les soumettre ainsi à la discussion du plus grand nombre avaient une fonction évidente de communication sociale, il faut prendre en compte, d'un autre côté, les livres religieux, que la Renaissance a édités en grand nombre (45% des incunables — livres imprimés avant 1500 — étaient des ouvrages religieux, des missels et des livres d'heures) et pour lesquels le support imprimé servait simplement de mémoire, on pourrait même dire de mémoire morte, puisque le texte, sacré, était indiscutable, même s'il restait sujet à commentaires. De la même façon, les innombrables livres qui étaient en fait des tables numériques, utilisées par exemple pour les conversions de monnaies ou simplement les opérations élémentaires sur les chiffres, n'avaient pas une fonction immédiate de communication.

La mise en mouvement des idées qui caractérisa la Renaissance a renversé cette tendance, puisque même les textes sacrés verront leurs versions héritées du passé soumises à révision: l'un des enjeux des débats entre catholiques et protestants, au temps de la Réforme — à partir de 1517 —, ne sera-t-il pas l'édition d'une version de la Bible cohérente avec les options théologiques des uns ou des autres?

La mise en mouvement des idées qui allait conduire à la Renaissance devait commencer *avant* l'invention de l'imprimerie et contribuer largement à sa naissance comme procédé mécanique de reproduction des textes. Avant que le livre imprimé n'ait été techniquement rendu possible par la presse et l'emploi des caractères mobiles, les ateliers de copistes reproduisaient manuellement, en série, les textes les plus demandés. H.-J. Martin montre — à partir de «bons de commandes» d'époque qui ont été retrouvés récemment — qu'avant l'invention de l'imprimerie, au début du xvᵉ siècle, certains ateliers de copistes produisaient de véritables éditions allant jusqu'à 400 exemplaires d'un même ouvrage. Le procédé de fabrication de ces livres, qui n'étaient pas écrits page par page mais sur des planches de quatre ou huit pages, composant ainsi des ouvrages dont on devait couper les pages pour pouvoir les lire, témoigne des contraintes d'une fabrication ou du moins d'une copie en série.

L'invention de l'imprimerie intervint donc dans un contexte qui lui était largement favorable, celui où de plus en plus de lecteurs demandaient de plus en plus de livres. Il ne semble pas possible toutefois d'établir un lien de filiation direct entre la demande de lecture que satisfaisaient *grosso modo* les ateliers de copistes et l'invention de cette nouvelle technique. Les circonstances concrètes de l'invention de Gutenberg semblent plus complexes.

Les circonstances d'une grande invention

Albert Labarre insiste sur l'importance des progrès qui avaient été faits dans les techniques du métal. L'imprimerie est née effectivement dans une petite ville qui n'était pas un centre intellectuel et son inventeur songeait d'abord à découvrir un procédé plus efficace pour la fabrication des livres.

Il faut sans doute accorder, dans ce domaine comme dans d'autres, une certaine autonomie à l'invention technique, qui doit, pour être possible, attendre certains progrès des éléments matériels qui la composent. L'imprimerie est née dans un milieu d'orfèvres et de monnayeurs, qui bénéficiait des progrès faits au xvᵉ siècle dans la métallurgie. Mais il fallait sans doute le remplacement du parchemin par le papier (entre 1350 et 1450) pour que le procédé de l'imprimerie puisse relever d'un système technique complet. La fabrication des caractères relevait de procédés connus, mais il était inconcevable matériellement d'imprimer sur du parchemin, matière qui n'était tout simplement pas assez lisse pour supporter les nouveaux procédés d'encrage et de presse.

Le papier comme d'ailleurs le principe des caractères mobiles qui est à la base du système technique de l'imprimerie n'étaient pas connus qu'en Occident. Ces inventions avaient été importées — on en est sûr au moins pour le papier — d'Orient et en particulier de Chine. On ne peut pas manquer de se poser, à la suite de Joseph Needham, la question de savoir pourquoi l'imprimerie s'est développée et a connu le succès que l'on sait en Occident et pas en Chine. L'analyse comparative nous montre bien ici que l'existence du procédé technique n'est en rien une condition suffisante à son développement social. Il lui faut non seulement des conditions sociales, culturelles et économiques propices, mais il semble en plus que ces conditions multiples jouent un rôle non négligeable dans le processus d'invention lui-même.

Les grandes étapes qui auraient pu conduire la Chine vers la conception d'une imprimerie moderne avaient en effet été franchies assez tôt. Le papier, inventé sans conteste en Chine (aux environs du IIIe siècle), d'où il gagnera petit à petit l'Occident, servira dès le IXe siècle à l'impression xylographique de textes bouddhiques. La *Sûtra du diamant* (868) est sans doute un des tout premiers documents imprimés. La typographie aurait été inventée une première fois par Pi Cheng, au XIe siècle après J.-C., qui employait des caractères mobiles, gravés dans de l'argile durcie au feu, puis redécouverte par Wang Chen quelque temps après. Les caractères étaient disposés sur des blocs mobiles contenus dans des casiers qui tournaient autour d'un axe afin de faciliter l'accès aux caractères.

Mais le système technique de l'imprimerie n'était pas homogène: les caractères métalliques importés de Corée à partir de 1403 trouaient un papier trop fin, les procédés d'encrage n'étaient guère satisfaisants et le principe de la presse (emprunté en Occident aux techniques viticoles du bassin rhénan) était inconnu. Il manquait à l'imprimerie chinoise une impulsion décisive qui en aurait fait une technique équivalente à celle que Gutenberg avait mise au point. Faut-il voir là un simple blocage technique, un défaut d'imagination? Les artisans et les inventeurs chinois ne manquent pourtant pas de réalisations sophistiquées à leur actif.

Plutôt que de penser le développement de l'imprimerie en termes de «blocage», ne vaut-il pas mieux souligner que cette technique ne bénéficia d'aucun «appel» de la société chinoise d'alors? Il a en tout cas manqué de ce côté-là un véritable facteur déclenchant. L'invention du papier par les Chinois ne fut sans doute pas un hasard. L'organisation de la société chinoise a fait en effet une large place, sur une période de temps très longue (deux millénaires!), à la bureaucratie des «lettrés», cercle restreint de savants et de fonctionnaires disposant d'un pouvoir considérable, incluant les techniciens et ingénieurs qui sont ainsi des serviteurs de l'État, organisateurs des grands travaux, notamment hydrauliques. Or cette caste ne se renouvelait pas héréditairement mais par la voie de concours qui permettaient l'accès à une position jugée prestigieuse. Le système des «examens impériaux», qui existait depuis le IIe siècle avant J.-C., permettait de recruter à chaque génération les «meilleurs cerveaux de la nation», suivant l'expression de Needham. Dans ce contexte, le document écrit sur papier jouait dans la production et l'échange intellectuels un rôle que l'imprimerie ne pouvait sans doute prétendre lui ravir.

Joseph Needham souligne en effet que l'organisation sociale des Chinois avait été, depuis des siècles, démocratisée, et que du coup l'effet du document imprimé, qui se répandit finalement grâce à la xylographie, y fut bien moindre que celui de l'imprimerie en Occident. Là où les techniques de reproduction en série des livres imprimés amplifieront en Europe un formidable mouvement de démocratisation du savoir, la xylographie chinoise aura simplement pour effet d'élargir le cercle de recrutement des mandarins, sans changer le fond d'une institution déjà satisfaisante de ce point de vue et qui n'en connaissait pas moins une évolution régulière.

L'imprimerie ne fut pas, dans la Chine du Moyen Âge, la seule technique qui, une fois atteint un certain seuil de développement, ne progressait plus que lentement. S'interrogeant sur ce fait surprenant, Needham avance plusieurs facteurs explicatifs. Là où la Renaissance allait être le berceau de la représentation occidentale d'un univers régi par des lois, ouvrant ainsi la voie à une mathématisation de l'observation dont Galilée (1564-1642) fut un des premiers artisans, la philosophie dominante chinoise se présentait comme un matérialisme organique où chaque phénomène est lié à tous les autres dans un ordre hiérarchique, conception qui ne favorisait pas une investigation de type scientifique. Le néo-confucianisme diffusa une éthique capable d'apporter sa solution à toutes sortes de problèmes aussi bien matériels que sociaux ou politiques. De plus, et Needham voit là une explication centrale à l'absence — relative — de développement de la technique, l'organisation bureaucratique féodale empêchait que les commerçants occupent jamais une position sociale trop élevée. Un système de valeurs à base mercantile, capable de s'harmoniser comme il l'a fait en Occident avec la recherche systématique d'un accroissement des performances des systèmes techniques, ne pouvait donc voir le jour et bénéficier du prestige suffisant pour entraîner les intellectuels à sa suite. L'absence d'une imprimerie moderne en Chine est sans doute profondément liée à ce facteur.

Comme le souligne en effet l'analyse que Martin nous propose du travail de mise au point du système presse-caractères mobiles par Gutenberg, les ouvrages que l'imprimerie permettait de répandre en Occident — bibles, missels, grammaires, calendriers — étaient ceux qui produisaient d'importants bénéfices, pourvu évidemment qu'ils soient fabriqués dans un contexte mercantile. Or le germe du mercantilisme était sans doute ce qui manquait le moins au xve siècle, où les techniques bancaires et commerciales commencent à prendre un essor qui ne cessera plus. L'invention de Gutenberg mobilisera des compétences tant techniques que financières, et ses associés seront aussi bien des papetiers et des marchands de manuscrits, que des financiers et des banquiers.

La recherche, par Gutenberg, d'un procédé technique plus efficace s'éclaire donc quand on la rapporte à une préoccupation mercantile de profit. Ce constat n'enlève rien à la démarche technique, mais rien non plus au poids du mercantilisme dans le développement des techniques de communication à la Renaissance. L'esprit marchand, qui s'accorda si bien avec l'innovation technique, lui est pourtant antérieur, et il paraît plus sage d'expliquer la naissance de l'imprimerie par la convergence du mouvement de renaissance intellectuelle et de l'esprit mercantile que l'inverse. La Renaissance fait du livre un outil performant de communication et cet outil est d'emblée un objet commercial.

Mutations intellectuelles et circulation des idées

L'ordre «réaliste et bourgeois» qui commence à s'instaurer au xve siècle s'inscrit dans une civilisation matérielle qui avait deux points d'appui privilégiés, l'un intellectuel, la redécouverte de la civilisation romaine et plus généralement de la culture antique, l'autre géographique et spatial, le développement des villes comme lieux où s'élaborait le renouveau de l'Occident.

La Renaissance fut d'abord une rédécouverte de la civilisation latine et des progrès matériels qu'elle portait en germe, notamment du point de vue des techniques de communication. Ce point décisif de l'architecture de la ville que constituait son organisation autour d'une agora, d'une place centrale comme point de passage obligatoire, comme croisement des flux de circulation urbaine et comme lieu de sociabilité privilégié, avait été abandonné au Moyen Âge. La «grand-place» centrale était une notion inconnue dans les villes médiévales et la rue y était d'ailleurs conçue non comme une voie de communication mais comme un espace libre entre les maisons. Les hommes de la Renaissance témoignèrent de leur originalité et de leur génie d'adaptation dans les techniques d'organisation de l'espace, pictural et urbain. Par là même ils ouvraient un espace physique à la communication sociale.

Le développement des villes a ainsi été le berceau naturel du développement de l'imprimerie et, surtout, de la circulation des livres. Géographiquement, le livre s'est répandu à partir des villes de l'axe rhénan qui relie la France, les États allemands et la Suisse à l'Italie, au sud, et à la Hollande et l'Angleterre, au nord. En lui-même lieu d'échange et de circulation des idées, le livre imprimé commença à jouer un rôle nouveau d'*agora intellectuelle,* largement renforcé par son double statut de marchandise et d'objet portable. Le fait que le livre devienne une source de profit — sa diffusion avait un caractère impératif afin de rentabiliser les énormes investissements que représentait une édition — accrut considérablement sa circulation. Son caractère de plus en plus clairement affirmé d'objet portable le fit vivre en harmonie avec les grandes voies de transport et de

50

communication physique. Outil de communication mis en mouvement par les idées rénovatrices qu'il portait dans cette civilisation urbaine en développement, le livre se révéla être un objet, au service de la communication, qui se communiquait bien lui-même. Une grande partie de la force du livre est sans doute venue de ce redoublement.

Le rôle du *livre technique* comme outil de communication permettant la synthèse de systèmes techniques entiers mérite sans doute d'être souligné. Les livres techniques furent l'objet des premiers tirages d'imprimerie dans un contexte où la curiosité pour les techniques se développait considérablement. On imprima très tôt les anciens ouvrages latins qui, venus de l'ancien Empire d'Orient, avaient transité par les bibliothèques médiévales: Pline dès 1469 (douze ans seulement après le psautier de Mayence!), les agronomes latins en 1472 (qui seront réédités trente et une fois). À partir de 1470, on commença à éditer massivement, soit par l'intermédiaire d'ateliers de copistes, soit par les procédés de l'imprimerie, des auteurs techniques nouveaux comme Francesco di Giorgio Martini.

L'ingénieur de la Renaissance — Bertrand Gilles note à ce sujet le «désir éperdu» de Léonard de Vinci de trouver les ouvrages qu'il voulait étudier — nourrissait le livre et se nourrissait de lui, car son art était passé «de la recette aux raisons». Et si la recette empirique se contentait du cadre oral de la communication, la «nouvelle raison» sur laquelle s'appuyaient les techniques de la Renaissance était l'objet idéal du mode de communication sociale que le livre imprimé favorisait amplement.

La Renaissance se caractérise, comme le montre Bertrand Gilles, par une nouvelle attirance pour le monde matériel que le Moyen Âge avait délaissé. Tout un ensemble de gestes mentaux s'orientaient ainsi vers le concret, provoquant une mutation profonde de l'esprit technique en même temps que le *réalisme*, l'*utilitarisme* et l'*empirisme* commençaient à devenir des valeurs centrales. Le livre imprimé allait constituer un formidable amplificateur de ces valeurs, qui avaient si largement contribué à sa naissance. La recherche d'un procédé d'impression, donc de diffusion, plus efficace, dans le contexte mercantile où Gutenberg opéra, fit appel à un principe préalable qui favorisa, comme on l'a vu, l'innovation technique plutôt qu'elle n'en fut le produit. S'il fallait le caractériser en un mot — bien sûr réducteur — , il serait tentant de voir à l'œuvre, en amont à la fois de l'impératif mercantile, du renouveau des procédés techniques et des nouvelles modalités d'échange intellectuel, un principe commun à toutes ces dimensions: le principe de performativité, fixant progressivement la pensée sur la nécessité d'une réalisation efficace de ses projets, qu'ils soient d'ordre économique, matériel ou intellectuel. Cette dimension, qui faisait cruellement défaut au Moyen Âge, était sans doute le nerf de la culture matérielle qui allait dominer progressivement la société occidentale à partir de la Renaissance.

De l'«idée» à l'«information»

L'une des grandes transformations intellectuelles qu'inaugura la Renaissance fut de faire de l'«idée» un objet de communication, un *objet mental* qui pouvait désormais d'autant plus se transporter, se transférer, s'enrichir, se vérifier, s'amender, muter, se combiner, qu'il n'était plus lié à un système théologique qui en normalisait et en restreignait la circulation. On pouvait désormais «travailler» les idées et l'intellectuel n'était plus le commentateur du texte sacré, mais l'artisan qui découvrait, forgeait les idées, les soumettait à la critique pour les forger à nouveau avant de les faire circuler. Par l'intermédiaire du livre, l'idée s'introduisit dans un circuit marchand où, si ce n'était pas directement elle qui se vendait, c'était au moins son support imprimé. L'idée, en acquérant une valeur grâce aux nouvelles techniques de reproduction et de diffusion, commença à pouvoir être regardée comme une information.

La progressive transformation de l'idée en information, parallèlement au renouveau monétaire et au développement des techniques, affecta-t-elle les modalités du raisonnement? Il serait trop ambitieux, dans le simple cadre d'un travail sur les techniques de communication, de répondre à une telle question. Retenons simplement quelques faits, pour ce qui concerne l'époque de la Renaissance. Par sa forme même, le livre allait favoriser les techniques et les sciences descriptives, qui trouvaient en lui un support bien adapté à leur diffusion massive. Mais le livre, comme technique de communication, allait surtout avoir des répercussions sur les méthodes intellectuelles qui permettaient jusque-là de mémoriser les faits et les argumentations. Les changements radicaux subis alors par les méthodes de mémorisation ne pouvaient pas être sans conséquence sur la nature même des raisonnements mis en œuvre. Les procédés liés à la «mémoire artificielle», largement utilisés depuis l'Antiquité, allaient connaître à la Renaissance une période de déclin. Ils disparaîtront avec Giordano Bruno, dans un ésotérisme quasiment sans retour. Une étape essentielle de ces transformations allait être, dans un mouvement typique de l'esprit de la Renaissance, la redécouverte d'un auteur latin, Quintilien, qui concevait l'art de la mémoire comme une mnémotechnique utilitaire et laïque, là où les procédés de mémorisation étaient devenus, tout au long du Moyen Âge, un élément du catéchisme religieux.

Profitant du renouveau d'enthousiasme pour ces méthodes, Pierre de Ravenne édita à Venise en 1491 un manuel utile pour toutes sortes de professions (avocats, philosophes, ambassadeurs, théologiens, etc.). L'ouvrage fut réédité de nombreuses fois, traduit en plusieurs langues, et, nous dit Frances Yates, copié par des lecteurs enthousiastes à partir des éditions imprimées. Pierre de Ravenne organisait, semble-t-il, fort bien la publicité de ses propres méthodes, phénomène qui n'a rien d'étonnant mais qui montre bien combien le souci de performance dans les procédés de mémorisation débouchait naturellement sur un souci de performance dans leur diffusion. Là où les systèmes hérités de l'époque médiévale sombraient dans l'ésotérisme, les nouvelles méthodes, par l'intermédiaire des circuits de distribution marchands, connaissaient un large succès. Mais les procédés popularisés par Ravenne utilisaient encore, comme les deux autres auteurs fameux du xviᵉ siècle que seront Romberch et Rosselius, des techniques classiques, en particulier la «méthode des lieux».

Ainsi que le souligne Frances Yates, le livre imprimé a rendu inutiles ces vastes constructions mentales qui permettaient de disposer les faits dans la mémoire de façon à pouvoir s'en souvenir facilement. L'habitude que des générations de savants avaient prise de mémoriser immédiatement un fait nouveau en l'associant à une image et en le rangeant dans un lieu de mémoire disposé préalablement devait disparaître au profit de la possession de livres et de bibliothèques individuelles. Mais l'apparition du livre imprimé est-elle la seule raison expliquant le naufrage de la vieille mémoire artificielle? La culture humaniste, en parfaite harmonie bien sûr avec le livre imprimé qui la porte, ne contenait-elle pas en elle-même des forces hostiles au type même de mémorisation héritée des anciens? Érasme préférait aux lieux et aux images des systèmes classiques ces nouvelles vertus du raisonnement qu'étaient l'étude, l'ordre et l'application. La question n'était plus de mémoriser fidèlement et donc de bâtir les modalités du raisonnement autour de la nécessité d'une reproduction du passé, mais bien de favoriser le raisonnement critique, bien moins conservateur, donc moins disposé au souvenir. L'esprit de la Renaissance n'avait plus autant besoin d'une mémoire et de toute façon le livre imprimé était là pour garder les traces provisoires des productions écrites.

Humanisme et communication

Les ouvrages qui ont transformé le mieux le livre en instrument de communication furent ceux écrits par les penseurs humanistes. Comme nous venons de le voir avec les ouvrages de Ravenne sur la mémoire, les débuts de la Renaissance avaient été en fait l'occasion d'un choix entre deux passés différents, le latin et le médiéval, plutôt que d'une production d'idées véritablement nouvelles, au moins dans un premier temps. D'une manière générale, le livre, qui avait servi jusque-là à diffuser la culture médiévale, allait devenir l'outil privilégié d'une redécouverte de l'Antiquité. Grâce à lui les «nouveaux intellectuels» de la Renaissance inaugurèrent un style d'échanges intellectuels qui allait marquer, peut-être de façon primordiale, l'univers de la communication sociale dans son entier.

Malgré ses premiers succès, la pensée humaniste n'avait pas immédiatement conquis tous les suffrages. Longtemps encore l'enseignement fut tenu en main, de manière pesante, par ceux des ecclésiastiques qui se référaient aux thèmes dominants de la culture médiévale. Contraints de trouver des modes d'expression efficaces en dehors des institutions traditionnelles, les humanistes mirent eux-mêmes en mouvement leurs idées. Les livres et les bibliothèques, les conférences et les échanges lors de voyages nombreux, constituèrent alors une véritable *université informelle*, délocalisée, sans centre apparent, ne vivant que de la circulation effective des idées, et, du coup, de leur constant enrichissement.

L'une des figures centrales de l'humanisme, Érasme, tire son originalité de penseur de la Renaissance d'être, dans un sens moderne et de ce point de vue, inaugural, un homme de communication. Il revendiquait un statut de «citoyen du monde» *(civis mundi)* et se déplaçait perpétuellement, de Hollande en Italie, d'Allemagne en France, plus pour confronter ses idées à celles de ses pairs que pour voyager à proprement parler. Son activité de correspondance, d'échange épistolaire, occupa une grande partie de son temps au point parfois, comme le remarque Robert Mandrou, de l'empêcher de progresser dans ses propres œuvres. Ses lettres prirent l'allure d'un phénomène social, puisque, avec son accord ou non, elles furent régulièrement publiées sous la forme de volumes imprimés qui connaissaient une large diffusion. Érasme lui-même publia, en 1522, un livre sur les règles du genre épistolaire, premier manuel, dans son genre, de communication pratique.

Érasme fut le prototype de l'intellectuel qui met en mouvement ses idées et les enrichit d'une confrontation exigeante avec celles des autres. Les règles de la «République des lettres» décrites à la même époque par Thomas More dans son *Utopie* reflètent également cette particularité du milieu des humanistes de constituer des *sodalitates,* des «réseaux» informels d'amitiés intellectuelles qui permettent, selon l'expression de Robert Mandrou, un «travail d'information confiante» à l'échelle de toute l'Europe. Les règles implicites de communication entre leurs membres furent sans doute la matrice des conceptions modernes de la communication.

55

l'explosion de la communication

Bibliographie: F. BRAUDEL, 1979; M. FABRE, 1963; B. GILLES, 1965; A. LABARRE, 1970; R. MANDROU, 1973; H.-J. MARTIN, 1963; J. NEEDHAM, 1969; F. YATES, 1975.

4

Vers une civilisation du message

Cinq siècles vont s'écouler entre la Renaissance et la fin de la Seconde Guerre mondiale pendant laquelle naîtra explicitement le projet contemporain d'une «société de communication». La plupart des événements historiques importants qui surviendront pendant cette période vont contribuer à mettre progressivement les techniques de communication toujours plus en avant sur la scène sociale.

Les grands moments du débat social

La Réforme puis la Contre-Réforme furent l'occasion d'une promotion sans précédent de tous les supports de la communication sociale. Luther avait placé les Écritures, et donc le livre, au centre du renouveau chrétien. L'invention technique de Gutenberg fut stimulée par l'obligation spirituelle d'un rapport direct de chaque chrétien au texte sacré. L'alphabétisation devint ainsi un élément indispensable du salut individuel. La Contre-Réforme ne s'opposera pas à cette tendance et l'Église catholique accordera au moins autant d'intérêt à la persuasion par l'éducation et la propagande religieuse qu'à la répression physique des hérétiques.

Le rôle du livre dans ce conflit religieux s'accompagna d'un développement parallèle des prédications en tout genre, seuls moyens, d'une part, de toucher les analphabètes, qui étaient encore une large majorité, même en ville, et, d'autre part, de prêcher par l'exemple et de convaincre directement. On assista, à l'occasion des oppositions entre catholiques et protestants, à un phénomène nouveau: la participation au débat social et intellectuel de ceux qui en avaient été exclus jusque-là. Chaque camp cherchait à convaincre et à convertir le peuple. Compte tenu de la nature forcément individuelle du sentiment religieux, tout croyant, fût-il le dernier des gueux, était le destinataire potentiel d'une argumentation. Il fallait donc que celle-ci soit conçue pour être à la portée de tous, tant dans son contenu que par les moyens utilisés pour qu'elle parvienne jusqu'aux individus.

La «propagande» fut inventée à cette occasion, du moins le mot, pour désigner la congrégation créée en 1572 par le pape Grégoire XIII, *De propaganda fide,* afin de lutter contre la Réforme. La nécessité affichée d'une «propagation» de la doctrine chrétienne montre bien à quel point le débat se situa autant sur le plan d'une technique de diffusion sociale d'un ensemble de valeurs que sur celui de la foi comme modalité individuelle d'un rapport à Dieu.

La grande étape historique suivante — la Révolution française — devait aller dans le même sens du point de vue des techniques de communication. L'affirmation de la souveraineté du peuple fut au centre des valeurs nouvelles promues par les révolutionnaires. Elle permit, d'un côté, de faire de la «nation» comme bien commun l'objet d'un nouveau culte et, de l'autre, d'affirmer la personne humaine en tant qu'entité souveraine et responsable. Cette nouvelle définition territoriale de la répartition entre l'espace privé et l'espace public rendit la communication sociale indispensable, comme seul moyen permettant de relier les espaces privés des personnes. Ce profond bouleversement des valeurs, relayé après coup par les doctrines libérales qui gagneront le monde anglo-saxon, eut des conséquences incalculables quant au rôle nouveau de la communication et de ses techniques.

La communication sociale étant désormais conçue comme le pont rattachant les personnes privées, celle-ci devait être affectée du même coefficient de liberté que celui qui régissait l'espace privé. L'abolition de la censure sur l'écrit, la liberté de la presse et de l'opinion furent le signe que ce qui reliait les hommes entre eux devait dorénavant, comme les hommes eux-mêmes, être libre de toute entrave. On appliqua à la communication sociale la même règle qui délimitait l'espace privé et que résumait le slogan fameux des révolutionnaires: «La liberté de l'individu s'arrête là où commence celle des autres.»

C'est qu'en effet cette liberté nouvelle de l'individu-citoyen supposait le choix, et le choix, l'information. L'accès à la communication sociale devint ainsi une nécessité constitutive de la nouvelle démocratie. S'informer n'était plus simplement ce droit pour lequel les peuples s'étaient battus, mais un devoir révolutionnaire auquel il n'était pas bon, à certaines périodes, de se soustraire. L'ignorance politique, sous la Terreur, transformait ainsi rapidement l'individu en allié objectif de la Réaction.

La période révolutionnaire correspondit à une mobilisation sans précédent de toutes les techniques de communication, sans d'ailleurs qu'il y ait, de ce point de vue, de véritables innovations techniques. On sait le rôle que les brochures, les livres et les journaux jouèrent sur le processus révolutionnaire, mais il faut insister aussi sur le poids décisif des orateurs et des discours destinés à mobiliser et à enflammer le peuple. Les références constantes à Rome et à ses valeurs pour la construction de la mythologie républicaine ne furent pas dans ce contexte le fruit du hasard. Les représentations picturales de l'époque montraient d'ailleurs souvent les révolutionnaires en train de prendre la parole devant une foule et ces scènes étaient autant de symboles durables de la démocratie dans l'esprit populaire.

Il n'y eut guère d'innovation technique en matière de communication mais par contre les modes d'expression traditionnels furent transformés en moyens de communication au service de l'esprit républicain. Pellerin fonda en 1790 l'imagerie d'Épinal dont les dessins exaltent l'anticléricalisme, le dévouement à la nation, et toutes les valeurs révolutionnaires. La presse bien sûr, mais aussi le théâtre furent mis au service de la cause révolutionnaire. Même le vêtement servit de moyen simple et direct pour communiquer à la fois son opinion et tenter de la faire partager par l'exemple: bonnet phrygien, cocarde, uniforme de révolutionnaire et usage systématique des trois couleurs devinrent une forme courante de communication sociale.

L'industrialisation qui caractérisa le XIXe siècle et qui fut accompagnée d'un développement sans précédent des techniques dans tous les domaines devait ensuite fournir les bases matérielles d'un renouveau des techniques de communication, surtout dans le domaine de l'écrit, par les progrès de l'imprimerie et du télégraphe.

Un grand changement survint au début du XXe siècle, non pas tant dans les techniques utilisées pour la communication mais plutôt dans *la conscience, justement, que la communication pouvait relever d'une technique.* Il faudra attendre les années quarante pour que cette conscience arrive à sa pleine maturité mais on trouve néanmoins, dès le début du siècle, des indices montrant que cette idée progresse. Au cours de la Première Guerre mondiale, le gouvernement américain avait créé un comité chargé d'organiser l'information dans le cadre de l'entrée en guerre des États-Unis, le «Committee on Public Information» (CPI). L'objectif du CPI était de maintenir le moral, de diffuser des informations sur la guerre et d'assurer la diffusion des idéaux américains à l'étranger. Le CPI engagea une véritable croisade, dont il monta les thèmes de toutes pièces à partir des idéaux développés par le président Wilson, pour la justice et la démocratie universelles; elle eut un impact considérable dans le monde, y compris sur l'opinion allemande. La perfection et l'efficacité de cette campagne semblent avoir été le fait, selon Jacques Ellul, «de ce que l'on y a conçu le service de propagande comme purement technique, et séparé de la politique». Cet organisme fonctionna du coup comme un «instrument scientifique de combat». La caractéristique majeure de l'action du CPI paraît en effet avoir été la volonté de construire comme un message une image des idéaux américains.

Culture de l'évidence et culture de l'argumentation

Cette autonomisation du message, qui semble être un des points d'aboutissement de la lente montée des techniques de communication, avait été préparée par un changement en profondeur dans la nature des modes de communication, au moins sur deux plans essentiels: le rééquilibrage des rôles respectifs de l'écrit et de l'oral d'une part, et, d'autre part, le tiraillement de la communication entre la culture de l'argumentation et la nouvelle «culture de l'évidence» qu'avait entraîné le développement des sciences et des techniques à l'époque moderne.

Au sortir de la Renaissance, la redécouverte de la rhétorique, par le biais d'auteurs latins comme Cicéron ou Quintilien, stimula l'art, essentiellement oral, de la «prise de parole» et de l'argumentation efficace. La rhétorique s'identifia de plus en plus, comme elle l'était au temps de Quintilien, avec la «culture générale». Les jésuites jouèrent un grand rôle dans la diffusion de la rhétorique comme modèle pédagogique général. À partir du XVIe siècle, de nombreux collèges (les premiers furent à Liège, Strasbourg et Nîmes), dont le programme était à base d'humanités et de rhétorique latine, s'ouvriront en Europe. Ces institutions formèrent l'élite de la nation et, comme dans l'Antiquité, culture, éloquence, capacité de persuasion constituèrent les vertus de l'homme appelé à diriger. La maîtrise de la communication — dont la rhétorique est la technique — resta synonyme d'exercice efficace et légitime du pouvoir. Le modèle romain traversera sans encombre majeur les bouleversements de la Révolution dont il était d'ailleurs l'un des référents principaux.

Parallèlement à cet empire croissant de la rhétorique et avec elle d'une certaine mise en œuvre technique de la parole, les modalités de la communication sociale furent affectées par la poussée intellectuelle des sciences exactes et expérimentales. La *recherche de l'évidence,* rationnelle ou empirique, fit naître une catégorie nouvelle de raisonnement qui devait affecter progressivement la nature de tout usage du langage. Jusque-là le critère de toute argumentation était la discutabilité des faits et l'échange des points de vue. Cette tendance avait été poursuivie jusqu'aux excès de la scolastique, mais elle n'en inspirait pas moins les pratiques courantes en matière de savoir. La nouvelle méthode scientifique inaugurée par Descartes partit du principe que toute possibilité de discussion sur un fait le rendait simplement probable, et que ce qui était simplement probable était sûrement faux: «Chaque fois, soutenait Descartes, que deux hommes portent sur la même chose des jugements contraires, il est sûr que l'un ou l'autre au moins se trompe. Aucun des deux ne semble même avoir de science, car, si les raisons étaient certaines et évidentes, il pourrait les exposer à l'autre de manière à finir par convaincre son entendement.»

Descartes opéra ainsi une véritable rupture dans les représentations que l'homme du XVIIᵉ siècle se faisait à la fois du savoir et de la communication. Cette rupture s'accentua avec le développement d'un autre type d'évidence, l'évidence expérimentale grâce à laquelle il ne s'agissait plus de décider ensemble de la nature d'un fait mais de faire intervenir un tiers matériel, l'expérience, qui apporte une preuve s'imposant à tous. L'hostilité de Descartes vis-à-vis de l'imagination et sa promotion de la notion de causalité eurent également une influence très forte sur la liquidation de cette partie importante de la rhétorique qu'avait été la «mémoire artificielle» à laquelle le XVIIᵉ siècle devait être fatal. Descartes, fidèle en cela à sa recherche d'une méthode permettant de parvenir à l'évidence rationnelle, proposa de réorganiser le travail de mémorisation, non plus à partir des procédés classiques qui utilisaient des techniques d'association d'idées combinées avec des procédés de rangement en fonction de lieux prédéterminés, mais désormais à partir de la notion de causalité. Les images gardées en mémoire devaient y être «formées selon des rapports de dépendances réciproques».

Là où les contenus de la mémoire artificielle, à base de figures personnelles fortement liées à l'imagination, étaient communicables par la parole, les contenus de la «mémoire de l'évidence» furent conçus comme détachables des personnes qui les formulaient et aisément transférables sur des supports externes. Raisonnement et mémoire pouvaient désormais s'organiser autour de procédures formelles. Cette nouvelle «méthode» connut un succès intellectuel et social considérable. Elle mit au goût du jour, et pour longtemps, d'une part l'idée qu'un «langage universel» était techniquement possible et socialement souhaitable, et d'autre part que les machines pouvaient prendre en charge la simulation de comportements humains. Quel pouvait être l'intérêt d'une «langue universelle»? Pour Descartes, comme pour Leibniz, cette langue, à base de calcul, devait être la langue qui permettrait enfin de dire vrai, une langue, selon l'expression de Leibniz, grâce à laquelle on ne «discuterait» plus, au profit d'un mode de résolution rationnel des problèmes qui du coup s'imposerait à tous. Cette langue, conçue comme une sorte de nouvelle machine à raisonner, permettrait au plus humble des paysans de résoudre n'importe quel problème aussi bien qu'un philosophe.

La langue fonctionnerait ainsi comme une machine, analogue en cela aux machines à calculer — celle de Pascal, par exemple — qui permettaient effectivement, même à ceux qui ne savaient pas compter, d'obtenir le résultat d'opérations arithmétiques. Là où, dans cet exemple, le savoir de l'arithmétique était transféré à la machine, c'est tout le savoir humain qui serait transféré dans un langage universel qui fonctionnerait de lui-même, comme une machine autonome dont l'homme se servirait en quelque sorte de l'extérieur.

L'utopie cognitive d'une nouvelle langue qui médiatiserait les rapports entre les hommes et leur imposerait l'évidence de la vérité impliquait évidemment que les procédés de mémorisation traditionnellement attachés à l'imagination personnelle disparaissent au profit de supports formels externes. Elle impliquait également la possibilité que les partenaires de la communication ne soient plus uniquement des hommes mais tout «être» apte à émettre ou revevoir des messages formels. La pensée cartésienne inaugura l'ère des automates, ces simulacres d'hommes et de femmes dont la présence troublante marqua tout le XVIIIe siècle. Descartes lui-même construisit un tel «être artificiel» répondant au nom de Francine.

Du point de vue de l'histoire générale des techniques, les automates de cette époque sont sans doute à classer dans la catégorie des machines les moins productives, bien qu'ils soient issus du savoir des horlogers et qu'ils préfigurent la grande vague contemporaine de l'automatisme industriel. Ils constituent une sorte de bras parallèle, foisonnant et luxueux, mais un peu en marge du courant général des techniques. Du point de vue des techniques de communication, il est cependant difficile de s'empêcher de voir dans ces somptueuses répliques de l'homme la concrétisation du rêve plus ancien d'un «partenaire artificiel». Robert Escarpit insiste, en parlant de ces automates, sur le but qui était poursuivi: fabriquer ce qu'il appelle un «homme compatible», un homme artificiel sur lequel puisse se brancher le canal de communication d'une source extérieure, qui ait tous les avantages de la pensée, de la parole, mais aucun des inconvénients de «ce bruit imprévisible et déroutant qu'est la liberté». Il est vrai que l'idéal d'une communication délivrée des contraintes de l'argumentation, comme en rêveront les esprits cartésiens, convergea avec précision avec celui d'un automate raisonnant, calculant, débarrassé des faiblesses de l'esprit humain qui, lui, «discute» sans fin.

Quoi qu'il en soit cependant de l'impact intellectuel de cette nouvelle «culture de l'évidence», elle n'en fut pas moins obligée de composer avec la culture de l'«argumentation» qui fleurissait de plus belle, en dépit des coups de boutoir majeurs que lui porteront, au XIX⁰ siècle, le scientisme, c'est-à-dire la tentative d'étendre le champ de validité de la science au-delà de ses frontières disciplinaires traditionnelles, et le marxisme, comme application de l'«évidence scientifique» à la société tout entière, à son histoire comme à son avenir.

L'importance sociale croissante du «message»

Il serait tentant de voir également dans cette transformation intellectuelle majeure, qui affecta directement les modalités de la communication sociale, l'équivalent d'un basculement d'une culture de la parole échangée à une civilisation de l'écrit. L'oral a-t-il été progressivement remplacé par l'écrit? La réalité sociale de la communication, telle qu'elle se déploie du XVII⁰ siècle jusqu'à l'époque contemporaine, paraît plus complexe. Le problème est que les traces laissées par la vie orale d'une société sont par nature difficiles à repérer. Le développement massif de la rhétorique à partir du XVIIe siècle est un bon indice, cependant, d'une forte présence de l'oral.

Le rôle social de l'orateur et de l'argumentation s'affirma comme décisif chaque fois que des événements importants mobilisaient l'opinion, comme en témoigna l'exemple de la Révolution française. La formation progressive d'une «opinion publique», engendrée par le développement de la démocratie et des droits de la personne humaine, procura aux orateurs une place centrale. La civilisation qui se mit progressivement en place, plutôt que d'être décrite à partir d'une opposition factice entre l'écrit et l'oral, pourrait être plus précisément qualifiée de «civilisation du message».

À partir surtout du XIXe siècle, la communication sociale s'organisa autour du message et de sa circulation. Toutes les inventions techniques en matière de communication iront en tout cas dans ce sens. Les unes donneront plus de poids, mais aussi plus de mobilité à l'écrit, les autres donneront à l'oral une portée physique et sociale qu'aucun orateur de l'ancien temps n'aurait osé imaginer. Le message fut désormais l'objet de tous les enjeux mais aussi de toutes les sollicitudes. L'une des matérialisations les plus concrètes de cette importance nouvelle du message fut le développement du journal comme support essentiel d'une information dont la valeur tenait à sa capacité de circulation.

Le développement de la presse et la naissance de l'opinion

Le journal, comme source régulière d'informations, fit son apparition au début du XVIIe siècle. Sur un plan technique, son développement fut rendu possible par la conjonction de trois facteurs: le développement de l'imprimerie, qui était déjà en marche depuis le XVe siècle, l'amélioration des transports et des voies de communication physiques, qui permettait une certaine sécurité en même temps qu'une plus grande rapidité d'achemi-nement, et le développement du service postal qui allait permettre de fournir à la presse l'infrastructure idéale d'une diffusion stable. Ces raisons techniques n'ont cependant de sens que si on les rapporte à ce qu'Ellul appelle la formation d'une «opinion», née des contacts accrus entre les divers groupes sociaux qui composent la nation.

Les premières gazettes furent orales: les récits des orateurs qui se réunissaient aux Tuileries; et même lorsqu'une feuille écrite les remplacera, celle-ci sera d'emblée intégrée dans des circuits de discussions publiques. Le journal était lu et commenté dans les cabarets ou les salons et servait souvent de base de discussion. L'analphabétisme était encore très répandu — il faudra attendre le milieu du XIXe siècle pour qu'il cesse d'être un phénomène de masse — mais il n'était pas synonyme, loin de là, d'absence de participation aux débats politiques.

Le premier journal régulier d'importance (des bulletins imprimés existaient déjà çà et là) fut *la Gazette* de Théophraste Renaudot, dont le premier numéro date du 30 mai 1631. Elle paraissait toutes les semaines sur douze pages et avait un tirage de 1 200 exemplaires. Il faudra attendre un siècle et demi pour voir publié en France le premier quotidien, *le Journal de Paris,* né le 1er janvier 1777. À cause de son contrôle par le pouvoir, la presse n'était pas le lieu d'expression du pluralisme et des nouvelles idées qui bouillonnaient alors. Les libelles, les pamphlets et les livres, donc dans l'ensemble des publications ponctuelles, souvent semi-clandestines, assurèrent la partie écrite du véritable débat politique. Le style de la presse était, dans tous les pays concernés, à base d'informations choisies dans un sens favorable au pouvoir, sans commentaire ni explication idéologique.

Les bouleversements politiques que connut le XVIIIe siècle eurent évidemment des conséquences directes sur l'évolution de la presse. En France, plusieurs centaines de journaux naîtront entre 1789 et 1790, et ils furent l'un des supports essentiels du débat politique. Aux États-Unis, la presse bénéficia très rapidement d'un contexte politique favorable. L'un des amendements de la Constitution des États-Unis garantit «la liberté de communication des pensées et des opinions» comme «un des droits les plus précieux de l'homme». Le pli désormais était pris et tout affaiblissement pratique de ce principe sera perçu comme une censure au regard d'un droit inaliénable, y compris par ceux qui la mettront en œuvre pour les besoins d'une cause.

Tocqueville fit en quelques mots le tour de toute la question en déclarant qu'en matière de presse «il n'y a certainement pas de milieu entre la servitude et la licence». La presse est libre ou elle ne l'est pas. Beaucoup d'efforts de propagande par la suite consisteront à faire croire à l'existence d'un espace intermédiaire entre ces deux choix.

À la fin de l'Empire — pendant lequel Napoléon avait institué la censure préalable — la presse reprit progressivement son rôle d'outil dans le débat politique. Une presse ouvrière se constitua, avec des journaux de qualité comme *l'Atelier*, paru en 1840. Le journal était toujours inséré dans un tissu social laissant une forte place à la culture orale, comme en témoigna l'importance des cercles de lectures, des meetings, des sociétés d'étude ouvrière. Du point de vue des communications sociales, en effet, le recul massif de l'analphabétisme n'a pas favorisé uniquement une culture de l'écrit, bien au contraire.

Le journal devait connaître, au XIXᵉ et au début du XXᵉ siècle, une évolution marquée à la fois par le progrès technique et par la pleine intégration de la presse dans les circuits marchands, grâce en partie à la publicité. La conjonction du libéralisme politique — qui garantit la liberté de la presse comme l'un de ses fondements majeurs — et du libéralisme économique — fondé sur la liberté de l'entreprise — constitua, notamment aux États-Unis, un riche terreau pour le développement de la presse, ainsi doublement protégée du pouvoir politique. La publicité, qui se développa rapidement avec l'essor de l'économie, joua un grand rôle dans le rapprochement de la presse avec les circuits marchands: au début du XIXᵉ siècle, les «annonces» occupaient la moitié de la surface des journaux. Les tirages, dès lors, ne demandaient qu'à s'envoler, ce qu'ils firent. En France, on comptait, en 1891, 400 quotidiens. À la même époque les États-Unis en comptaient 1 662, qui avaient un tirage total de près de 9 millions d'exemplaires. Vingt ans plus tard, en 1910, le tirage des quotidiens américains était de 24 millions, pour 6 millions en France.

Les progrès dans le transport des messages

La technique avait suivi cet essor et l'avait encouragé. En 1867, Hippolyte Marinoni inventa la machine rotative, vingt-cinq fois plus rapide que tous les procédés existants. En 1886 l'invention de la linotype permit d'obtenir un bien meilleur rendement de la composition. Mais les grands progrès qui transformèrent la presse en moyen de communication sociale à grande portée furent autant les techniques de l'imprimerie que celles, connexes mais décisives, des moyens de transport de l'information, le télégraphe puis le téléphone.

La première version du télégraphe fut le «télégraphe aérien» de Claude Chappe. Comme les premiers journaux, il s'agissait d'une initiative privée dont les développements initiaux en firent un instrument de communication au service direct de l'État. Le télégraphe aérien naquit en pleine tourmente révolutionnaire, au moment où la République était encerclée de toute part. Le pouvoir étant alors exercé collectivement par le Comité de salut public — nous sommes en 1793 —, ses membres ne pouvaient se déplacer facilement aux frontières. Le besoin crucial de communiquer rapidement avec les généraux révolutionnaires constitua le contexte idéal dans lequel le projet technique que Chappe défendait sans succès depuis quelques années pouvait s'épanouir.

Celui-ci construisit pour l'État la ligne Paris-Lille, qui devait préfigurer un réseau en étoile où toutes les lignes convergeaient vers Paris. Le réseau Chappe fonctionna jusqu'en 1855, employant plus d'un millier de personnes pour 5 000 kilomètres de lignes reliant 556 stations. Malgré la proposition de Chappe d'ouvrir le service des lignes au public — dans un premier temps aux industriels et aux commerçants —, le télégraphe aérien resta longtemps, jusqu'à son ouverture aux seules bourses et chambres de commerce, un moyen de communication entièrement au service d'un pouvoir centralisé, dont il constitua d'ailleurs un des symboles: les émeutiers de Bordeaux en 1830 jetèrent au fil de la Garonne le mobilier du préfet et, dans un même élan, les éléments du télégraphe aérien qu'ils avaient démontés pour l'occasion.

L'invention, puis la mise en service rapide du télégraphe électrique, rendirent complètement obsolète le télégraphe aérien. La première expérience française de télégraphie électrique eut lieu en gare de Saint-Germain le 18 mai 1845. Grâce à l'esprit moderniste qui soufflait sur le Second Empire, un gigantesque réseau fut mis en place de 1850 à 1870. Le monopole de l'État sur l'emploi des lignes céda rapidement devant la poussée des députés, des différents groupes d'usagers potentiels et de l'opinion publique. Au début, l'administration avait interdit la circulation des messages politiques (autres que ceux de l'État). L'ouverture au grand public du télégraphe rendra cette mesure caduque. Le chemin parcouru fut énorme: en 1894, les messages pouvaient être anonymes et codés en langage secret, ce qui était rigoureusement impensable quelques années auparavant.

Les grandes agences de presse, Havas, Reuter, Associated Press, qui s'étaient créées dans le mouvement de développement de la presse, changèrent leur style de travail du fait de l'introduction du télégraphe. Celui-ci fit apparaître comme une valeur nouvelle la rapidité avec laquelle l'information parvenait au public. Ce changement eut sans doute des conséquences plus importantes qu'il n'y paraît dans la nature de la communication sociale, en annulant progressivement, au moins dans la perception des intéressés, la notion de distance sociale, qui impliquait l'idée d'un certain recul intellectuel. L'urgence devait y gagner un statut social qui ne lui sera plus guère contesté. Le téléphone renforça cette tendance en y ajoutant toutefois progressivement les caractéristiques qui seront celles de l'ère des communications modernes. Le XIXe siècle avait été celui de la presse écrite, le XXe sera celui de la communication tous azimuts.

Bibliographie: R. BARTHES, 1970; C. BERTHO, 1981; J. COHEN, 1968; DESCARTES, 1970; J. ELLUL, 1967; R. ESCARPIT, 1976; A. LABARRE, 1970; D.S. LANDES, 1975; C. PERELMAN et OLBRECHTS-TYTECA, 1970; F. YATES, 1975.

II

La percée des médias et des nouvelles techniques

5

Les premières techniques électroniques
au service de la communication

Rien ne prédisposait au départ le courant faible, porteur de l'impulsion électronique, à devenir un outil puissant au service du changement social. Le véritable amplificateur social des découvertes faites à la fin du xixe siècle dans le domaine de l'électromagnétisme et de l'électronique sera dans un premier temps la TSF (téléphonie sans fil), puis, quelques décennies plus tard, la télévision, le radar et enfin l'ordinateur. L'électronique s'est en effet développée d'emblée dans le monde des techniques de communication.

Les premiers pas de l'électronique

La «mise au travail des électrons» a véritablement commencé sur une idée d'Ambrose Fleming, qui était le conseiller scientifique de Marconi. L'enjeu était la communication sans fil, comme on disait à l'époque, c'est-à-dire le moyen de transmettre directement dans l'air, instantanément, des messages. Les progrès en physique réalisés à partir de 1832 par Faraday, puis Maxwell, avaient permis d'entrevoir la possibilité théorique d'émettre des ondes électromagnétiques susceptibles d'être le support de tels messages. Conceptuellement, il n'y avait donc pas une grande révolution: là où l'électricité avait porté le message télégraphique le long d'une ligne, une émission d'ondes à travers l'espace pouvait, elle aussi, être le support d'informations. Marconi cherchait d'ailleurs à transmettre par ce procédé des signaux morses d'Angleterre vers Terre-Neuve et on n'imagina pas immédiatement que les ondes électromagnétiques étaient susceptibles de transmettre la voix humaine ou la musique.

Rudolf Hertz avait expérimenté en 1887 ces ondes qui, à partir de ce moment, prirent son nom. Mais, si l'on savait émettre les ondes hertziennes, ni les récepteurs ni même les émetteurs n'étaient encore suffisamment au point. Par ailleurs, en tentant de corriger certains défauts de sa lampe électrique à filament, Edison avait fait une curieuse découverte: l'émission, sous certaines conditions de vide et de voltage, d'une lueur bleuâtre autour du filament. Rapidement celle-ci fut identifiée comme étant une production d'électrons (le nom a été donné par un physicien irlandais du nom de George Johnstone Stoney en 1891).

À vrai dire, cette lueur avait déjà été identifiée (et avait même servi d'amusement de salon) par Eugen Goldstein à Postdam. Le directeur du laboratoire Cavendish, à Cambridge, J.J. Thomson, montra en 1897 qu'elle correspondait bien au passage des électrons. Tout ces résultats étaient connus par Fleming et celui-ci inventa en 1904, dans la perspective d'utiliser les électrons pour la communication sans fil, la fameuse «diode». Le nuage d'électrons émis par le pôle négatif du filament d'une lampe électrique avait cette propriété de se ruer en droite ligne, pourvu que le vide soit assuré dans la lampe, vers un autre pôle chargé positivement. Suivant que ce pôle était chargé positivement ou non, on disposait ou non à l'intérieur de la lampe d'une émission d'électrons. La domestication du «courant faible» — par opposition à l'électricité ordinaire — avait commencé.

Le progrès suivant fut décisif, pour la radio comme pour toutes les applications ultérieures: en 1906, Lee De Forest, qui cherchait à construire un bon récepteur de signaux radioélectriques et surtout un dispositif qui puisse amplifier un signal reçu, inventa la triode. Il imagina en effet d'introduire, entre le pôle émetteur d'électrons et le pôle qui les attirait, une grille plus ou moins chargée électriquement qui permettait de commander le flux des électrons et de le faire varier en fonction des besoins. Le principe de ce que Bertrand Gilles appelait l' «élément fondamental du nouveau système technique contemporain» et A.F. Harlow, le «plus authentique petit géant de toute l'histoire» était désormais acquis.

De la radio à l'ordinateur

La première application de l'électronique fut la radio, dont le tube à vide était le cœur. Cette nouvelle technique de communication prit son envol commercial au début des années vingt et connut très rapidement un essor foudroyant. Il faut remarquer ici que l'invention de la radio a été le produit de trois phénomènes en rapport direct avec la communication, bien qu'il faille les apprécier à des niveaux différents. D'abord la radio, comme nous venons de le voir, a été rendue techniquement possible par l'obtention du contrôle des mouvements de particules: l'émission, l'échange, la circulation des électrons sont un phénomène de communication maîtrisé au niveau physique. C'est d'ailleurs dans ce contexte que fut inventée la notion de rétroaction *(feedback)* qui servira quelques années plus tard à la communication en général. Ensuite, comme le souligne avec force David S. Landes, «la radio rendait témoignage de l'existence d'un monde du savoir, où l'on partageait un stock commun d'idées... un monde où en outre le perfectionnement des communications (...) avait accéléré immensément la diffusion de chaque idée nouvelle». La radio était en effet un objet technique complexe, intégrant de multiples innovations. Une intense communication entre scientifiques et aussi avec les ingénieurs et les industriels avait justement permis l'éclosion d'une nouvelle technique de communication. Enfin, la radio ne connut aucun problème de diffusion commerciale. Elle était à elle-même son propre support publicitaire. De même qu'à la Renaissance le livre avait servi, par son contenu même, à faire la publicité du livre et de sa pertinence comme technique de communication — ce qui n'avait pas été le cas pendant toute la période médiévale —, la radio fut le propre support efficace de sa diffusion.

Landes, pour expliquer la diffusion de masse très rapide de la radio, insiste sur le fait qu'il s'agissait justement d'un produit dont l'utilité variait en raison inverse du revenu et que là où, pour les privilégiés, elle n'était qu'un délassement parmi d'autres, elle était justement, pour les plus défavorisés, un loisir unique donc «incontournable». Il faudrait sans doute aussi insister sur l'effet d'entraînement, d'auto-entraînement, de ce nouveau moyen de communication sociale.

La Première Guerre mondiale avait contribué à populariser et à développer les techniques de communication dans tous les domaines, y compris la radiophonie. La crise de 1929, la dépression qui suivit, la montée des totalitarismes constituèrent un terreau idéal pour que se développe le besoin de communication. Les statistiques de délivrance des permis alors nécessaires pour pouvoir acheter un poste de radio montrent par exemple qu'en Europe la courbe de progression est beaucoup plus forte en Allemagne qu'en Angleterre ou en France. En 1933, on comptait en Allemagne 5 053 000 permis délivrés, pour 6 000 000 en Angleterre et 1 308 000 en France; quelques années plus tard, en 1939, ces chiffres étaient respectivement de 13 711 000, 8 900 000 et 4 992 000 permis.

L'étape suivante, dans cette aventure de l'électronique, qui ne faisait alors que commencer, fut le radar *(Radio Detection and Ranging)* et, immédiatement après, l'ordinateur, pièce maîtresse des techniques de communication du xxᵉ siècle.

Le parallèle entre la naissance de l'écriture aux confins du Moyen-Orient il y a cinq millénaires et la naissance de l'informatique au milieu du xxᵉ siècle est saisissant. Dans les deux cas, une nouvelle technique de communication est née du calcul et s'en détache progressivement; dans les deux cas, cette technique passe d'abord par une phase presque exclusivement consacrée à la mémorisation des données et au traitement passif de l'information; dans les deux cas, cette technique va se mettre en mouvement pour devenir le support d'une intense activité de circulation des idées et des informations entre les hommes; dans les deux cas, une fois la technique de base inventée, c'est le contexte de l'évolution sociale qui va décider de la forme prise par les nouveaux outils de communication.

L'écriture, bien sûr, sera plus lente que l'informatique à devenir une véritable technique au service de la communication mais, si l'on y regarde de près, le mouvement de l'informatique vers son usage comme technique de communication n'est pas direct. Il est même encore loin d'être véritablement assuré aujourd'hui, et la révolution que beaucoup en attendent est peut-être encore loin devant nous. L'équivalent des événements qui ont conduit à la Renaissance, du point de vue du livre, est peut-être encore à venir pour ce qui concerne l'informatique.

Quoi qu'il en soit, l'outil est là, et nous pouvons déjà suivre à la trace les grandes étapes de son invention, de ses premiers usages et aussi de ses premiers tâtonnements. Comme l'écriture, l'informatique est née du calcul et de la volonté de traiter rationnellement un certain nombre d'informations sociales. Les deux bases techniques de l'informatique ont été, à partir du XIXe siècle, le développement des activités de calcul, notamment dans le monde des ingénieurs, et les progrès de la mécanographie comme technique au service de la connaissance de la réalité sociale et économique. Ensuite sont venues, au milieu du XXe siècle et plus précisément autour de 1945, les premières machines informatiques, très tôt marquées par la tentation de la communication. Les premiers réseaux, qui mettront les ordinateurs au service de la communication, verront le jour pratiquement en même temps.

Le développement du calcul

Les ingénieurs de la Renaissance, curieux de tout et cherchant dans les mathématiques le moyen de passer «des recettes aux raisons», furent à l'origine d'un des plus grands bouleversements que connut la technique. Là où, depuis des millénaires, l'empirisme était la règle, l'usage des mathématiques appliquées transforma en profondeur, notamment en matière de construction, les pratiques habituelles.

Les applications militaires furent un des principaux points de départ de l'usage des mathématiques en matière technique. L'un des premiers exemples connus de ce fait fut, à la fin du xve siècle, l'installation par les artilleurs de Charles VIII, sur une plage des environs de Naples, de toiles disposées de loin en loin afin de mesurer la portée des boulets en fonction des angles de tir. Curieusement, cinq siècles plus tard, les progrès décisifs qui conduiront à l'invention de l'ordinateur interviendront également à l'occasion de la mise en œuvre de nouvelles méthodes de calcul des tables de tir pour l'armée américaine en guerre.

Les ingénieurs, hommes du calcul et de la prévision, remplaceront progressivement les artisans dans la réalisation des grands projets architecturaux. Ce changement dans les techniques fut également à l'origine d'un changement sans doute encore plus décisif dans le mode de communication des procédés techniques eux-mêmes. Tandis que l'empirisme de l'artisan ne pouvait se transmettre que par l'expérience directe et une pédagogie de l'exemple, le savoir formel de l'ingénieur pouvait en partie être communiqué en dehors de toute présence physique. Le texte imprimé et le dessin technique constituèrent le support idéal des nouvelles compétences et la technique commença à devenir l'objet d'une véritable communication sociale.

Le développement industriel du xixe fit de la fin de ce siècle et du début du suivant l'âge d'or du calcul appliqué à la technique. C'est le début des grands ouvrages architecturaux. Les ponts, les tunnels, les tours et les gratte-ciel furent les produits directs de «l'empire de l'équation différentielle» dont le champ d'application recouvre celui de tout objet soumis à une force. Désormais la moindre pile de pont, le moindre plancher d'un immeuble de quelque importance existaient d'abord sous la forme d'un calcul *ad hoc,* qui en garantissait à coup sûr et *a priori* la fiabilité et la sécurité.

Le large développement de la profession d'ingénieur accompagna cette emprise quasi absolue du calcul sur des pans entiers de l'activité humaine. Le seul frein à cette expansion furent les progrès nettement plus lents des machines à calculer. Les besoins étaient là, la théorie aussi, mais la réalisation pratique péchait toujours par excès de lenteur puisque les calculs étaient pratiquement tous faits à la main, travail à peine soulagé par le re-

78

cours à la règle à calcul, véritable sceptre moderne de l'ingénieur, ou aux machines de tables électro-mécaniques, assez peu pratiques.

Cette carence commença à se faire cruellement sentir dans les années trente et surtout, immédiatement après, au moment de l'entrée en guerre des États-Unis. Le transport, l'intendance et la logistique eurent en effet une grande importance pour une armée très moderne, utilisant les techniques de pointe plutôt que l'engagement massif de l'infanterie — à l'image du style militaire soviétique —, et surtout intervenant loin de ses bases. La guerre américaine fut une guerre technique, où le calcul prit une large part, comme d'ailleurs dans toutes les activités que l'industrie américaine développait. La bombe atomique, couronnement radical de cette guerre, fut un pur produit des capacités de calcul de l'élite des ingénieurs américains qui la réalisèrent matériellement, une fois que les physiciens en eurent tracé les grandes lignes théoriques. Les premières machines informatiques verront le jour immédiatement après, en rapport direct avec ces événements.

Parallèlement au développement des activités de calcul, une véritable «mystique du calcul» s'était développée. Depuis Galilée, qui voyait l'univers comme un grand livre dont le texte était écrit en formules mathématiques, et Descartes qui voyait dans les mathématiques la source d'un renouvellement complet des méthodes de pensée, le calcul n'aparaissait pas simplement comme une technique mais comme un véritable «système du monde». Aux pures théories mécanistes qui présentaient l'univers comme un ensemble de rouages dont le fonctionnement était prédéterminé, se substitua au XIXe siècle un ensemble de conceptions plus fines, articulées autour de la logique, dont la finalité n'était plus de faire la preuve de l'existence de Dieu mais un ensemble de préoccupations plus laïques sur les conditions de vérité des énoncés qui lui étaient soumis.

Cette nouvelle logique partit rapidement, dès le début du XXe siècle, à l'assaut du langage, pour reprendre, sous d'autres formes, les questions que la rhétorique avaient déjà posées depuis longtemps: qu'est-ce que le langage? Qu'est-ce qui prouve qu'une parole est vraie? Peut-on prouver la preuve? La réflexion sur la communication, comme en témoigne le travail d'un Wittgenstein, fut ainsi à l'origine des nouveaux paradigmes qui devaient plus tard caractériser la modernité. La voie était ouverte à ce que la communication fût traitée comme un calcul — et qu'en ce sens elle soit une nouvelle page du grand livre de l'univers de Galilée. Le mathématicien anglais Alan Turing fera un grand pas dans cette direction en formalisant la notion d'algorithme, qui devait constituer un des fondements théoriques de l'informatique moderne.

Le développement de la mécanographie

Le terrain de l'informatique fut également largement préparé par le développement de la mécanographie, technique dont l'objet est de mécaniser la collecte et le traitement de données statistiques et comptables et, plus généralement, de toutes les informations sociales et économiques que l'on peut rencontrer ou susciter à cette occasion.

L'inventaire et le fichier furent, nous l'avons vu, une très ancienne tentation humaine, liés en général au développement des villes ou des États centralisés, dans des périodes d'accroissement et de concentration de richesses. Les Mésopotamiens furent-ils à l'origine de l'inventaire et de la comptabilité, ou d'autres peuples les précédèrent-ils? Ils en laissèrent en tout cas les premiers des traces certaines. Le développement des activités marchandes à la Renaissance fit faire un bond en avant aux techniques comptables et la mise en place d'États centralisés au cœur de la production de richesses en Europe et aux États-Unis, à partir des XVIIe-XVIIIe siècles, imposa les recensements de biens matériels, mais aussi de populations. Les énormes masses de données prises en compte imposèrent que l'information soit désormais traitée par des machines.

L'Américain Hermann Hollerith (1860-1929) mit en service la première machine mécanographique pendant l'été 1890 après que son projet eut été retenu et financé par le Census Bureau, service de l'administration américaine chargé de l'organisation et du traitement des recensements de population. Ceux-ci avaient une certaine importance dans un pays où la Constitution fondait sur un tel dénombrement les représentations équitables dans les deux Chambres des États fédérés et de leur population. La collecte d'informations sociales et économiques se révélait d'autant plus précieuse que la société américaine était animée d'un mouvement d'une ampleur sans cesse croissante, du fait de l'émigration, des transferts massifs de population vers l'Ouest et du fort taux de natalité des nouveaux arrivants. L'information, comme la communication, a toujours partie liée aux mouvements et aux déplacements intensifs des marchandises et des personnes.

Cette mesure, décidée dès 1787, alors que le Nouveau Monde comptait moins de 4 millions d'habitants, s'était progressivement révélée techniquement difficile à organiser: en 1880, les États-Unis comptaient plus de 50 millions d'habitants et il fallut sept années pour dépouiller manuellement le recensement. La machine tabulatrice d'Hollerith diminua considérablement ce délai.

À partir de cette poussée initiale, la mécanographie connut un grand succès. La carte perforée qu'elle utilisait comme support d'information avait cette particularité d'être un support universel: les perforations pouvaient, par codage préalable, représenter n'importe quelle sorte d'information, pourvu que celle-ci soit exprimable exhaustivement sous cette forme simple. L'utilisation du système d'Hollerith en Russie, à partir de 1896, prouva l'universalité du principe car ce système de retranscription, comme l'écriture longtemps avant, était indépendant des langues utilisées (quarante-quatre pour le premier recensement russe).

En outre, les machines mécanographiques permirent l'arrivée massive des femmes dans le secteur tertiaire. D'abord perforatrices, celles-ci virent progressivement leurs qualifications augmenter et elles purent, grâce à la mécanographie, accéder à des postes de responsabilité.

La politique sociale de F.D. Roosevelt fut à l'origine de la mise sur pied d'un immense centre statistique où 2 300 personnes et 415 machines étaient occupées à trier jusqu'à 600 000 cartes par jour. En France, le numéro d'identification à treize chiffres fut institué pendant la dernière guerre par René Carmille, qui rêvait d'une banque de données où les informations concernant la population seraient mises à jour «en temps réel». La mécanographie, comme le remarque Robert Ligonnière, permettait ainsi

81

«d'établir un rapport permanent entre l'État et l'individu».

De tous les pays au monde, les États-Unis étaient le plus en avance de ce point de vue, et l'usage des machines à cartes perforées pour organiser les problèmes d'intendance pendant la Première Guerre Mondiale contribua à populariser ce type de traitement des informations sociales. Lorsque, dans les années cinquante, l'ordinateur sera devenu un objet commercial de plus en plus courant, l'essentiel de ses utilisations consistera dans le remplacement des anciennes machines du parc mécanographique; les firmes qui se partageront le marché feront d'ailleurs toutes partie de celles déjà implantées dans ce secteur.

Alors que le calcul était devenu un nouveau paradigme explicatif, la mécanographie devenait progressivement un des moyens modernes de gouvernement. La place prise par l'information était ainsi chaque jour plus importante. Malgré leur universalité, les machines mécanographiques n'étaient cependant pas des outils très pratiques compte tenu du développement sans cesse croissant des besoins. Elles étaient en quelque sorte comparables, du fait de leur rigidité, aux premiers pictogrammes. L'informatique apportera une grande capacité de souplesse dans le traitement des informations, comparable à celle qu'avait introduite l'usage de l'alphabet.

Les premières grandes machines à calculer et le monde du téléphone

La machine qui fut le pivot de cette transformation, l'ordinateur, fut mise au point, comme on l'a vu, à la fin de la Seconde Guerre mondiale par une équipe d'ingénieurs, assistée de façon déterminante par le mathématicien John von Neumann. La décennie qui venait de s'écouler avait vu la construction de très grosses machines à calcul. Les plus modernes d'entre elles utilisaient une technique à base de relais téléphoniques. Les ingénieurs en téléphonie étaient, il est vrai, de très gros consommateurs de calcul. Le développement massif du téléphone comme moyen de communication non seulement rapprochée mais également à longue distance avait généré des problèmes techniques nouveaux et originaux. La recherche de la performance — plus de communications simultanément sur une même ligne, meilleure qualité du message — était devenue un leitmotiv des ingénieurs, en particulier ceux des fameux Bell's Laboratories, les laboratoires de recherche de la plus grande des compagnies dans ce secteur. Les recherches en matériel téléphonique ainsi que la maîtrise acquise par les ingénieurs dans ce domaine firent que l'on imagina de construire des machines dont les éléments de base seraient ceux du matériel de communication, au sein desquelles la circulation d'un courant électrique pourrait permettre des opérations de comptage, donc de calcul.

Il est étonnant de constater à quel point la nouvelle technique du calcul fut proche des techniques de communication et de circulation des messages. Le fait qu'il y ait du matériel commun, et en particulier le relais téléphonique, n'explique pas tout. Plusieurs indices montrent que l'idée du calcul fut immédiatement prise dans une perpective de communication et de réseaux. Le premier calculateur à relais binaire fut construit entre avril et octobre 1939 par un ingénieur des Bell's Laboratories, George Stibitz. Le choix du binaire, qui était dans l'air (un ingénieur français, Louis Couffignal, avait en 1936 fait une thèse sur l'application du binaire au calcul), ne pouvait qu'être encouragé par l'usage de ces fameux relais, pièces dont la caractéristique principale était de prendre deux positions et deux seulement, suivant que le relais était ouvert ou fermé.

La machine de Stibitz, BTL Model 1 — BTL pour Bell Telephone Lab —, était composée de 450 relais et elle avait comme particularité de fonctionner grâce à un télétype transformé qui communiquait à l'unité de calcul, par l'intermédiaire de l'équivalent d'une ligne téléphonique, les données et les instructions. Cette particularité de conception permit rapidement une mise en réseau de la machine. Dans un premier temps, comme les besoins en calcul des laboratoires étaient immédiats et urgents, deux groupes d'utilisateurs furent connectés, par l'intermédiaire de deux télétypes, à l'unité centrale: le premier qui demandait l'accès était servi, le second restait en attente.

Mais la Bell alla plus loin en installant, à titre de démonstration, un réseau de calcul à distance. En septembre 1940, à l'occasion du congrès annuel de l'American Mathematical Society, des télétypes furent installés dans les locaux où se tenaient les travaux, au Darmouth College dans le New Hampshire. Ces télétypes furent reliés, *via* le réseau téléphonique, au «Model 1» qui trônait à Manhattan au centre de New York. La démonstration produisit un certain effet car c'était probablement la première fois que des calculs étaient effectués à distance par une machine. Les deux opérateurs de cette expérience originale étaient Norbert Wiener, qui devait jouer quelques années plus tard un grand rôle dans l'histoire des communications, et John Mauchly, l'un des ingénieurs qui mettra au point l'ordinateur à partir de 1945.

Cette grande proximité des techniques de communication téléphonique et des techniques de calcul sera tempérée un court moment par l'abandon rapide des relais téléphoniques au profit des tubes à vide, issus eux aussi d'une autre famille de techniques de communication, la radiophonie, où ils étaient utilisés massivement. Le passage à l'électronique n'empêchera pas, bien au contraire, que l'ordinateur soit quasi immédiatement intégré à une structure en réseau, utilisant là aussi des lignes téléphoniques.

La naissance de l'ordinateur

La nouvelle machine fut conçue entre l'automne 1944 et l'été 1945. L'équipe d'ingénieurs, autour de J. Mauchly et J.P. Eckert, qui contribua à la rédaction des plans de ce qui devait être une des principales inventions de cette période, avait déjà une certaine expérience des machines à calculer, notamment électroniques. Mauchly et Eckert avaient en effet construit l'ENIAC, un gros calculateur financé par l'armée et destiné à calculer des tables de tir balistiques.

L'emploi de l'électronique et des fameux tubes à vide était loin d'emporter à l'époque l'adhésion générale. En fait, un véritable lobby s'était constitué autour de la technique des relais téléphoniques, qui opposait une certaine résistance à cette nouvelle approche du calcul. Il fallut toute l'autorité, mais aussi toute l'ingéniosité de von Neumann pour imposer un nouveau principe technique d'organisation de ces machines.

84

L'une des grandes astuces de von Neumann fut de doter la machine d'une unité de contrôle interne qui organisait automatiquement, sur la base d'un programme *ad hoc,* tous les mouvements internes des informations qui circulaient dans la machine et qui en entraient ou en sortaient. Cette conception était révolutionnaire par rapport à toutes les machines construites jusque-là, qui n'étaient guère plus que de gros bouliers électriques, auxquels les opérateurs communiquaient au fur et à mesure les opérations à faire et les données nécessaires. Von Neumann dota la nouvelle machine d'abord d'une mémoire étendue, dans laquelle données et opérations figuraient à certaines «adresses» précises, ensuite d'une unité de calcul, qui n'était plus dès lors l'élément principal, et enfin de cette fameuse unité de contrôle qui organisait le déplacement des informations au fur et à mesure des besoins et des opérations, et qui engrangeait dans la mémoire les résultats jusqu'à leur communication. Capable de stocker des informations binaires et de réaliser sur elles toutes sortes d'opérations, l'ordinateur engloba dans un même ensemble les fonctions des machines à calcul et celles des machines mécanographiques traditionnelles, dont il emprunta d'ailleurs immédiatement le support que constituaient les cartes perforées.

Les premiers réseaux de communication

Avec l'ordinateur, le mode d'existence d'une information s'assimila tout entier avec son mouvement. L'information, dans la machine, n'est rien d'autre que le déplacement d'impulsions électroniques auxquelles on a donné au préalable une signification. Même le stockage de l'information est conçu comme un cas particulier de ce mouvement: l'horloge électronique qui est le cœur de l'ordinateur réactive plusieurs milliers de fois par seconde chacune des impulsions contenues dans les circuits de la machine, soit en la réactivant à la même place, soit en la réactivant à la place suivante, créant ainsi le mouvement. La puissance de l'ordinateur tient à la gestion précise qu'il fait des déplacements d'informations dans la machine. L'existence de l'information sous la forme d'un mouvement continu, susceptible

de quitter l'ordinateur et de se répandre dans un réseau de trans-
missions, lui conféra ainsi d'emblée une fonction de communication évidente. Cette conception n'était d'ailleurs pas tout à
fait étrangère aux préoccupations de von Neumann, dont le modèle explicite pour concevoir l'ordinateur fut le cerveau humain.
Le raisonnement humain était pour lui le résultat d'un traitement
d'information au niveau neuronal et celui qui comprendrait les
modalités de ce traitement serait à même de construire un «cerveau artificiel» comparable en performance au cerveau humain
«naturel».

Toutefois, à ce point précis de l'histoire de l'ordinateur, dont
on voit la proximité et l'intimité qu'il entretient avec la famille
des techniques de communication, certains clivages commencent
déjà à s'instaurer, qui ne sont pas sans rappeler, là aussi, les
débuts de l'histoire de l'écriture. Deux tendances commencent à
se dessiner, selon que l'on regarde l'ordinateur, ainsi que le fera
von Neumann, comme une machine à traiter l'information, ou
bien qu'on le considère comme étant une machine à communiquer, selon l'expression de Norbert Wiener.

Dans le premier cas, toute innovation tend à renforcer les performances internes de la machine, sa capacité d'autonomie par
rapport à son environnement. Von Neumann, plus intéressé sans
doute par les performances individuelles du cerveau, aura une
certaine influence sur le développement des recherches en informatique. Grâce à lui, ou à cause de lui, une partie importante des
financements militaires consacrés à cette question iront à des
projets qui mettront en scène des machines de plus en plus
gigantesques et puissantes. Jusqu'à sa mort, en 1956, son idéal
sera de rattraper le cerveau humain et il entraînera une partie de
l'informatique dans cette course folle, sur la lancée de laquelle
l'intelligence artificielle se développera à la fin des années
cinquante.

Parallèlement à ces recherches sur le cerveau — naturel et
artificiel —, l'ordinateur commença une carrière comme technique de communication. Son grand atout en la matière fut la
rapidité avec laquelle il pouvait collecter, traiter et organiser
l'information. Il y eut de ce point de vue une rencontre historique
entre l'ordinateur et la situation politique et stratégique créée par

86

la guerre froide à partir de 1947. Les nouvelles conditions de la guerre nucléaire avaient bouleversé les données de la décision et de l'organisation de la riposte. La question, sur le plan technique, était la suivante: comment savoir que les Russes nous attaquent, comment leur riposter immédiatement? La réponse était l'ordinateur: non pas seul, mais comme système nerveux, centre d'un système ultra-rapide de communication de l'information. La fonction que l'unité de contrôle remplissait à l'intérieur de la machine ne pouvait-elle être remplie par l'ordinateur au centre d'un système complet de détection et de riposte?

Ainsi naquit le système SAGE, *Semi-Automatic Ground Environment*, premier réseau informatique à l'échelle d'un pays tout entier. Des dizaines de radars postés aux frontières stratégiques se partageaient le soin de constituer en temps réel une carte complète du ciel qui était centralisée grâce à quarante ordinateurs géants reliés par des lignes téléphoniques propres. Les mêmes ordinateurs comparaient en permanence cette carte réelle avec la carte virtuelle formée par tous les plans de vol déposés par les avions civils et militaires aux différentes tours de contrôle. En cas de différence entre les deux cartes, c'est-à-dire en cas de présence d'un objet non identifié, les ordinateurs centraux communiquaient aux chasseurs d'interception non seulement l'ordre de décoller mais les plans de vol précis qu'ils devaient suivre pour rejoindre ces objets.

Dans un tel réseau, la fonction de communication de l'ordinateur était pleinement utilisée et le système SAGE fut le modèle d'autres réseaux, civils et militaires, notamment les premiers réseaux de réservation de places pour les compagnies aériennes. Les premières techniques informatiques de communication furent mises au point à cette occasion.

Bibliographie: S. AUGARTEN, 1984; P. BRETON, 1987c; B. GILLES, 1978; P. LÉVY, 1987; R. LIGONNIÈRE, 1987.

6

Les nouveaux territoires de la communication

Trois grands territoires vont délimiter, à partir des années cinquante, le domaine des techniques de communication sociale: les médias, les télécommunications et l'informatique. Le regroupement de ces techniques sous le même terme «communication» ne doit pas masquer leurs différences essentielles, tant sur un plan conceptuel que sur un plan anthropologique. Avant d'examiner comment est née l'idéologie de la communication qui sert de «liant» à cet ensemble parfois disparate, il faut recenser ces différences, tout en enregistrant la poussée du courant «digital», qui tend à homogénéiser les techniques de communication et à les soumettre entièrement à la «culture de l'évidence rationnelle», au détriment des traditionnels aspects de la «culture de l'argumentation».

Cartographie de la communication

Le secteur des *médias* — édition, presse, radio et télévision — se présente d'emblée comme celui qui a les origines historiques les plus lointaines. L'édition a des sources communes avec la

ce de l'Occident, la presse écrite est vieille maintenant
ns deux siècles et, malgré leur jeunesse relative, radio
sion ont connu un développement foudroyant. Au sein
de   ias un secteur, encore informel, est en cours de gestation
et devrait tendre rapidement vers l'autonomie: le «management
de la communication», qui englobe les relations publiques, la
publicité, les services de communication et d'information interne
des entreprises.

Les médias couvrent un champ immense en matière de communication sociale puisqu'ils ont repris à leur compte les fonctions à la fois de l'oral et de l'écrit, et qu'ils ont ajouté à une
offre d'information déjà variée et abondante l'image, dont le
champ d'extension tend en permanence à s'étendre. Ce vaste
territoire hérite de toutes les richesses de la «culture de l'argumentation» dont les racines plongent loin dans l'histoire de
l'humanité. La publicité témoignera, en puisant ses ressources
de créativité dans le vieux fonds de savoir-faire de la rhétorique
classique, de la force de cette conception argumentative de la
communication sociale dont le maître-mot est la persuasion. La
puissance populaire des médias tient sans doute à cette ancienneté
de la tradition à laquelle elle se rattache, associée à la volonté
démocratique d'atteindre le plus grand nombre.

Sur un plan matériel, les médias font appel aux techniques qui
privilégient systématiquement la communication sociale plutôt
que la communication interpersonnelle. Ce secteur montre de
surcroît une étonnante capacité à absorber les innovations techniques conçues pour d'autres usages et à les mettre rapidement au
service de ses propres finalités. La télévision, qui, après la radio,
a largement utilisé les dernières techniques de l'électronique,
constitue le meilleur exemple de cette étonnante vitalité.

Le deuxième territoire de la communication sociale, qui
connaît un développement rapide tout en étant de formation plus
récente, est celui de la téléphonie et, d'une façon plus générale,
de tous les services qui ont pour objet *la transmission de messages*.
L'ancêtre du téléphone est évidemment le télégraphe, dont la
première version avait été le télégraphe optique de Chappe. À
l'origine, ce mode de transmission point à point d'un message
faisait appel à l'écrit, au texte écrit codé, mais rapidement l'usage

90

de l'électricité combiné au souci de l'interactivité fera du téléphone une technique de l'oral.

Le télégraphe, puis le téléphone ne furent pas d'emblée des techniques au service de la communication interpersonnelle. Comme on l'a vu, les premiers usages du télégraphe étaient en effet strictement réservés aux communications du pouvoir politique: ordres et instructions partaient du centre vers la périphérie, renseignements et comptes rendus remontaient la filière dans l'autre sens. Le développement massif de la téléphonie aux États-Unis, puis, beaucoup plus lentement, en Europe, fera du téléphone un moyen technique privilégié de la communication interpersonnelle à distance. Les avancées techniques dans ce domaine et la jonction avec l'informatique qui s'est opérée à l'époque contemporaine ont transformé à nouveau le téléphone, et d'une façon plus générale les «télécommunications», en technique de communication sociale, sous la forme des réseaux de transports de données et de la télématique. Les télécommunications ont hérité d'une tradition où règne en maître le souci du codage, de l'économie et de la fiabilité de la transmission. Cette tradition, directement issue du monde des ambassades et des messages secrets de l'Ancien Régime, avait placé depuis longtemps ses techniques de codage sous l'emprise du chiffre et même du chiffre binaire, inventé par Francis Bacon au XVIIe siècle pour mieux crypter ses messages. Cette particularité facilitera le rapprochement contemporain du téléphone et de l'informatique.

Le troisième territoire occupé par les techniques de communication moderne, le plus récent aussi, est celui qui s'organise autour de l'*informatique* comme technique de traitement de l'information. Dédié d'abord exclusivement aux applications scientifiques à usages militaires, l'ordinateur deviendra rapidement un outil au service d'applications civiles de plus en plus nombreuses. Malgré sa jeunesse, l'informatique va tendre de plus en plus nettement à devenir une technique au service direct de la communication sociale. Quoique sur un plan matériel l'ordinateur soit une véritable nouveauté en 1945, il a été en fait l'aboutissement d'une longue maturation intellectuelle d'où les préoccupations liées à la communication n'étaient pas absentes.

91

L'ordinateur est le pur fruit, cependant, de la «culture de l'évidence» née au cœur de la modernité occidentale, dès la fin du Moyen Âge. L'informatique est d'emblée une réflexion sur le langage humain et ses bases logiques, tout aussi bien du point de vue de ses conditions de production que du point de vue de ses fonctions de communication. Ainsi, toute communication médiatisée par l'informatique portera d'emblée la marque logico-philosophique propre à cette technique.

Les différences anthropologiques dans le monde de la communication

Il faut prendre garde, dans l'appréciation que l'on pourrait être amené à porter sur les techniques de communication, à ne pas minimiser les différences initiales qui existent entre ces trois territoires. Certaines de ces différences, loin d'être des contingences historiques dont l'effet irait en s'amenuisant, sont sans doute appelées à se maintenir et peut-être à s'amplifier. Le mouvement auquel nous assistons de ce point de vue à l'époque contemporaine témoigne d'une évolution complexe. D'un côté ces trois grands ensembles de techniques tendent à s'homogénéiser, notamment sous l'impact transversal du «paradigme digital» à base d'électronique, d'un autre côté ils conservent certaines différences irréductibles.

L'observateur attentif verra dans ces mouvements divers la marque du jeu réciproque, parfois harmonieux, parfois conflictuel, entre la culture de l'argumentation et celle de l'évidence. Entre la culture de l'argumentation qui caractérise les médias et la culture de l'évidence rationnelle qui a vu naître l'informatique, les télécommunications cherchent leur voie.

Le rapprochement entre les trois grandes traditions en matière de technique de communication va s'opérer de deux manières. D'abord un rapprochement, si l'on peut dire, par la base, grâce à une unification progressive du fondement matériel des techniques et à la pénétration du «*paradigme digital*», ensemble cohérent de matériels à base d'électronique, de techniques, d'enjeux économiques et politiques. La première forme prise par ce para-

digme va être les intersections croissantes entre les télécommunications et l'informatique, puis le rôle accru de l'électronique
et de l'informatique dans la formation, la manipulation et la
mémorisation de l'information médiatique. Le paradigme digital
va donc rapidement être un facteur d'*intégration transversale* de
la plupart des techniques de communication.

Celles-ci seront par ailleurs unifiées, cette fois-ci par le haut,
du fait de l'importance croissante prise par l'idéologie de la
communication. Progressivement, les représentations que les
sociétés occidentales se formeront d'elles-mêmes seront nourries
par l'idée que l'information et la communication jouent un rôle
central dans leur mode d'organisation et pour leur survie même.
Avant d'examiner comment le paradigme digital, puis l'idéologie
de la communication tendent à unifier et à homogénéiser les
techniques de communication contemporaines, il faut situer plus
précisément à quel niveau se situent les différences fondamentales
entre les médias d'une part, les télécommunications, qui occupent
une position médiane originale, et l'informatique, d'autre part.

Le premier constat que l'on peut faire est que les hommes qui
sont chargés de mettre en œuvre les techniques appartenant à ces
différents champs n'appartiennent pas aux mêmes groupes
sociaux, n'ont pas la même formation ni la même culture de
référence, et que, fondamentalement, leur rapport anthropologique
à la technique est différent. Le second constat est que ces hommes
ne manipulent pas, ni conceptuellement, ni pratiquement, la
même «information». L'information avec laquelle les hommes
des médias travaillent n'est pas du tout la même en effet que
celle sur laquelle les techniciens des télécommunications opèrent,
ou que celle que les informaticiens produisent et transforment.
La différence à ce niveau est presque évidente, mais elle est
d'une importance fondamentale. Elle est en tout cas source de
contresens majeurs car un même mot — information — recouvre
des réalités bien différentes. Dans le même temps, cette polysémie
est essentielle car elle permet la communication entre des territoires différents d'un même univers, celui de la communication.

Les sens de l' «information»

C'est en effet un étrange paradoxe que le même terme serve à désigner aussi bien le récit des faits par un journaliste que le «bit» qui transite dans les circuits d'un ordinateur avant, peut-être, d'être projeté dans un réseau de données. Dans un cas, en effet, on désigne de la matière langagière vivante, description, récit, témoignage, pourvu qu'elle représente un élément de la réalité. Dans l'autre, il s'agit, comme nous le dit l'Académie française, du «support des connaissances et des communications dans le domaine technique, économique et social». La confusion, on le voit, est à son comble, puisque l'information, version «support physique», sert à représenter matériellement une information version «représentation du réel».

Pour y voir plus clair, admettons ici que les différences entre les trois grands secteurs de la communication peuvent se résumer ainsi, du point de vue de l'«information» qu'ils utilisent. Le spécialiste, dans le monde des médias, opère principalement sur le sens des messages et de la communication et cela d'autant plus qu'il est en contact avec le public. Son mot clé est l'*information qualitative*. L'univers des télécommunications déploie, lui, toute son activité dans le domaine du transport et de la fiabilité des messages. Son mot clé est l'*interactivité de l'information* grâce à la mise en réseaux. L'informatique enfin, qui est née d'une interrogation sur les conditions de la production intellectuelle et sur l'aspect formel des informations, pourra être décrite comme le domaine du traitement de l'information digitale, c'est-à-dire de l'*information sous sa forme numérique*. Ces distinctions nous permettent de comprendre, par exemple, que les télécommunications occupent une position médiane, puisqu'elles sont le lieu de l'interactivité aussi bien de l'information digitale, qui est la forme matérielle prise par l'information transportée, que de l'information qualitative, qui est le sens pris par cette information.

Cette distinction simple entre forme et sens de l'information, sur laquelle insistent des informaticiens comme Jacques Arsac en France ou Joseph Weizenbaum aux États-Unis, amène à une question essentielle: la forme matérielle que représente l'information digitale est-elle susceptible de transporter et de traiter l'information qualitative sans altérer son sens? Cette question est d'autant plus importante que le paradigme digital est actuellement un facteur d'unification et de transformation de l'ensemble des techniques de communication.

Les hommes de la communication

Un regard anthropologique sur ces trois territoires, les médias, les télécommunications, l'informatique, nous montre qu'ils sont peuplés par des personnages assez différents les uns des autres, qui ne baignent pas du tout, à l'origine, dans la même culture.

Les acteurs du secteur des médias, journalistes, producteurs, créateurs, sont, en tant que groupe social, radicalement différents de ceux du secteur des télécommunications. Les uns sont formés aux humanités et aux règles pratiques de l'argumentation et le «fait humain» est leur source privilégiée. Les personnes clés des médias — le groupe social des producteurs, par exemple — se rapprochent, par leurs valeurs et leur mode de vie, de l'univers des artistes et des créateurs. Les hommes et les femmes des médias s'inscrivent dans le courant d'une tradition humaniste qui fait de l'information un objet en élaboration permanente. L'examen des programmes de formation aux nouveaux métiers de la communication montre bien la prééminence de cette dimension essentielle de l'argumentation.

La technique n'a, dans le monde des médias, qu'un statut d'*outil*, quand elle n'est pas symboliquement rejetée dans un ailleurs indéfini, et, sur un plan concret et quotidien, celui des rapports sociaux, les techniciens sont cantonnés traditionnellement, au moins jusqu'à une date récente, à l'extérieur de l'acte de création. Les techniciens — ingénieurs du son, cameramen, etc. — se sont d'ailleurs organisés en corporations syndicales stables et puissantes, soucieuses que soient respectées les conditions concrètes d'exercice de ces métiers qui secondent la création bien plus qu'ils n'en sont les acteurs.

Par contraste, les hommes et les femmes des télécommunications sont, et furent depuis l'origine, des ingénieurs, les uns issus des disciplines mathématiques les plus appliquées, les autres du domaine des techniques avancées comme l'électricité ou l'électronique. Rapidement, un certain nombre de ces ingénieurs ont été amenés à réfléchir sur la nature des messages qu'ils contribuent à faire circuler. La fameuse «théorie de l'information» de Shannon fut directement issue de recherches sur l'optimisation de la transmission de messages, obtenue non par la voie du perfectionnement des lignes physiques de communication, mais par celle du codage adéquat qui permettait de pallier par exemple la persistance du bruit de fond dans les canaux de transmission.

L'information, le message furent abordés par ces ingénieurs dans un esprit nourri de culture scientifique. Ils sont les hommes de l'articulation entre le *symbole*, le *signal* et le *bruit,* chacun de ces termes renvoyant à un contexte particulier. Leur définition de l'information est donc dominée par l'esprit de quantification, celui-là même qui leur permet d'obtenir des résultats effectifs dans le maniement des messages et des lignes de transport. Les hommes du téléphone ont inspiré le schéma, qui a connu depuis un grand succès de vulgarisation, au point de devenir un véritable lieu commun, selon lequel il fallait distinguer dans la communication entre l'émetteur, le récepteur, le canal et le message.

Mais, par-dessus tout, l'ingénieur des télécommunications fut d'emblée un homme de réseau: les problèmes qu'il eut à résoudre dès le début furent ceux du mouvement, de la liaison, de tout ce qui d'une façon ou d'une autre relie un point à d'autres points. Sa conception du message est donc dynamique: le message est pour lui de l'information en mouvement, qui circule, s'échange, puis disparaît. Qui dit réseau dit territoire, cette fois-ci au sens de la géographie politique et sociale. Depuis Chappe, les acteurs des réseaux de communication savent ce que la politique veut dire. Elle nourrit directement l'argumentaire de leurs projets apparemment les plus techniques. Là où l'idéal de l'homme ou la femme des médias est l'indépendance complète de son activité par rapport au pouvoir politique — au point de se percevoir comme un «quatrième pouvoir» —, l'homme ou la femme des télécommunications a du mal à se situer entre le pouvoir politique, lorsque son action se déroule dans un cadre étatique, le pouvoir économique, dans un contexte par exemple de dérégulation, et l'usager lui-même.

Les hommes et les femmes des télécommunications, comme ceux de tous les «grands réseaux techniques», semblent se distinguer socialement, depuis la création de leurs professions, des autres techniciens. Comme le remarque Chantal de Gournay, à la suite de G. Ribeill, l'attribution à ces personnels, à tous les niveaux hiérarchiques, d'avantages sociaux, logements de fonction, caisses de retraite, y compris la stabilité de l'emploi, a très tôt servi de «garant théorique d'une fiabilité socio-technique de l'exploitation». Cette particularité est d'ailleurs antérieure à la nationalisation des grands réseaux (téléphone, électricité etc.).

Les informaticiens sont eux aussi des ingénieurs, mais se distinguent pourtant radicalement de leurs collègues des télécommunications. Bien qu'il soit parfois difficile de trouver des caractéristiques uniques à une profession qui apparaît d'emblée si éclatée, ne serait-ce qu'entre les spécialistes du matériel *(hardware)* et ceux du logiciel *(software)*, les informaticiens n'en ont pas moins des préoccupations et des caractéristiques communes.

Les premiers informaticiens concentrèrent, comme nous l'avons vu, leurs activités sur la réalisation d'une machine susceptible d'effectuer certaines fonctions essentielles du cerveau humain, l'effectuation de calculs numériques d'abord, mais aussi le traitement de l'information et la prise de décision, considérés comme une modalité particulière de calcul. Très rapidement la question posée par les informaticiens sera celle de savoir comment transformer l'ordinateur en un partenaire de communication actif. La culture des informaticiens, inspirée d'une tradition qui va de Descartes à Wittgenstein et Turing, en passant par Leibniz, est fortement marquée par la recherche de l'évidence rationnelle, de la preuve et de la déduction logique, mais aussi d'un langage universel. En ce sens l'informatique s'intéresse de près aux procédures qui expliquent et régissent la création intellectuelle. Sa pente naturelle sera l'intelligence artificielle.

L'engagement social — au sens de la notion de «service public» — de l'informaticien est apparemment beaucoup moindre que celui de ses collègues des médias ou des télécommunications.

Son univers professionnel est d'ailleurs plus proche des conditions de rémunération de l'industrie — hauts salaires, notamment — que celui des «avantages sociaux». L'idéal de neutralité qu'il déploie lui sert de rempart, en même temps que le lieu commun qui veut que l'ordinateur ne soit «qu'un outil», au service de n'importe quelle finalité. Ce qui n'empêche pas l'informatique d'occuper un espace singulier dans l'espace social, ni certains de la définir comme le moteur d'une véritable «révolution», ou encore le centre d'une nouvelle «culture technique».

Le nouveau paradigme digital

L'un des grands changements, peut-être le plus important depuis l'Antiquité, qui affecte de l'intérieur les techniques de communication, est la poussée du paradigme digital, tel qu'il a été rendu possible par l'idéologie moderne de la communication. On désigne par là la réunion, dans un même ensemble homogène, de quatre dimensions: une *technique de base*, l'électronique, une *méthodologie* particulière de traitement automatique et logique des informations, un *système de représentation du monde* cohérent et universel, enfin un *enjeu stratégique et économique*. La puissance du paradigme digital tient sans doute à la synergie qu'il opère entre des dimensions jusque-là éclatées dans le monde technique, politique, économique ou philosophique.

Les progrès foudroyants de l'électronique sont connus: nous en avons décrit les débuts historiques. La découverte des phénomènes de transmission d'ondes porteuses dans l'atmosphère — et dans l'espace —, puis l'usage du courant faible (par opposition à l'électricité source d'énergie) dans le contrôle de processus énergétiques de plus en plus nombreux expliquent un tel développement. L'électronique permet tout à la fois de transporter du signal, de le commander, de le contrôler, de l'amplifier et de le réguler.

On pourra distinguer, dans ces usages de l'électronique, entre une fonction passive de transport d'un signal — dans le cas des ondes radio, par exemple — et une fonction active, quand l'électronique sert au contrôle d'autres processus — un micro-

processeur qui gère un répondeur téléphonique, par exempl
grand intérêt de l'électronique est d'être à la fois une techni...
d'une précision et d'une régularité absolues (elle sert d'ailleurs
maintenant de base à la mesure du temps) et un outil dont il est
possible d'obtenir une maîtrise complète. Une fois mis au travail,
l'électron est un esclave multitâches précis, régulier, fidèle et
entièrement obéissant, qui occupe la fonction essentielle de
contremaître de la plupart des autres domaines techniques. Les
immenses progrès obtenus dans ce domaine, depuis l'apparition
du tube à vide jusqu'aux circuits intégrés d'aujourd'hui, tiennent
sans doute autant à l'ingéniosité des chercheurs — et aux soutiens
financiers dont ils disposent — qu'à l'extrême malléabilité naturelle du domaine de l'électron. On peut y voir l'effet d'une
rencontre assez extraordinaire entre l'ingéniosité humaine et un
domaine de la nature souple et docile.

L'électronique a opéré, à peu près au milieu du siècle, une
jonction avec des méthodologies de calcul logique, comme l'al-
gèbre de Boole ou la démarche de décomposition algorithmique
des calculs de Turing. Ces méthodologies avaient été mises au
point indépendamment de l'électronique et peuvent d'ailleurs se
passer d'elle mais elles ont connu grâce à son intermédiaire une
formidable amplification de leur portée pratique. L'électronique
a surtout fourni la possibilité d'une réalisation matérielle à grande
échelle des potentialités offertes par les nouvelles méthodologies
de calcul qui sont apparues au XXe siècle. Dans cette conception
élargie, le calcul inclut, comme le souligne Pierre Lévy, les
«opérations de tri, de classement, de permutation, de combinaison,
de comparaison, de substitution, de transcodification (traduction
d'un code à l'autre)». Il s'étend jusqu'à devenir «traitement de
l'information», à la condition que l'on accepte de faire de l'information, justement, une entité calculable. C'est dans ce sens
que l'on parle d'information *digitale* (du terme anglais *digit*, qui
veut dire *chiffre* et qui a servi à composer le mot *bit* — binary
digit —, unité du système binaire 0 ou 1), lorsque celle-ci relève
à la fois d'un support électronique et d'une méthodologie de
calcul au sens large définie par Pierre Lévy.

L'extension de l'électronique à toutes les techniques de
communication est un phénomène majeur de notre époque. Mais

le paradigme digital ne saurait être réduit, comme c'est d'habitude le cas, aux seuls phénomènes de l'électronique. Il est également partie prenante d'un *système de valeurs* dont l'énoncé central est que l'ensemble des phénomènes naturels, biologiques, sociaux et humains, relèvent du calcul logique, qu'ils sont matériellement du calcul logique. Cette prise de position philosophique «néo-mécaniste» connaît un succès croissant et sera un des éléments constitutifs de l'idéologie de la communication.

L'impact des «valeurs» que diffuse le paradigme digital au sein des techniques de communication peut s'apprécier de différentes façons. Par exemple, la conception traditionnellement argumentative de l'information dans le monde des médias a été progressivement entamée par une certaine idéologie de l'objectivité de l'information: celle qui s'appuie sur l'idéologie scientiste, dont un des fondements dans ce domaine est la disqualification cartésienne de la discussion, et sur le «système de valeur digital» qui en est l'incarnation contemporaine. Bien sûr, l'idéal d'«objectivité» garde tout son intérêt lorsqu'il est un rempart contre la manipulation des faits ou les tentatives de désinformation. Mais il devient infiniment problématique lorsqu'il tend à soumettre aux conditions de la rhétorique de l'évidence et de la démonstration les énoncés qui relèvent du débat, de la pluralité du regard ou d'un choix de valeurs, c'est-à-dire en fait *l'essentiel des énoncés qui forment le contenu de la communication sociale, et, pour tout dire, de la vie de tous les jours.*

Un autre aspect qui illustre le caractère problématique du système de valeurs associé aux techniques digitales est, par exemple, dans le cas des systèmes télématiques, la contrainte mentale que représentent les arborescences logiques dans l'accès aux banques d'informations (même lorsqu'il s'agit d'un simple «annuaire électronique»). L'accès aux données y est forcément et étroitement séquentiel, là où l'esprit humain a l'expérience d'une approche globale. Pourquoi les choses sont-elles ainsi?

Est-ce parce qu'on n'arrive pas à s'affranchir des contraintes techniques qui rendraient obligatoire l'accès séquentiel, ou plutôt parce que l'accès séquentiel logique est un *choix,* qui est homogène avec les valeurs essentielles du milieu des innovateurs de ce domaine? Le succès, en informatique, de la famille des ordinateurs Macintosh tient en partie à ce que ses concepteurs ont renoncé à un tel accès séquentiel dans les dialogues entre la machine et l'utilisateur. Ce choix tendrait à prouver que l'«obligation de standardiser et de formaliser» dont parle Martin Ader, considérée comme caractéristique du digital, est une affirmation qu'il serait peut-être possible de relativiser.

Le problème central posé par le développement du paradigme digital est sans doute ce «renversement de subordination entre langage et calcul» — le second tendant à dominer le premier — dont Pierre Lévy décrit la montée historique. L'ordinateur, nous dit Martin Ader, «permet de transformer informations et connaissances en outils opérationnels et c'est en cela qu'il est révolutionnaire». C'est aussi pour cela qu'il est problématique, au moins son emploi dans certains secteurs des techniques de communication, où se pose la question de savoir si le langage doit céder au calcul, même si le calcul prétend représenter le langage.

Comment s'explique, quelles qu'en soient les conséquences, la pénétration aussi rapide du paradigme digital dans les techniques de communication? Il apparaît clairement que sans la force de tous les arguments en faveur de l'avènement d'une société de l'information, c'est-à-dire sans la progression des représentations de la société comme devant être désormais organisée autour de l'information et de la communication, le seul argument de l'efficacité de l'électronique n'aurait peut-être pas suffi. À ces arguments décrivant l'avènement d'une société de l'information viendront s'ajouter ceux du rôle stratégique, sur un plan économique et politique, que jouent les techniques de communication, pourvu qu'elles soient «revisitées» par le paradigme digital.

Bibliographie: M. ADER, 1984; J. ARSAC, 1987; P. BRETON, 1987c; C. de GOURNAY, 1987; P. LÉVY, 1987; T. ROSZAK, 1986; L. SFEZ, 1988.

7

Publicité, communication et consommation

La publicité moderne jouera un rôle privilégié dans la propagation de l'idée de la nécessaire irrigation de la société par les techniques d'information et de communication. L'avènement de la publicité moderne ne survient pas seulement dans le contexte d'une société qui transforme ses manières de produire; il surgit aussi en concordance avec le développement des nouveaux moyens électroniques de diffusion des messages. Et il y aura de fait une synergie de plus en plus étroite entre les deux phénomènes, la publicité contribuant à financer et propager ces supports privilégiés que deviennent les médias. À l'interface de l'appareil commercial et de celui des médias, l'institution publicitaire, par son action culturelle encore plus qu'économique — l'efficacité de cette dernière demeurant difficile à évaluer avec précision —, en viendra à jouer un rôle primordial dans la propagation de l'idéologie de la communication. Comme le remarque en effet Stuart Ewen à propos des débuts de la publicité dans les années vingt, les «tentatives pour modifier les moyens de communication du grand public (...) se rattachaient clairement à un programme d'ensemble visant à modeler une culture qui ne fut qu'une vaste réponse à la publicité, devenue elle-même le seul système de communication».

Pendant l'entre-deux-guerres, les messages publicitaires envahissent de plus en plus l'environnement quotidien des citoyens des sociétés industrialisées. La publicité dans sa forme moderne émerge dans le contexte d'une société en crise et à la recherche de nouveaux moyens de contrôle social de ses activités de production. La crise de 1929 — dont les effets vont se prolonger pendant près d'une décennie — et puis la guerre mondiale empêchent la publicité moderne de se développer immédiatement au rythme qu'elle connaîtra par la suite. En même temps, en Amérique du Nord en particulier, la guerre est l'occasion pour un certain nombre de publicitaires d'organiser les premières campagnes nationales de persuasion: incitation des hommes à adhérer aux armées combattantes, invitation des femmes à venir travailler dans les industries militaires, propagande visant à maintenir l'unité nationale autour des finalités de l'État, contre-propagande pour dénoncer le discours de l'ennemi, etc. La guerre de 1939-1945 aura donc été un catalyseur de savoir-faire en matière de techniques de persuasion empruntant les moyens de communication de masse comme la presse, le cinéma et la radio. Avec l'après-guerre, la publicité moderne connaîtra un rayonnement fulgurant, participant au premier chef au développement de la «société de consommation», en symbiose avec l'essor spectaculaire des médias de masse.

Crise du contrôle social et naissance de la publicité moderne

La révolution industrielle avait obligé les propriétaires des nouvelles manufactures à faire en sorte que les artisans d'antan — les nouveaux travailleurs — abandonnent celles de leurs valeurs traditionnelles qui pouvaient faire obstacle aux nouvelles conditions de production. Ces derniers délaissèrent leurs habitudes de vie essentiellement ponctuées par les rythmes cycliques et naturels de la course du soleil ou des saisons, et renoncèrent en partie à leur «sensibilité paysanne» afin de s'adapter aux rythmes mécaniques et répétitifs de la production en usine et au nouveau mode de rationalité industrielle. Les conceptions de l'organisation dite «scientifique» du travail, élaborées par Frédéric Taylor à partir de 1880, contribuèrent à séparer définitivement le processus du travail industriel de la tradition du métier artisanal. Les travailleurs industriels en vinrent ainsi à se voir dépouiller du contrôle de leur propre travail.

Ces conceptions tayloriennes aboutirent à la constitution et à la diffusion des premières chaînes de montage dans les décennies 1920-1940. Le symbole de cette nouvelle étape de l'industrialisation est sans conteste la chaîne d'assemblage des voitures Ford. Elle marque l'émergence de ce que l'on appellera plus tard le «fordisme»: à la recherche d'une nouvelle forme de régulation sociale, le capitalisme réussit à l'implanter au moyen d'un nouveau rapport salarial aux travailleurs. La chaîne de montage va permettre à Ford d'accroître substantiellement la productivité de ses usines. Le coup de génie de la philosophie fordiste est d'avoir compris que seule la hausse du pouvoir d'achat des travailleurs pourra accroître sensiblement la consommation des produits usinés et, par conséquent, maintenir à un rythme élevé la production industrielle et permettre l'écoulement des surplus économiques. Dans un contexte où se manifestent d'importantes revendications ouvrières à l'occasion des luttes de travailleurs qui s'organisent en syndicats, appuyées par de nouvelles politiques d'intervention étatique en vue de stabiliser l'économie, Ford va ainsi augmenter significativement les salaires de ses ouvriers, tout en limitant les horaires de travail, ce qui aura pour conséquences d'accroître leur pouvoir d'achat et d'inaugurer l'ère de la consommation de masse.

Se dessine ici le rôle crucial que joueront la publicité moderne et les médias de masse. Si, jusque-là, le processus de prolétarisation avait essentiellement consisté à organiser et discipliner la force de travail sur les lieux mêmes de la production, l'époque du fordisme oblige les «capitaines d'industrie» à étendre le contrôle social à l'ensemble du mode de vie, y compris donc à la vie quotidienne des travailleurs hors de l'usine. S'instaure alors un «capitalisme social» qui propose une rationalisation de l'ensemble du cadre de vie des travailleurs: c'est dans ce contexte que l'on proposera par exemple aux ouvriers américains des cours de langue et de civisme, ou que l'on organisera les premiers terrains de jeu pour leurs enfants. En Europe, ce sera la construction des HLM et des premières cités ouvrières. Les capitalistes deviennent des «capitaines de conscience» (Stuart Ewen) qui vont chercher, par l'utilisation des techniques publicitaires de persuasion, à

105

produire des consommateurs (Jean Baudrillard). Les nouvelles formes du contrôle social supposent que les mécanismes de régulation jusque-là confinés à l'univers de la production soient déplacés vers le théâtre plus large de la consommation. La publicité moderne aura donc pour tâche de conditionner culturellement et idéologiquement les travailleurs afin qu'ils adhèrent le plus intimement aux valeurs et au nouvel ordre de la consommation de masse, ce qui aura pour effet d'assurer un écoulement constant des surplus économiques que pourrait engendrer la forte capacité de production du système économique.

En plus de cette dimension économique, la publicité a joué aux États-Unis un rôle d'intégration sociale et a largement contribué à la modification profonde de l'atmosphère culturelle de l'Amérique dans l'entre-deux-guerres, modification dont les effets se feront sentir sur le long terme. L'analyse que nous propose Stuart Ewen des débuts de la publicité met l'accent sur l'importante transformation des valeurs que sa mise en place a suscitée. L'apologie du travail et de la production, chère aux puritains fondateurs de la Nouvelle-Angleterre, devait céder la place à une morale de la dépense et de la consommation. Mais, plus intimement encore, la nouvelle culture s'appuyait sur des théories, comme par exemple celle de Allport, qui mettaient en avant le moi social et un idéal de la conscience comme «reflétant surtout celle que les autres ont de nous». L'un des thèmes les plus fréquents de la publicité des années vingt était notamment «le défaut personnel que la consommation peut aider à corriger», dans le domaine, par exemple, de l'hygiène.

Ainsi, à travers les supports publicitaires, «on proposait aux gens une image d'eux-mêmes où ils se voyaient tous en mesure de résoudre les problèmes de leur existence grâce aux produits qui leur étaient proposés». Cette manière de procéder fut également — ce ne fut pas la moindre de ses conséquences — un moyen d'obtenir l'unité nationale en proposant aux différents immigrants qui arrivaient alors par vagues une image sociale de l'individu archétypique, un standard unique à l'échelle de tout le pays. La publicité se constitua alors comme un véritable système de communication, fournissant globalement le médium et le message, préparant le terrain aux grands mouvements idéologiques qui allaient suivre sur le thème de la consommation mais surtout sur celui de la communication.

L'action culturelle de la publicité

La publicité est ainsi devenue un mécanisme indispensable au fonctionnement et au développement de nos sociétés capitalistes de marché. Aujourd'hui, le problème n'est plus de produire mais de vendre pour assurer un cycle d'écoulement permanent des marchandises et empêcher toute stagnation économique. La publicité, en s'insérant dans la problématique marketing des entreprises, est devenue un mécanisme essentiel pour l'organisation de la production de la demande et des «besoins» à combler par la consommation. Il existe une polémique autour de cette idée de la «production des besoins» par la publicité sur laquelle nous reviendrons. Mais il faut rappeler dès maintenant que le discours publicitaire n'est pas uniquement constitué d'informations objectives sur les produits à vendre: il ne s'agit pas d'un discours essentiellement informatif s'adressant à des consommateurs pour les aider à prendre des décisions d'achat en toute lucidité et rationnellement, en fonction des besoins qu'ils auraient préalablement identifiés. Ce vieux mythe de la pensée libérale est depuis longtemps dépassé. Les comportements de consommation mettent en effet en jeu un processus de communication sociale complexe en résonance autant, sinon plus, avec les forces inconscientes de l'imaginaire des individus qu'avec leur rationalité affichée.

Face à la multiplication de produits semblables pour répondre à un même «besoin», le discours publicitaire a notamment pour rôle de les différencier. On avait coutume de décrire le travail de la publicité comme lié essentiellement à la définition d'une certaine *image* d'un produit spécifique, ou d'une marque, ou des caractéristiques du consommateur associé à tel produit, etc. Les travaux récents d'Antoine Hennion et Cécile Meadel, à partir d'observations ethnologiques des pratiques des publicitaires, montrent que de nos jours *les publicitaires n'ont plus tendance à séparer le produit de son image.* Il devient impossible de faire le partage entre les caractéristiques techniques du produit et ses caractères signifiants «parce que tout, du marketing au conditionnement en passant par les tests, la mesure de la concurrence et la mobilisation interne de l'entreprise, fonctionne sur *le double registre de l'objet: chose, mais pour quelqu'un*». L'objet à vendre ne se présente donc pas à son point d'origine (l'usine de fabrication) comme un «produit fini» autour duquel le publicitaire n'aurait plus qu'à dessiner une aura signifiante: l'objet apparaît davantage au départ comme un embryon que chacun des spécialistes de la chaîne du travail publicitaire pourra modifier au gré des stratégies marketing et publicitaire privilégiées. Le nom, la forme, les caractéristiques du produit pourront se modifier tout au long du processus par lequel les publicitaires chercheront à faire en sorte que ce produit devienne «objet de désir» pour des catégories de consommateurs éventuels.

Cette action sur le consommateur, conséquence du fait que l'initiative de décider de la qualité et de la quantité du produit appartient dorénavant à la grande entreprise, est finalement plus qu'une stricte opération économique puisqu'elle se situe au niveau des valeurs et des croyances de l'individu. À force d'offrir des images de bien-être, la publicité en vient à proposer de véritables styles de vie aux individus, styles de vie qui ont en commun l'adhésion nécessaire à ce qu'Henri Lefebvre appela l'«idéologie de la consommation». La publicité encouragera des valeurs, normes et thèmes fondamentaux qui vont tendre «à s'incarner dans la vie vécue» (Edgar Morin). Pour certains critiques, d'ailleurs, cette invitation par l'imaginaire publicitaire à un bonheur instantané et «consommationniste» serait destinée à faire oublier aux individus les conditions difficiles de leur existence. Une manière habile, dira Marcuse, de faire accepter *via* le principe de plaisir — l'imaginaire étant «protégé des altérations de la civilisation» — les dures conditions d'une existence marquée par le principe de réalité.

Plusieurs auteurs (Marcus Steiff, Cadet et Cathelat) proposent de distinguer dans l'histoire des techniques de persuasion trois grands types de stratégies utilisées par les publicitaires: *1.* on peut faire appel à l'intelligence et au raisonnement du client potentiel en lui offrant une publicité *informative* ; *2.* en faisant intervenir certains automatismes mentaux et en cherchant davantage à frapper l'imagination qu'à convaincre rationnellement (technique du slogan, de la répétition), on offrira une publicité *mécaniste* ; *3.* plus profondément, c'est en tentant de s'adresser à l'inconscient du consommateur que l'on parviendra à présenter une publicité dite *suggestive*. Bien entendu, ces trois types d'approches sont utilisés concurremment dans la publicité d'aujourd'hui, mais celle-ci privilégie des stratégies suggestives de mieux en mieux ciblées vers des segments précis de clientèles *(narrow-*

casting), par l'utilisation simultanée de plusieurs supports.

La nature de l'action culturelle du discours publicitaire se modifiera selon le type de stratégie utilisé. Dans le cas d'une publicité strictement informative, quasi inexistante de nos jours, il n'est pas fait appel à un style de vie ou à des valeurs extrinsèques au produit annoncé. Avec la publicité mécaniste, est pris en considération le fait qu'une partie des motivations du comportement économique ne sont pas «rationnelles» et sont, par conséquent, vulnérables au conditionnement psychologique. Ces techniques répétitives deviennent susceptibles de créer le «besoin» de nouveaux comportements. Mais c'est avec l'application des découvertes les plus récentes de la psycho-sociologie de la consommation et de la psychanalyse dans la construction des stratégies suggestives que l'action culturelle de la publicité devient déterminante. Les motivations à l'achat font alors appel aux émotions et à l'inconscient: le discours publicitaire lie implicitement les désirs inconscients des consommateurs potentiels aux caractéristiques des produits à vendre. À travers l'objet qui s'offre, le consommateur achète une certaine image de lui-même, et vit, par imaginaire interposé, un certain style de vie qu'il désire. Comme le disent Hennion et Meadel: «Qu'est-ce qui nous fait désirer? C'est d'avoir devant nous non pas une chose étrange, mais un objet qui nous contient déjà parce que nous lui avons été incorporés dès sa production par mille techniques; et c'est de n'être nous-mêmes que l'addition des objets à travers lesquels nous nous sommes définis.»

La publicité n'est donc pas seulement une technique commerciale visant, par ses incitations mécanistes ou suggestives, à rendre nécessaire pour certains individus l'achat de biens ou services spécifiques. Elle est un produit d'ordre socio-culturel, une partie du folklore contemporain de la modernité, une facette de cette «culture en mosaïque» qui meuble l'imaginaire de l'homme moderne, un élément moteur et constitutif de la «culture de masse». Il convient donc de porter un regard critique sur ce monde publicitaire qui s'exprime «dans un langage qui nous est familier mais que nous ne connaissons pas» (McLuhan). Les rapports entre publicité et société sont dialectiques et complexes: les contenus du discours publicitaire peuvent être analysés comme le reflet partiel de la société qui les sécrète, mais aussi comme source d'influence possible sur les stéréotypes et les images qui circulent parmi les individus. Les valeurs proposées par la publicité étant majoritairement celles de la «culture de masse», on peut s'attendre à y retrouver des attitudes stéréotypées déjà sanctionnées par la majorité du public et, par conséquent, conformistes. Lazarsfeld et Merton constataient que la nature même de la finalité publicitaire la pousse à demeurer conservatrice et à s'opposer aux changements qui iraient à l'encontre du *statu quo*. La publicité entretient une étroite relation avec la société qui la sécrète: elle exerce une action culturelle sur la société, en même temps que cette dernière pose des limites culturelles à l'expression du discours publicitaire. Reflet de la culture ambiante, la publicité peut être aussi «facteur dynamique de son évolution par son action suggestive».

Tout en véhiculant un certain conformisme, les messages publicitaires proposent donc aussi une innovation aux individus. Selon Cadet et Cathelat, la dynamique de la relation publicité/ société réside dans la non-concordance des deux images, celle que propose la publicité aux individus, et celle que ces derniers ont d'eux-mêmes:

— innovation: si l'image publicitaire projetée comporte certains éléments non conformes à l'image que se donnent les individus, un ajustement à cette image provoque une certaine transformation (exemple: dans les années soixante au Québec, certaines publicités véhiculant des symboles de l'idéologie nationaliste participèrent de l'émergence du mouvement social nationaliste);

— conformisme: si l'image publicitaire projetée est tout à fait conforme à l'image que les individus se font d'eux-mêmes, celle-ci est renforcée (exemple: la publicité véhiculant des stéréotypes sexistes renforce le *statu quo* social au désavantage des femmes).

Le fait publicitaire: à l'interface du commerce et des médias

La publicité constitue la relation de communication publique privilégiée entre les entreprises productrices de biens ou de services et leurs publics consommateurs. Ces moyens publicitaires ne cessent de croître en nombre et en diversité, de la «publicité rédactionnelle» — où le discours publicitaire se camoufle plus ou moins ouvertement dans un texte du type «reportage» — aux stratégies «subliminales» — où certaines images publicitaires sont transmises subtilement, en deçà du seuil de perception consciente des sujets récepteurs. L'importance croissante de la publicité correspond à une dépersonnalisation de la relation commerciale entre le producteur et le consommateur. Dans la société traditionnelle artisanale, le producteur avait un contact direct avec le consommateur: les relations interpersonnelles jouaient un rôle essentiel dans la vente. Les marchés géographiquement plus étendus de la production industrielle ont modifié ces conditions: les contacts directs entre producteur et consommateur disparaissant, l'influence personnelle du producteur s'estompe. La production de masse d'une marchandise homogène conduit à une consommation de masse dépersonnalisée et standardisée. Les entreprises commerciales font donc appel à la fois aux techniques de persuasion psychologique et aux moyens de diffusion modernes pour tenter de convaincre les plus grandes masses possibles de consommateurs d'acheter leurs produits et services.

Une symbiose étroite s'établit entre publicité et médias de masse. D'une part, les investissements publicitaires constituent le principal support économique du système de diffusion, ils jouent maintenant un rôle décisif et déterminant dans l'évolution même des médias. C'était vrai depuis longtemps aux États-Unis, cela se confirme aujourd'hui en France avec la privatisation des chaînes de télévision. D'autre part, comme le souligne Jacques DeGuise, la publicité moderne «superpose à la relation primitive de communication (...) un autre système de relations dans lequel le diffuseur vend un auditoire à un commanditaire». Les auditoires, tout autant que les contenus diffusés par les médias, deviennent ainsi des marchandises: les messages diffusés sont bien sûr «consommés» par les publics récepteurs, mais surtout, la relation commerciale qui s'établit du diffuseur à l'annonceur devient prioritaire et dominante par rapport à la relation de communication entre les diffuseurs et les récepteurs. Les contenus médiatiques se présentent ainsi comme une réalité à double face: marchandise tout autant que signification pour un auditoire lui-même perçu comme marchandise dans un contexte commercial englobant et inféodant la réalité de la communication médiatique.

La publicité est aujourd'hui conçue comme un sous-ensemble d'un processus commercial plus vaste, le *marketing*, ayant pour seule fin d'écouler la marchandise produite ou à produire. Trois facteurs ont particulièrement contribué au développement de la fonction marketing au sein des grandes entreprises: *a)* l'élévation progressive du niveau des revenus des consommateurs, dans l'après-guerre, a fait croître le volume total des actes d'achat; *b)* les médias prenant toujours plus d'importance, apparaissent chez les consommateurs de nouveaux goûts et de nouveaux désirs d'achat jusqu'alors inconnus ou inexprimés; *c)* les excédents dans la capacité de production et l'accumulation de surplus de biens produits ont obligé les entreprises à se préoccuper prioritairement de la commercialisation. À partir des études de marché, la «direction marketing» de la firme est amenée à élaborer simultanément une politique de «promotion des ventes» (ayant pour but d'agir sur les représentants et les vendeurs de la firme elle-même), une politique de «relations publiques» (cherchant à donner une image positive de la firme auprès du plus large public) et une politique de «publicité» visant directement les publics-cibles de consommateurs potentiels. Ces activités prioritaires de commercialisation conduisent les entreprises à élargir leur volonté de contrôle et d'orientation de la production. Ces processus marketing, resserrant les liens communicationnels entre l'entreprise et son environnement, et mis en place au nom de la découverte des «besoins des consommateurs», contribuent, en définitive, à accroître la domination économique des annonceurs dans le système de production.

Controverses autour du phénomène publicitaire

La publicité moderne a été l'objet constant de nombreuses polémiques, et de prises de position divergentes de la part de ceux qui la pratiquent, qui l'observent ou la critiquent. Nous voudrions exposer ici les principaux arguments des uns et des autres, tenants ou critiques de la publicité.

Au plan économique, ses promoteurs jugent que la publicité est utile et nécessaire au développement. Les partisans de la publicité nous disent ainsi que: *1.* de toute manière, la publicité est le meilleur outil pour écouler la marchandise produite; *2.* la publicité, contribuant à accroître la consommation et par conséquent la production, permet une diminution des prix; *3.* la publicité subventionne les médias d'information (notamment, la totalité du coût de la radio et de la télévision commerciales aux États-Unis); *4.* elle favorise le dynamisme nécessaire à une économie compétitive; *5.* elle concourt à étendre les marchés, source d'une plus grande production; *6.* en accroissant la production, elle contribue à créer des emplois.

À cette série de prises de position dans le registre de l'économique, les critiques répondent que: *1.* la publicité favorise le gaspillage en créant entre les entreprises une compétition artificielle fondée sur des questions secondaires; *2.* le coût de la publicité représente une trop large part du prix des produits qu'elle annonce; *3.* la publicité entraîne une utilisation inefficace et inutile de certaines de nos ressources économiques au détriment de besoins sociaux plus importants à combler; *4.* la publicité surajoute au coût du produit; *5.* elle crée chez les individus des besoins artificiels: «Se détendre, s'amuser, agir et consommer conformément à la publicité, aimer et haïr ce que les autres aiment et haïssent, ce sont pour la plupart de faux besoins» (Marcuse).

D'un point de vue social, des publicitaires affirment que les messages publicitaires entrent dans la vie quotidienne du plus grand nombre et transcendent ainsi, à un niveau imaginaire, les différences sociales. Les critiques répondent que, dans la vie concrète, les inégalités sociales sont au contraire en progression: si la publicité jouait un rôle d'uniformisation, ce serait plutôt celui de promouvoir l'adhésion à un conformisme social. La critique féministe, pour sa part, accuse la publicité de discrimination sexiste en représentant trop souvent les femmes comme des objets d'apparat ou, à l'opposé, dans des rôles stéréotypés de ménagères: la publicité participerait du système social actuel qui a tendance à dévaloriser l'image des femmes.

Quant à la dimension communicationnelle de la publicité, ses promoteurs insistent pour dire que: *1.* le message publicitaire est un moyen d'information privilégié: il permet de donner l'information nécessaire à l'acheteur pour qu'il fasse un choix judicieux entre les divers produits; *2.* la publicité contribue à une esthétisation de la vie quotidienne et de plusieurs objets utilitaires; *3.* elle aide à mettre en valeur l'humour dans la vie de tous les jours: ainsi, plus du tiers des téléspectateurs américains apprécient la publicité parce qu'elle les divertit; *4.* indépendamment de tout

113

le processus de persuasion mis en branle, la décision d'achat incombe finalement et exclusivement à l'acheteur: c'est un être libre de se comporter comme il le désire face aux propositions de la publicité et du marché. Les critiques répondent que: *1*. la publicité a perdu la fonction d'information qu'elle prétendait avoir à l'origine, au profit d'une fonction d'incitation et de manipulation; *2*. elle est loin de ne véhiculer que des contenus de «bon goût» (esthétique) ou pleins d'humour; *3*. les techniques actuelles de persuasion, parfois très subtiles, font que les individus ont l'illusion d'agir spontanément alors qu'ils ne jouissent que d'une fausse liberté: «L'essence de la persuasion clandestine, écrivait le philosophe J.-F. Revel, c'est le fait que l'individu soit totalement déterminé au moment même où il éprouve le sentiment d'affirmer au plus haut point sa personnalité.»

La publicité, dans ces controverses et polémiques, apparaît davantage comme l'objet prétexte pour débattre idéologiquement entre des conceptions opposées de la «bonne société»: la réalité fondamentale du phénomène publicitaire et son expansion sont relativement imperméables à ce genre de débats. Comme le signale Leiss, il s'agit sans doute d'un moyen détourné et, somme toute, inefficace de poursuivre les discussions idéologiques sur l'orientation de la société.

Théories des besoins et efficacité de la publicité

Tant ses promoteurs que ses critiques laissent donc sous-entendre que la publicité serait convaincante, soit par un recours à la stricte rationalité de l'argumentation, soit en passant par les techniques de manipulation. Ce n'est pourtant pas ce qu'indiquent de nombreuses recherches qui mettent en doute l'efficacité réelle des messages publicitaires à modifier les attitudes et les comportements. Dans un article publié en 1969 et fréquemment cité, Marcus Steiff a synthétisé de nombreux travaux comparant l'investissement publicitaire et les résultats sur les ventes, en écrivant que ces recherches ne permettent pas d'établir un lien entre la publicité et ses effets «sur les connaissances, les attitudes et les comportements (c'est-à-dire les achats). Il faut donc en conclure que, vraisemblablement, la publicité *per se* n'est que rarement aussi efficace que les publicitaires voudraient le faire croire». Analysons donc de plus près les affirmations et les constats concernant ces questions.

On a vu que la vision économique classique attribuait à la publicité un rôle de stricte information: éclairer le consommateur qui disposerait du plein pouvoir de choisir rationnellement entre les produits qui lui sont offerts. En 1920, Alfred Marshall, qui distinguait la publicité «constructive» de la publicité «combative», dénonçait la seconde en tant que moyen de «manipulation». Cette manière d'approcher la publicité a dominé les écrits de la plupart des économistes professionnels jusqu'à la fin des années soixante; elle constituait une caractéristique majeure de la «prétendue économie de bien-être», selon les mots de Baran et Sweezy. Des théories marginalistes et néo-marginalistes continuent même à prétendre que tout consommateur dispose d'un système de valeurs lui permettant de déterminer rationnellement et lucidement lequel, entre deux biens, lui procurera le maximum de satisfaction.

Une approche économique nouvelle tente depuis de dépasser cette première vision très restrictive. En intégrant les découvertes de la psychosociologie et de la psychologie de la consommation, en s'ouvrant aux résultats des nombreux travaux sémiologiques et psychanalytiques qui insistent sur l'importance des caractéristiques du consommateur en tant que «sujet désirant», les nouvelles visions économiques insèrent successivement dans leurs modèles des éléments comme les «motivations» et la «capacité de choisir» du sujet, sa «capacité de résistance» et de «détournement» des biens offerts, son désir d'être séduit, son «environnement socio-culturel», son «style de vie», etc. comme facteurs déterminants de la décision d'achat. La prise en compte des modèles socio-culturels qui structureraient les besoins de consommateurs davantage perméables à des actions de persuasion s'intègre ainsi petit à petit dans les visions économiques: les «besoins» n'apparaissent plus comme des données immuables mais plutôt comme des «construits» socio-culturels.

De leur côté, les thèses critiques faisaient précisément appel à cette idée du conditionnement des besoins: le consommateur n'est plus libre de choisir, la publicité lui impose un système de choix en fonction de besoins «créés artificiellement». Cette thèse a été largement popularisée dans les années soixante par l'essayiste Vance Packard: les marchands et les publicitaires auraient mis au point une batterie de techniques commerciales subtiles pour manipuler les consommateurs — utilisation des motivations inconscientes, vieillissement psychologique accéléré des objets par une valorisation de l'éphémère, facilitation du crédit d'achat, etc. Marcuse a développé, de son côté, la thèse de la colonisation idéologique des individus par les médias et la publicité: les masses en viendraient ainsi à perdre la conscience de ce que seraient leurs «besoins réels». Les écrits de l'économiste J.K. Galbraith sur la production de la demande par le biais de la publicité créatrice de «besoins artificiels» constituent aussi une autre facette de cette vision critique de la publicité.

Jean Baudrillard a radicalement remis en cause ces conceptions critiques fondées sur une théorie de la manipulation par le conditionnement des besoins. Non pas dans la perspective de restaurer l'idée du «libre choix» et de la souveraineté du consommateur, mais dans celle de mettre en évidence la subtilité du conditionnement. Les analyses économiques classiques ou «améliorées» et les analyses critiques se rejoignent en ce qu'elles s'inspirent toutes de la même théorie des besoins. Toutes ces analyses contradictoires décrivent unanimement l'univers des besoins de manière statique: chaque besoin doit être satisfait par un type d'objets déterminés. Baudrillard préfère parler, quant à lui, du mécanisme publicitaire comme «producteur de signes distinctifs» dans un système où les individus ont un besoin social de différenciation qu'ils n'arrivent pas à épuiser.

Les nouveaux lieux publicitaires

Quelle que soit la conclusion à laquelle nous arrivons en ce qui concerne l'efficacité de la publicité, force est de constater qu'elle s'affirme et s'immisce dans des secteurs toujours plus nombreux, des campagnes électorales et politiques au marketing social et à la promotion de causes sociales et humanitaires. Nul n'est besoin de commenter longuement la transformation de la vie politique par le recours aux moyens publicitaires, tant ces changements de mœurs politiques sont connus et si souvent décriés. Dans nos sociétés libérales, le pouvoir est maintenant légitimé par l'éloquence médiatique: l'aptitude à communiquer par les médias devient la condition *sine qua non* pour réussir en politique. L'importance prise par les sondages et la publicité dans la fabrication de l'image des hommes publics entraîne une valorisation de la relation de communication au détriment des contenus véhiculés. À la limite, peu importe ce que dira le candidat en campagne électorale, l'important est qu'il soit perçu comme désirant communiquer, et de préférence sous l'apparence du dialogue interpersonnel et amical. La publicité en politique assure ici de manière spectaculaire la propagation sociale de l'idéologie triomphante de la communication.

Attardons-nous, en terminant, à ce nouveau phénomène du *marketing social* qui consiste à faire la publicité de causes dites sociales ou humanitaires, tout autant qu'à fabriquer les images de marque des grandes firmes, des groupes de pression, des partis politiques ou des ministères des gouvernements. Ce type de campagnes, de plus en plus populaires en Amérique du Nord et en Europe, représente l'une des tendances d'avenir les plus prometteuses de la publicité moderne. En faisant valoir qu'ils peuvent contribuer, parfois bénévolement, à la promotion de causes sociales ou humanitaires, telles que la lutte contre la délinquance, le sexisme, l'alcoolisme ou le tabagisme, ou encore la sollicitation d'appuis et de dons de charité aux plus démunis ou aux pays du tiers monde, les publicitaires se construisent de nouveaux marchés. Les compétences acquises dans ces domaines «humanitaires» peuvent être alors aisément transférées dans les secteurs très lucratifs de la publicité politique ou la publicité gouvernementale.

Alors que pendant longtemps, on a soutenu que ce qui distinguait la propagande de la publicité, c'était le fait que cette dernière faisait la promotion de biens *commerciaux,* voilà que maintenant les publicitaires affirment leur compétence à faire la promotion de messages de nature *idéologique...* Tout se passe comme si dans cette société que d'aucuns qualifient de «post-moderne», la publicité avait réussi à absorber complètement la fonction de propagande, la promotion des nouvelles valeurs humanitaires étant complètement engloutie dans le discours forcément éclaté de la publicité. Malgré les prétentions «non lucratives» des publicitaires impliqués dans la promotion humanitaire, force est de constater que nous n'avons pas quitté la logique consommationniste pour autant: serions-nous en train de

117

devenir, sous l'influence de l'idéologie de la communication et dans l'indifférence générale, une société de surconsommation des causes humanitaires?

Bibliographie: J. BACKMAN, 1968; P.A. BARAN et P.B. SWEEZY, 1968; J. BAUDRILLARD, 1972; C. BONNANGE et C. THOMAS, 1987; A. CADET et B. CATHELAT, 1968; J. DeGUISE, 1971; G. DURANDIN, 1982; S. EWEN, 1983; J.K. GALBRAITH, 1968; A. GRANOU, 1974; A. GRANOU, Y. BARON, B. BILLAUDOT, 1979; D.-L. HAINEAULT et J.-Y. ROY, 1984; A. HENNION et C. MEADEL, 1987; H. JOANNIS, 1981; J.-N. KAPFERER, 1984; A. KATCHOURINE, 1967; W.B. KEY, 1974; G. LAGNEAU, 1983; P. LAZARSFELD et R.K. MERTON, 1966; H. LEFEBVRE, 1968; W. LEISS, S. KLINE, S. JHALLY, 1986; D. LINDON, 1976; J. Marcus STEIFF, 1961, 1969; H. MARCUSE, 1968; A. MARSHALL, 1920; M. McLUHAN, 1967; E. MORIN, 1962; V. PACKARD, 1963; S. PROULX, 1971, 1973; J.-F. REVEL, 1966; E. RICHARD, 1965; B.D. SINGER, 1986; D. VICTOROFF, 1978; R. WILLIAMS, 1980.

8

L'usage des médias

Progressivement, l'usage des médias s'est imposé dans nos habitudes quotidiennes au point de s'identifier pour certains, du moins dans le langage courant, à la presque totalité des phénomènes de communication. Il est vrai qu'un grand nombre de nos pratiques de communication sont largement tributaires des moyens modernes de diffusion et de communication (presse, radio, télévision, téléphone, etc.). Nous nous attarderons ici à l'usage de la télévision qui est le média le plus populaire: ainsi, 98% des foyers nord-américains possèdent au moins un récepteur de télévision, allumé en moyenne pendant près de six heures et demie par jour. Nous examinerons ce que nous enseignent les analyses récentes des chercheurs en communication concernant les usages effectifs de la télévision par les différents auditoires. Moins connus du public francophone, nous nous intéresserons davantage aux travaux des chercheurs nord-américains.

Structure des usages de la télévision aux États-Unis

La manière classique d'analyser la consommation de télévision consiste à mettre en relation le nombre d'heures de visionnement et les variables socio-démographiques habituelles caractérisant les diverses catégories d'auditoires comme l'âge, le sexe, la profession, le niveau de scolarité, la localisation géographique, le statut socio-économique, et cela, pour les différents types de programmes et les différentes périodes des grilles horaires. Une ambitieuse revue systématique de plus de 2 500 titres de la littérature sociologique anglo-saxonne concernant les usages de la télévision (enquêtes, sondages, études de cas, analyses de contenu, essais et articles divers), réalisée pour la Rand Corporation, a mené George Comstock et son équipe à publier en 1978 une étude rendant compte de manière très détaillée des divers modèles de consommation de la télévision aux États-Unis. Nous reprendrons dans les paragraphes qui suivent les grandes lignes de cette synthèse.

La télévision américaine véhicule très majoritairement des contenus orientés vers le divertissement (jeux, variétés, sports) et la fiction (feuilletons, cinéma, séries dramatiques, aventures, policiers et westerns plus ou moins violents, etc.). Ses personnages fictifs les plus visibles sont d'abord de jeunes adultes blancs au statut socio-économique plutôt élevé, vivant dans un monde particulièrement violent où l'on utilise fréquemment des moyens illégaux pour arriver à ses fins, personnages dont on ignore le plus souvent les sources de revenus et les moyens d'existence. Les femmes, quoique nombreuses, tendent à occuper moins souvent les rôles clés des séries dramatiques. Malgré une évolution récente dans la présence respective des différentes catégories de personnages, les personnes âgées, les enfants, les Noirs et les autres membres des minorités culturelles sont nettement moins présents dans les fictions du petit écran américain.

Le visionnement de la télévision, depuis l'époque de son implantation sociale à grande échelle au début de la décennie 1950, a connu une progression constante. De façon significative au début, ce sont les individus appartenant aux catégories sociales défavorisées qui ont davantage regardé la télé. Lorsque leur temps d'écoute a commencé à plafonner, il s'est accru dans les catégories sociales privilégiées. Avec la décennie 1960, la télévision a finalement réussi à pénétrer dans tous les milieux sociaux, y compris chez ces privilégiés plus proches de la culture écrite d'abord hostiles à l'envahissement de leur temps de loisir par la

télévision. Cela ne signifie toutefois pas que l'expérience individuelle du visionnement télévisuel soit la même pour tous: les
statistiques sur le fait qu'un poste de télé soit allumé dans un
foyer ne nous renseignent pas sur l'expérience effective des
gens devant le petit écran. L'accès aux canaux supplémentaires
distribués par le câble et l'usage du magnétosope, deux possibilités typiques des années quatre-vingt, ouvrent de nouveaux
marchés, en même temps que des perspectives nouvelles à la
consommation télévisuelle.

Le temps consacré à regarder la télé varie en fonction des
différentes périodes de la vie de l'individu: l'écoute progresse
de la jeune enfance jusqu'à l'époque où l'élève fréquente l'école
élémentaire, elle décroît pendant l'adolescence et la première
partie de l'âge adulte, puis elle remonte à nouveau jusqu'à un
niveau qui se maintiendra pendant tout le reste de l'âge adulte,
pour connaître ensuite une légère hausse; ainsi, les personnes
âgées de plus de 65 ans regardent davantage la télévision que les
autres adultes. Il semble y avoir un jeu de vases communicants
entre le temps consacré à regarder la télé et le temps exigé par
les autres activités sociales: la première baisse correspondrait
aux contraintes de la poursuite des études, puis de l'éducation
des enfants et du développement des carrières professionnelles;
ensuite, la retraite pousse à une plus forte consommation.
Certaines catégories de publics consomment plus fortement: ce
sont les enfants, les femmes, les Noirs et les retraités.

Généralement plus important pendant l'hiver et plus léger
pendant l'été, le visionnement varie en fonction de l'heure de la
journée. Prenons le cas d'une journée type de la grille d'automne:
le matin, 9% des Américains sont déjà devant l'écran; en début
de soirée, ils sont 30%; pendant les heures de grande écoute,
entre 20 et 23 heures, près de 45% de la population américaine
regarde la télévision; vers minuit, les téléspectateurs ne sont
plus que 17%. Ces cycles d'écoute varient selon l'âge et le sexe:
ainsi, les femmes sans emploi connaissent deux périodes de
pointe, pendant l'après-midi et pendant la période 20-22 heures;
les hommes regardent peu l'après-midi et concentrent leur écoute
pendant la période de pointe; les modèles d'usage des hommes
et des femmes de plus de cinquante ans tendent à se ressembler.

Regarder la télévision occupe une place excessivement importante dans la vie des enfants américains. Les périodes de pointe pour les jeunes enfants (2 à 5 ans) sont plutôt le matin (10 heures), l'après-midi (17 heures) et en début de soirée (20 heures). Les enfants plus âgés (6-11 ans) connaissent une première période de pointe à 8 heures, avant le départ pour l'école, une seconde à leur retour de fin d'après-midi; enfin, ils regardent encore beaucoup en soirée. Les adolescents, en particulier les garçons, regardent nettement moins, sauf en soirée.

Face à un phénomène social d'une telle ampleur, de nombreuses études se sont penchées sur les «impacts» que le visionnement de la télévision pouvait avoir sur les comportements. Des chercheurs se sont entre autres intéressés à la nature des activités des téléspectateurs quand ils sont devant le récepteur, à l'impact de l'écoute de la télé sur la répartition du temps de loisir, à l'influence de la télévision sur les autres activités, à ses effets sur l'utilisation d'autres médias et, enfin, aux diverses attentes que paraît satisfaire subjectivement le visionnement de la télévision. Passons en revue ces différents résultats de recherches.

L'activité des téléspectateurs devant l'écran

Contrairement à ce qui peut se produire dans une salle de cinéma, le niveau d'attention des téléspectateurs pendant qu'ils sont devant le petit écran est extrêmement variable. L'expérience du visionnement télévisuel est physiquement hachurée par de nombreux déplacements dans l'espace domestique: regarder la télé s'accommode de nombreuses autres activités comme manger, coudre, converser, lire, jouer à des jeux de société, etc. Regarder la télévision apparaît donc comme une expérience psychique en profonde discontinuité temporelle, marquée par des moments d'attention de qualité très variable. On a observé que le niveau d'attention est en relation avec, entre autres, la nature des contenus véhiculés: la publicité et les journaux d'information suscitent moins d'attention que les films et autres séries dramatiques.

Le phénomène récent du zapping, qui consiste à effectuer au

moyen de la télécommande un va-et-vient continuel sur l'ensemble des chaînes disponibles, revêt une valeur de symbole pour décrire les transformations actuelles des activités des «téléspectateurs» dans l'espace domestique de réception. L'apparition de la télécommande au début des années quatre-vingt, dans un contexte de multiplication des chaînes offertes par le moyen du câble et des satellites (plus de trente canaux disponibles dans certains centres urbains américains), a provoqué dans de nombreux cas une transformation en profondeur de l'usage de la télévision. Deux chercheurs, Chantal de Gournay et Pierre-Alain Mercier, ont livré récemment des premières réflexions dans le cadre d'une enquête qu'ils mènent à propos de ce phénomène en France.

Ces chercheurs considèrent que le zapping est en définitive une nouvelle attitude face à la télévision, attitude qui serait symptomatique d'une culture en émergence «qui n'a que faire de la dimension sociale du langage, qui n'a que faire de l'écriture comme production de lien, lien entre hier et aujourd'hui, lien entre moi et l'autre». Le «zappeur» devient co-responsable de la composition de son propre programme et met en scène une nouvelle esthétique empruntant à la logique du clip et du baroque, prenant plaisir à la redite et à la répétition, érigeant le discontinu et les clichés en valeur créative, et traduisant un goût pour l'exotisme et la collection. Le zapping serait fondé sur une «relation perverse» en ce sens que le zappeur affirme avant tout que «la télé, c'est nul et on la regarde». La distanciation face aux contenus diffusés que procure l'usage de la télécommande «permet de regarder les programmes tout en les dénigrant». Le zapping déculpabilise les surconsommateurs de télé qui se disent qu'avec cette distanciation ils sont en mesure d'appréhender le médium de façon critique. Même s'ils sont incapables de reconstituer ce qu'ils ont vu, ils peuvent discourir globalement sur le médium... Ce nouveau dispositif technique soi-disant «interactif» favorise-t-il la communication? D'une part, les zappeurs auraient plutôt tendance à s'écarter de la recherche de tout sens (signification, direction) des messages reçus. D'autre part, l'environnement typique du zappeur est celui du solitaire, assez mauvais vecteur de communication...

L'impact de l'usage de la télévision dans la répartition du temps de loisir est remarquable: c'est l'activité de loisir qui occupe le plus de temps dans la vie de la grande majorité des Américains. Seuls le travail et le sommeil occupent des portions plus importantes de leur budget-temps. Cette large part de temps consacrée à la télévision s'effectue aux dépens d'autres activités. On a ainsi observé que l'usage de la télévision est en relation avec une réduction du temps de sommeil. Il semble en outre que plus on regarde la télévision, moins on consacre de temps aux sorties et rencontres sociales à l'extérieur du foyer, à l'écoute de la radio, à la lecture, aux conversations, au cinéma en salle, aux activités religieuses, aux tâches domestiques, etc. Par ailleurs, la télévision peut susciter la participation à certains événements ou activités autrement peu connus (ex.: événements culturels particuliers, sports amateurs périphériques).

Le temps investi à regarder la télévision conduit les usagers à modifier leur consommation d'autres médias: baisse de l'écoute de la radio et de la fréquentation des salles de cinéma. Attardons-nous à la consommation des quotidiens. Dans les années soixante, la presse écrite était la première source d'information quotidienne du public américain; il la considérait comme la plus crédible, offrant la couverture la plus complète des événements. À partir de 1970, ces tendances s'inversent: la télévision devient la première source d'information quotidienne et bien que près de 25% des Américains pensent que l'information télévisée est biaisée, la majorité la considère pourtant comme la source d'information la plus crédible et la plus complète. En même temps, force est de constater que la presse écrite demeure un médium important, privilégié en tant que moyen d'information par les élites et les catégories les plus scolarisées de la population.

Enfin, une importante tradition de recherches américaines a trait aux satisfactions que les téléspectateurs estiment trouver dans l'usage qu'ils font de la télévision. Il s'agit du courant identifié par l'appellation «Uses and Gratifications Research». Cette problématique constitue un approfondissement de l'analyse des usages, dans la mesure où elle se pose la question de savoir ce que font les individus de leur usage de la télévision. À la limite, on peut penser qu'un même contenu télévisuel pourrait entraîner chez divers usagers des satisfactions subjectives très différenciées et même contradictoires. Par exemple, une émission contenant des scènes de violence peut servir de modèle comportemental à certains individus alors que la grande majorité de l'auditoire n'y trouvera que matière à divertissement. En fait, il semble qu'il y ait une constante dans les attentes des téléspectateurs américains: ils utilisent la télévision avant tout comme un moyen de divertissement. À la limite, le choix de contenus et de programmes spécifiques les indiffère: ils considèrent que la télévision mérite d'être regardée pour elle-même, uniquement pour le plaisir et la détente que cela procure et indépendamment des contenus.

Les intérêts des auditoires

Deux chercheurs américains, associés au milieu du marketing médiatique, ont tenté de renouveler la description des usages de la télévision en combinant les acquis des recherches sur les satisfactions («Uses and Gratifications») avec la méthodologie propre à la connaissance des auditoires par segmentation, utilisée dans les milieux publicitaires. Dans un livre intitulé *The Public's Use of Television*, et publié en 1980, R.E. Frank et M. G. Greenberg ont dans ce but exploré simultanément la structure des intérêts et activités de loisir des individus, leurs usages des autres médias, ainsi que la nature des besoins psychologiques que les usagers chercheraient à satisfaire par l'écoute de la télévision. Ils ont ainsi regroupé les répondants en fonction de structures d'intérêts communs plutôt qu'à partir des réponses à une seule question spécifique, comme cela se fait habituellement en sciences sociales. Ils répartissent donc la population des téléspectateurs américains en quatorze segments: par exemple, les hommes jeunes amateurs de bricolage, les femmes intéressées par les activités artistiques et culturelles, les adolescents centrés sur les sports de compétition, les consommateurs passifs de bulletins de nouvelles et d'information, les anomiques qui manifestent un faible intérêt pour toutes les catégories de loisirs, les curieux créatifs qui cherchent une forte stimulation intellectuelle, etc.

125

Le dessein des chercheurs recourant à ce type d'approche est d'expliquer la consommation médiatique à partir des besoins et nécessités de la vie quotidienne que viserait à satisfaire l'usage individuel des médias. Cette problématique des usages a ses mérites, mais aussi ses limites: son pragmatisme classificatoire présente une faiblesse conceptuelle évidente. Ce n'est pas de cette manière que peut se construire une théorie qui fournirait une explication cohérente et rigoureuse des comportements des usagers face aux médias. Alors qu'elles sont certainement utiles en marketing pour définir très précisément les caractéristiques de publics-cibles, ces descriptions choquent à certains moments par le recours des auteurs à un langage stéréotypé, en particulier pour parler des femmes. Ce vide théorique nous invite à nous interroger à un autre niveau d'analyse: comment les chercheurs en communication ont-ils jusqu'ici pensé la question des fonctions aujourd'hui remplies par les médias dans la société?

Les fonctions des médias

C'est le politologue H.D. Lasswell qui, dans son célèbre article de 1948, a énoncé une première typologie des fonctions remplies par la communication dans la société. Il a ainsi identifié trois fonctions sociales des actes de communication: surveillance de l'environnement, intégration entre les diverses composantes de la société, transmission de l'héritage culturel. Cette typologie a inspiré de nombreux chercheurs pour finalement aboutir au modèle du sociologue C.R. Wright, qui a rigoureusement explicité, dans un article publié en 1960, les conditions de possibilité d'une analyse fonctionnaliste de la communication de masse. Wright pense que la communication de masse apparaît comme un processus social suffisamment structuré et répétitif pour qu'on puisse lui appliquer les principes de l'analyse fonctionnelle. Il introduit d'une part la distinction entre les fonctions latentes (non intentionnelles) et manifestes des communications de masse; d'autre part, il montre que tout acte de communication n'a pas nécessairement une valeur positive pour le fonctionnement du système ou de l'un de ses sous-systèmes: certains événements de communication apparaissent remplir des fonctions pour certaines composantes, alors qu'ils peuvent être interprétés simultanément comme dysfonctions pour d'autres éléments du système. C'est l'expression en langage fonctionnaliste de la réalité du décodage propre au récepteur d'un message donné: celui-ci peut susciter deux décodages différents — et même, à la limite, contradictoires — de la part de deux récepteurs s'identifiant à des contextes différents. Dans un cas, le message est fonctionnel, dans l'autre, dysfonctionnel.

Wright formule ainsi synthétiquement sa question paradigmatique: «Quelles sont les fonctions (et dysfonctions) manifestes et latentes de la surveillance médiatisée (activités d'information), de l'interprétation critique (activités éditoriales), de la transmission médiatisée de l'héritage culturel et du divertissement médiatique pour les différents niveaux de systèmes (la société, les sous-groupes, les individus et les cultures)?» Cette question l'amène à tracer un inventaire systématique des fonctions et dysfonctions manifestes et latentes pour chaque grand type d'activités médiatisées et pour chaque niveau de système. Mais ses propos restent spéculatifs et ne donnent pas lieu à une opérationnalisation satisfaisante en termes de méthodologie de recherche. On assistera donc dans les années suivantes à la publication de nombreux articles et essais tentant d'inventorier de manière encore plus exhaustive ou différente les fonctions que pourraient remplir les communications de masse.

C'est une étude empirique inscrite dans la tradition des recherches sur la satisfaction des usagers qui a apporté, selon nous, la contribution la plus significative à l'identification systématique des fonctions psychologiques et sociologiques remplies par l'usage des médias. Cette étude a été réalisée par E. Katz, M. Gurevitch et H. Haas en Israël, et publiée en 1973 dans l'*American Sociological Review* sous le titre: «On the Use of the Mass Media for Important Things.» Ce texte nous apparaît incontournable pour qui veut réfléchir systématiquement sur les fonctions des médias aujourd'hui. Cette perspective théorique pose le récepteur comme (partiellement) responsable des contenus médiatiques qu'il sélectionne et qu'il interprète: son usage médiatique est déterminé par ses rôles sociaux et par ses prédispositions psychologiques.

En ce sens, cette perspective d'étude centrée sur les satisfactions des usagers se dégage de la vision mécaniste (étude des effets des messages sur les récepteurs) pour s'inscrire dans l'approche fonctionnaliste mise au point par Wright (étude des fonctions remplies par l'usage des médias).

L'approche proposée par l'équipe de Katz consiste non seulement à s'interroger sur les attentes psychologiques satisfaites par tel usage médiatique individuel particulier, mais aussi, ultimement, à rechercher comment et pourquoi cet usage s'insère plus spécifiquement et globalement dans le fonctionnement du système social. Ces chercheurs tentent donc d'expliciter les rapports entre certains attributs des médias et les fonctions psychologiques et sociales qu'ils remplissent. Travaillant à partir d'un échantillon représentatif de la population adulte israélienne, leur démarche méthodologique se découpe en trois phases: *a)* à partir d'une liste *a priori* de trente-cinq «besoins» (concernant la politique, la famille, la religion, l'éducation, l'identité personnelle) sur la base d'une revue systématique de la littérature psychologique et sociologique sur le sujet, ils identifient puis regroupent les besoins que les usagers considèrent comme importants; *b)* en questionnant les usagers appartenant à différents groupes sociodémographiques, ils explicitent les contributions respectives des différents médias (livre, cinéma, presse écrite, radio, télévision) à la satisfaction (subjective) de ces différents besoins; *c)* à partir de questions ouvertes aux usagers, ils évaluent l'importance relative de la contribution des médias à la satisfaction de ces besoins en la comparant aux satisfactions obtenues par des moyens autres que les médias, les conversations interpersonnelles entre amis, par exemple. Cette démarche originale va les conduire à des résultats étonnants, notamment quant à l'importance relative des médias dans la satisfaction des besoins: dans chaque domaine, les usagers indiquent avoir aussi recours, pour satisfaire leurs besoins les plus profonds, à des canaux autres que médiatiques, la plupart du temps considérés comme plus importants et plus fiables que les médias.

Même si les résultats ainsi obtenus ne sont pas *a priori* généralisables, certains d'entre eux sont assez frappants et méritent d'être cités. Ainsi, pour tous les besoins identifiés (même ceux liés au divertissement), les «canaux» autres que les médias (l'amitié, les vacances, les relations familiales ou les relations de travail) sont sources de plus grande satisfaction pour les usagers. Si, par ailleurs, on examine la correspondance entre les attributs des médias et la nature des besoins à satisfaire, on constate que, à un niveau social plus large, la presse écrite demeure le support le plus important pour qui veut obtenir une information socio-politique jugée fiable et complète. Dans les domaines concernant au contraire les besoins liés plus directement à l'individu, le livre apparaît comme le support le plus approprié quand il s'agit de la connaissance de soi (c'est la préférence des plus scolarisés, les autres choisissant la télévision), alors que le cinéma, la télévision et le livre sont les plus grandes sources de divertissement individuel. Finalement, la télévision apparaît être le média le moins «spécialisé»: c'est le support que l'on associe le plus facilement à la satisfaction de la plus grande variété de besoins, alors que le cinéma et la presse écrite sont au contraire les médias les plus «spécialisés» puisqu'ils sont associés à la satisfaction d'une gamme plus restreinte de besoins.

L'une des qualités les plus appréciables de cette recherche, outre la possibilité qu'elle offre d'utiliser le même dispositif dans d'autres contextes culturels et ainsi de procéder à des recherches comparatives, réside dans le fait qu'elle situe la question de la satisfaction de besoins psychologiques et sociaux dans un univers plus large que celui limité des médias. Ces cher-cheurs ne perdent jamais de vue que l'ensemble de nos pratiques de communication dépassent largement le cadre imposé par les médias. Ils vont même plus loin en affirmant que les besoins dont on peut associer la satisfaction à l'usage des médias ne sont pas d'abord engendrés par eux: ces besoins existent indépen-damment et les mécanismes de leur satisfaction passent très fortement par les canaux de la communication non médiatisée.

Le sociologue C.R. Wright, dans un article où il tente d'arti-culer les principes de l'analyse fonctionnelle avec la démarche centrée sur les satisfactions des usagers, suggère comme étape ultérieure du processus de recherche de tenter de répondre à la question: «Quelles sont les conséquences sociales du fait que ces besoins individuels sont satisfaits de cette manière et non pas d'une autre?» Par exemple, si une catégorie d'usagers dit recourir systématiquement à des leaders d'opinion, plutôt qu'à la télévision ou à la presse écrite, pour obtenir son information de caractère politique, il devient pertinent de pousser l'analyse: y a-t-il un manque de crédibilité systématique attaché aux médias pour cette catégorie de gens? Ces médias sont-ils contrôlés autoritairement par le gouvernement? Etc. On pourrait alors se poser la question des conséquences sociales de cet état de fait: y aura-t-il un renforcement de l'image publique négative des médias pour cette catégorie d'usagers? Ces leaders d'opinion auront-ils davantage de pouvoir dans des secteurs d'opinion autres que celui de l'information politique? Etc.

L'intérêt de ce paradigme est de faire passer l'analyse d'un niveau micro-psychologique à un niveau macro-sociologique. Mais tant l'approche empirique de Katz que le questionnement théorique de Wright continuent à se situer fondamentalement dans une perspective fonctionnaliste: ils questionnent le phénomène des usages des médias du point de vue de ses conséquences pour le fonctionnement du système social, mais sans jamais poser les questions fondamentales du pour-quoi ni du pour-qui le système fonctionne ainsi. Le fonctionnement du système des médias — de même que la circulation de l'idéologie de la communication — s'insère dans un système plus vaste de rapports sociaux, il exprime et représente des enjeux socio-politiques que d'autres chercheurs, s'inscrivant davantage dans la tradition des recherches critiques, ont tenté de mettre en lumière. Nous examinerons dans les prochains chapitres les représentations successives que les chercheurs sur les médias se sont données des rapports existant entre le pouvoir et la communication.

Bibliographie: L. Bogart, 1972; J.G. Blumler, E. Katz, 1974; G. Comstock et *alii,* 1978; G. Comstock, 1980; R.E. Frank, M.G. Greenberg, 1980; C. De Gournay, P.-A. Mercier, 1988; E. Katz et *alii*, 1973; H.D. Lasswell, 1960; D. McQuail, 1987; R.K. Merton, 1965; T.P. Meyer et *alii*, 1980; J.P. Murray, 1980; G.A. Steiner, 1963; C.R. Wright, 1964, 1974.

III

Pouvoir et communication

9

Les critiques de la culture de masse

Jusqu'en 1940 les chercheurs qui s'intéressaient aux médias, quelles que soient leurs orientations politiques, s'accordaient sur l'idée que la presse, le cinéma et la radio pouvaient exercer une influence majeure sur les gens: on pensait que ces médias étaient susceptibles de transformer significativement les attitudes et les comportements des individus en tant qu'électeurs ou consommateurs. Pendant la guerre, dans un contexte où la radio semblait prendre une importance toujours plus grande, on décida d'entreprendre des recherches empiriques et concrètes à propos des médias. D'un côté, Carl Hovland, directeur de la recherche sur les communications pour l'armée américaine, observa systématiquement la formation des attitudes au sein de groupes de soldats américains placés dans diverses situations expérimentales où l'on testait différents modes de persuasion. Par ailleurs, Paul Lazarsfeld s'interrogeait sur les motivations d'écoute des nouveaux publics de la radio: pourquoi les gens écoutent-ils avec autant d'intérêt les feuilletons à la radio? Il effectua aussi les premières observations empiriques comparant l'influence respective de la presse et de la radio dans la formation des opinions des électeurs.

133

À partir de ces années quarante et pendant près de vingt ans, les connaissances sociologiques concernant les phénomènes des médias vont ainsi se cristalliser autour de deux grands courants. Le premier, essentiellement critique et articulé autour de réflexions sur la «culture de masse», apparaît davantage philosophique et spéculatif; il emprunte aux grandes tendances de la sociologie européenne de la fin du XIXe siècle décrivant le passage de la société traditionnelle vers l'ère de la modernité et de la «société de masse». Le second courant se centre sur l'étude empirique des «communications de masse» et tend, par le recours aux canons de la recherche positive et l'analyse des résultats d'enquêtes systématiques, à démystifier la croyance en l'idée d'une «omnipotence» des médias. Cette double lecture de la réalité des médias — critique et empirique — va donc structurer de manière dominante le champ d'études des communications de masse jusqu'à la fin des années cinquante.

Cet antagonisme rejoint d'ailleurs les orientations différentes observées à l'époque entre les sociologies européenne (critique) et américaine (empirique), ce qui fit dire un jour à Robert K. Merton que les sociologues critiques avaient pour devise: «Nous n'affirmons pas que ce que nous avançons soit la vérité, mais au moins c'est significatif», alors que la devise des sociologues empiriques était plutôt: «Nous ne savons pas si ce que nous avançons est significatif, mais au moins c'est vrai.» Il nous apparaît d'autant plus intéressant d'insister sur cette opposition de points de vue que ce désaccord philosophique semble nous poursuivre encore aujourd'hui et se retrouver en filigrane dans les débats très actuels à propos des répercussions sociales des «nouvelles technologies» d'information et de communication. Dans ce chapitre, nous présenterons les fondements ainsi que les principaux éléments des problématiques qui ont contribué à construire une appréhension du monde des médias en termes de «culture de masse». Nous examinerons ensuite, dans le chapitre suivant, les principaux courants de recherches empiriques qui ont contribué à fonder les problématiques symétriquement opposées de la «communication de masse» qui n'attachent qu'un pouvoir relatif aux médias.

Théories européennes de la société de masse

L'origine des discours critiques à propos de la «culture de masse» se trouve d'abord dans les théories sociales élaborées dans la seconde moitié du XIXe siècle, qui décrivent en termes de «société de masse» les transformations sociales liées à l'industrialisation rapide de l'Europe occidentale capitaliste. L'intensification de la division du travail, l'urbanisation, la centralisation des mécanismes de décision politique, l'extension et la densification des systèmes de transport et de communication, l'émergence de mouvements politiques de masse liés notamment à l'élargissement du droit de vote aux classes laborieuses masculines: toutes ces caractéristiques marquèrent la société européenne des années 1850-1930 d'où émergea l'idée de massification.

Les modèles organicistes et évolutionnistes des sociologues Comte et Spencer postulaient déjà un processus conduisant à un accroissement de la différenciation sociale. Ces auteurs constatèrent que la segmentation des relations sociales et l'affaiblissement des groupes primaires entraînaient l'isolement et l'aliénation des individus dans des ensembles sociaux de plus en plus larges. L'industrialisation et l'urbanisation retinrent ensuite l'attention des sociologues comme Tönnies, Maine, Simmel, Durkheim et Weber: toutes ces théories sociales insistaient sur une évolution allant du simple au complexe, de l'homogène à l'hétérogène, de l'indifférencié au différencié. Elles exprimaient cette transition à partir d'une série de dichotomies: passage du statut au contrat (Maine), de la communauté à la société (Tönnies), de la solidarité mécanique à la solidarité organique (Durkheim), de l'autorité traditionnelle à l'autorité légale-rationnelle (Weber). On dira d'un système social qu'il est une «société de masse» non uniquement à cause de sa grande dimension: il peut exister des pays à forte densité de population qui n'en soient pas. L'idée de la «société de masse» est essentiellement liée à deux caractéristiques: d'une part, la forme des relations sociales qui unissent les individus entre eux et, d'autre part, le type d'ordre social existant. Dans une société de masse, l'isolement individuel et la dépersonnalisation dominent dans une structure où le contrôle social est très faible (anomie). Tout se passe comme si cette

135

homogénéisation des comportements publics attribuables à une masse indifférenciée constituait la réponse paradoxale des individus isolés qui perdraient leur sentiment d'appartenance communautaire dans une structure sociale de plus en plus complexe et hétérogène.

Dans cette société très industrialisée, où l'on voyait poindre les ferments de l'idéologie libérale, la «masse» symbolisait les nouveaux idéaux libéraux de démocratie, égalité et justice pour tous. Les premières critiques de cette société de masse seront d'ailleurs formulées par des tenants d'une position pro-aristocratique et anti-capitaliste opposée à cette nouvelle démocratie bourgeoise industrielle qui saperait, selon eux, les bases de l'ordre social fondé jusque-là sur la tradition et les privilèges héréditaires. Ainsi le philosophe Friedrich Nietzsche se montrat-il, dans son ouvrage *Le Crépuscule des idoles*, hostile à toute forme d'égalitarisme qui risquerait de perturber la qualité de la culture traditionnelle des élites. Selon cette critique, les menaces les plus vives de non-préservation de la «grande culture» proviendraient de ces valeurs bourgeoises de démocratisation qui inciteraient «l'homme de masse» à convoiter l'accès à la grande culture. Celle-ci risquerait alors d'être submergée par cette masse barbare aux demandes insatiables et incontrôlables. On pourrait rapprocher de cette critique les propos de José Ortega y Gasset publiés dans *La Révolte des masses*, ouvrage paru originellement en 1926-1928 sous forme de chroniques dans un quotidien madrilène. Selon cet essayiste, le XIXᵉ siècle a implanté pour la grande masse sociale du XXᵉ siècle des conditions d'existence radicalement nouvelles rendues possibles par les effets combinés de trois principes: la démocratie libérale, la science moderne et l'industrialisation. Or, l'homme du XXᵉ siècle aurait rapidement naturalisé ces nouvelles conditions de vie: il vivrait donc avec l'impression que tout lui est permis et qu'il n'est tenu à aucune obligation morale. Ortega y Gasset voyait ainsi surgir une forme d'égoïsme de «l'homme-masse» qui ne se préoccupait plus que de son propre bien-être. La culture européenne apparaîtrait alors menacée par cette nouvelle barbarie des masses qui se détacheraient de l'influence de la culture traditionnelle pour se soumettre sans conscience critique aux nouvelles valeurs pragmatiques de la technique et de la modernité.

Un second ensemble de critiques de la société de masse et de la culture de masse est issu d'une pensée qui se situe politiquement à gauche, dans le contexte politique de la montée du fascisme européen, et résolument en contradiction avec la pensée conservatrice précédente: la pensée critique des philosophes allemands qui se regroupèrent à partir de 1923 à l'Institut de recherches sociales de Francfort et qui seront désignés plus tard comme les philosophes de l'École de Francfort. S'ils critiquaient la civilisation de masse, ce n'était pas au nom de la conservation du passé mais bien plutôt en évoquant la possibilité d'une révolution qui équivaudrait à la «réalisation des espoirs du passé» (Horkheimer, Adorno). On voit en quel sens les philosophes de Francfort attachent une certaine importance à la tradition. À la différence de la critique conservatrice, ce n'est pas l'aspect «démocratique» de la culture de masse qui attisait leur discours critique, mais bien précisément le contraire: cette culture «unidimensionnelle» (Marcuse) ne coïncidait nullement avec un authentique processus de démocratisation culturelle, ses messages réifiés incitant au conformisme et à une terrible résignation de l'homme moderne (Horkheimer). La culture de masse, complice de la domination politique, participerait à une liquidation progressive de l'autonomie du sujet individuel qui, jusqu'à l'avènement de la modernité, pouvait manifester ses «préférences» en matière de goût esthétique. Comme la fonction politique de l'art est de fournir la préfiguration d'une «société autre» (niée par les conditions actuelles) et l'utopie d'une «promesse de bonheur», la formulation même de cet imaginaire révolutionnaire serait progressivement exclue dans la culture standardisée et homogénéisée de la civilisation de masse. La fonction politique de la culture de masse équivaudrait ici à obtenir, par la manipulation, l'assurance que les publics endosseront le *statu quo*. Aussi la culture de masse devrait-elle être dénoncée en ce qu'elle contribuerait à la perpétuation de l'injustice sociale (Horkheimer).

Horkheimer et Adorno décrivirent cette réalité en ayant recours à la notion d'«industrie culturelle». Les éléments de cette culture de masse posséderaient les caractéristiques d'une pure marchandise. Ils seraient produits en fonction de leur valeur d'échange

137

dans un marché, et non pour leur valeur d'usage en tant que partie intégrante d'une expérience esthétique authentique enracinée dans la tradition. Objets de manipulation, ces biens culturels seraient imposés «d'en haut» par un système industriel de diffusion dominé par l'éthos capitaliste, le règne du fétichisme et la logique de la consommation et du profit. L'industrie offre des biens culturels dont les contenus se caractériseraient par leur valeur spectaculaire et la standardisation, par la répétition et la pseudo-individualité et dont l'«aura» (Benjamin) aurait disparu sous les pressions de la rationalité technique à l'ère de la reproduction mécanisée des œuvres d'art.

Ainsi donc, à gauche comme à droite, les critiques de cette société européenne dont la structure est en voie de se transformer en profondeur pensent dans les mêmes termes, à savoir: cette société devient masse.

Polémiques américaines autour de la culture de masse

Aux États-Unis, de l'après-guerre au début des années soixante, les polémiques autour de la notion de culture de masse, directement influencées par les débats entre théoriciens européens, vont marquer profondément la pensée sociale concernant les médias. Pour faire la synthèse de ces débats, il nous apparaît intéressant de distinguer deux niveaux logiques dans les controverses. À un premier niveau, il y a la critique proprement dite de la culture de masse (qui l'oppose à la culture traditionnelle humaniste); à un second niveau, il est possible de repérer le méta-regard critique de ceux qui dénoncent l'existence même de ce type de débats (il y a ici dénonciation de la critique au nom, notamment, du pluralisme démocratique dont la culture de masse est le symbole). Passons en revue ces diverses positions polémiques.

Les phénomènes que l'on peut désigner comme constitutifs de la culture de masse sont très nombreux: divertissements publics de tous ordres, spectacles, diffusion massive d'information et de publicité à l'aide d'une multitude de supports, etc. Habituellement, toutefois, les critiques américains de la culture de masse l'ont essentiellement identifiée aux ensembles structurés de contenus véhiculés par les médias comme le cinéma, la presse, la radio et la télévision. Trois caractéristiques apparaissent centrales:

— ces contenus sont largement diffusés à des publics constitués majoritairement par les masses de travailleurs qui ont adhéré à la sphère des loisirs et de la consommation dans le contexte d'enrichissement progressif des classes laborieuses de l'Amérique de l'après-guerre;

— cette diffusion de masse suppose la mise en place d'industries d'un nouveau genre qui assurent une production massive des biens culturels;

— un nivellement des critères esthétiques présidant à cette production de masse de biens culturels est apparu nécessaire dans la mesure où de larges publics sont visés, ce qui suppose une certaine standardisation des contenus pour pouvoir joindre le plus grand nombre.

Des controverses idéologiques passionnées s'instaurèrent parmi les intellectuels américains autour de l'émergence et de l'affirmation de plus en plus évidente de cette culture de masse dans la quotidienneté des citoyens. Fondamentalement, cette nouvelle culture était ressentie comme inférieure à la culture traditionnelle ou humaniste, culture partagée précisément par ces élites qui débattaient si férocement de l'évolution de leur société. Alors que cette culture humaniste était produite par des élites dont les critères esthétiques s'inscrivaient dans des traditions artistiques ou littéraires reconnues depuis longtemps, alors que depuis le XIXe siècle, les œuvres d'art étaient le produit d'actes de création indépendants des éventuels consommateurs, le nouveau régime de la culture de masse opérerait selon des critères de production totalement différents liés exclusivement aux impératifs de la logique commerciale des marchés de masse. Dans ce carcan de la recherche effrénée du profit, la créativité des artistes et des concepteurs apparaissait bâillonnée. Comme la production à grande échelle suppose la recherche d'une minimisation des coûts économiques, on standardise et «stéréotype» les contenus culturels à diffuser: dans les termes de la théorie shannonienne de l'information tout autant que dans ceux de la critique humaniste, s'imposa le constat d'une perte importante d'originalité dans les messages. Selon le critique Dwight MacDonald, la culture de masse entraînait l'homogénéisation des contenus et impliquait la destruction des valeurs servant d'étalons aux jugements de goût. Les individus perdaient ainsi leur capacité d'évaluation; ils devenaient incapables de porter des jugements critiques à propos des éléments culturels dans lesquels ils baignaient. Cette situation permettrait l'émergence de stratégies démagogiques de la part des diffuseurs face à des masses de consommateurs non critiques: ces derniers seraient incapables de discerner entre, d'un côté, la qualité de certains produits culturels au contenu original et informatif et, de l'autre, la pauvreté culturelle d'autres produits dont la médiocrité se trouve camouflée dans l'enrobage médiatique et les scintillements du spectaculaire.

À moyen terme, le règne des industries culturelles participerait à un abaissement du niveau des exigences esthétiques et éducationnelles: pour les critiques de la culture de masse, sombre était l'avenir de la culture humaniste. La culture des livres et de l'écrit risquait de perdre son influence au profit d'une civilisation de l'image aux contenus culturels réduits à des slogans ou à des «capsules» d'informations plus faciles à diffuser. Cette évolution serait attribuable à l'importance prise par la consommation et les loisirs parmi les masses laborieuses, contraintes de vivre dans des conditions sociales où elles ne peuvent que difficilement s'émanciper. Ces masses, à la recherche de distractions et de divertissements faciles pour fuir le travail oppressant, trouveraient agréablement refuge dans la consommation offerte par les médias et le discours publicitaire. La télévision, largement distribuée sur l'ensemble du territoire américain au début des années cinquante, amplifiait, aux dires de critiques comme Gunther Anders, ces tendances à l'aliénation culturelle. La télévision décomposerait les liens de sociabilité au sein des familles et transformerait les individus en spectateurs passifs et dépendants. L'individu n'irait plus vers les événements puisque ceux-ci viendraient à lui; il ne verrait plus la nécessité de vivre des expériences au premier degré puisque le monde pseudo-familier du petit écran les remplacerait. Selon MacDonald, il était difficile d'entrevoir une amélioration de cet état de choses car la culture de masse semblait engagée dans une espèce de cercle vicieux: sa propre médiocrité serait à la fois la cause et l'effet de la «médiocrité culturelle des masses».

Critiques de la critique de la culture de masse

La dénonciation de la critique de la culture de masse consiste à renvoyer dos à dos les théoriciens de la massification, que ceux-ci proviennent de la droite ou de la gauche. Ces métacritiques vont insister soit sur l'élitisme des intellectuels qui animent les controverses, soit sur leur refus d'accepter la réalité du pluralisme culturel américain lié à l'idéologie libérale, soit sur les biais de leurs analyses qui consistent à attribuer trop d'importance à l'influence des médias dans la société.

Ainsi, Leon Bramson s'attacha à expliciter la vision implicite partagée par tous les théoriciens de la société de masse et les critiques de la culture de masse: l'idée même de *masse* engendrerait nécessairement et simultanément l'idée contraire d'*élite*. Il y aurait un élitisme dans les positions idéologiques des critiques de la civilisation de masse, indépendamment de leurs horizons politiques. De gauche ou de droite, les discours sur la masse ne prendraient aucunement la forme de propositions scientifiques à infirmer ou à confirmer; ils contiendraient plutôt des jugements de valeur dénonçant le libéralisme rattaché à la modernité. La position métacritique de Bramson consistait donc à dénoncer les visions du monde implicites dans le discours des critiques de la culture de masse: vision d'une société hiérarchiquement ordonnée au profit d'élites, hostilité au libéralisme culturel, refus d'ouverture à la possible mobilité des masses ou des minorités culturelles.

En s'efforçant de cerner les aspects «positifs» de ces phénomènes de massification, le sociologue Edward Shils considéra la critique de la culture de masse comme une attaque unilatérale et aveugle contre la société américaine. Selon lui, c'était une grossière erreur historique et sociologique de penser que le développement des médias puisse être l'unique responsable de la ruine des valeurs morales et intellectuelles de l'Amérique. Il dénonça la croyance des critiques de la culture de masse selon laquelle celle-ci aurait succédé à une «grande culture» qui avait en soi

141

une valeur intemporelle et serait dorénavant sur la voie de son inévitable dépérissement. Se référant aux difficiles conditions sociales d'existence des classes laborieuses aux époques précédentes, il se demanda de quel droit ces intellectuels élitistes supposaient que cette diffusion massive des biens culturels ne constituait pas un développement et une amélioration des conditions culturelles par rapport au passé. L'écoute d'un concert à la radio ou l'accès à une œuvre littéraire classique sous forme d'un livre de poche ne seraient-ils pas des indices évidents d'une démocratisation culturelle permise par la production de masse des biens culturels? Pourquoi considérer que la consommation de ces biens dans ces conditions supposerait une expérience culturelle superficielle et frelatée? De quel lieu parlaient donc ces intellectuels pour ne voir là que «médiocrité culturelle»?

Un autre type de dénonciation de la critique de la culture de masse consista à montrer que ces analyses renfermaient un biais systématique en ce qu'elles attribuaient une importance démesurée à l'influence des médias sur la culture et les rapports sociaux. D'une part, certains sociologues de la culture s'attachaient à montrer que les phénomènes de domination sociale et culturelle résultaient de facteurs divers et complexes parmi lesquels l'environnement médiatique ne possédait qu'un poids relatif. D'autre part, et nous y reviendrons au chapitre suivant, les recherches empiriques sur les communications de masse allaient tenter de préciser l'ampleur et l'efficacité réelle des médias sur les individus.

Ainsi, le sociologue britannique Raymond Williams tenta de dépasser le dilemme idéologique dans lequel semblait se retrouver les débatteurs de la culture de masse, en orientant l'analyse vers les structures plus fondamentales de la formation sociale dans lesquelles s'inséraient les systèmes de diffusion culturelle. Il questionna l'idée même de «masse» qui recouvrait, en dernière analyse, l'univers social, culturel et politique des classes laborieuses issues du processus d'industrialisation. Il dénonca, comme jugement de valeur fondé sur des *a priori* idéologiques, l'affirmation voulant que la culture véhiculée par les nouveaux moyens de communication soit «inférieure» et «médiocre» en raison même de son caractère de masse. Ces critiques tendraient trop souvent à oublier que l'institution scolaire est un facteur déterminant dans la perpétuation des inégalités sociales et culturelles. Or, les jugements sur ce qui est «bon culturellement» proviendraient précisément d'une minorité culturellement dominante qui a été privilégiée par cette institution scolaire. Finalement, ce système culturel dual ne serait que le reflet d'une structure sociale de domination dans laquelle une minorité contrôlerait les appareils de diffusion culturelle, ce qui assurerait et reproduirait son pouvoir sur une majorité.

De son côté, le sociologue Richard Hoggart, dans une étude pénétrante sur *La Culture du pauvre*, fondée sur des observations ethnographiques du mode de construction des formes culturelles dans les milieux socialement défavorisés, chercha notamment à saisir la manière dont le discours des médias pénétrait dans les couches populaires pour y être immédiatement réinterprété et réapproprié dans le contexte qui leur est propre. Cette étude contribua à relativiser l'idée de la toute-puissance des médias, et souligna les réels dangers auxquels pouvait mener l'emploi de la notion de «culture de masse». Hoggart constata que des espaces culturels importants de la vie quotidienne étaient imperméables à l'influence des médias. Il insista aussi sur la neutralisation possible de leurs effets attendus en raison même des caractéristiques de ce type de diffusion culturelle, thème qui sera plus tard développé par Jean Baudrillard. Il est certes possible d'émettre quelques réserves sur les constatations de Richard Hoggart: si sa méthode ethnographique paraît très pertinente pour saisir en profondeur et «de l'intérieur» certains mécanismes culturels de la quotidienneté vécue, elle ne permet toutefois pas de généralisations statistiques importantes. Aussi ses constatations concernant la relative inefficacité à court terme des médias sur les comportements immédiats des individus n'excluent pas nécessairement une efficacité culturelle à plus long terme agissant sur la «culture-code», la matrice primaire avec laquelle chaque individu construit ses rapports sociaux. Niveau auquel s'attachera notamment le sociologue Edgar Morin, comme on le verra bientôt. Enfin, les observations ethnographiques de Hoggart ont été menées dans un contexte historique où la télévision n'existait pas encore. Cela oblige à relativiser ses constatations, l'efficacité respective de chaque moyen de diffusion n'étant pas forcément identique.

La culture de masse comme objet sociologique

Souhaitant se situer en marge de ces controverses idéologiques, Edgar Morin tenta en 1962, dans un essai remarquable sur l'«Esprit du temps», de considérer la culture de masse comme objet sociologique. Il adopta ainsi une définition de la culture qui s'inscrivait dans la tradition anthropologique («un corps complexe de normes, symboles, mythes et images qui pénètrent l'individu dans son intimité, structurent les instincts, orientent les émotions») et marqua ses distances vis-à-vis de toute conception normative de la culture de masse. Cette culture constituerait un système spécifique en ce qu'elle est produite selon les normes de la fabrication industrielle et diffusée par les médias auprès de gigantesques agglomérats d'individus. Elle viendrait se surajouter aux cultures déjà existantes comme la culture humaniste, la culture religieuse ou la culture nationale. En fait, des interactions complexes et concurrentielles entre ces différents systèmes d'identification/projection spécifiques se feraient jour chez un même individu qui puiserait simultanément et à des degrés divers, dans plusieurs de ces répertoires d'images, symboles et mythes.

Morin tenta non seulement de définir la culture de masse comme système spécifique et non pas englobant, mais il chercha encore à saisir l'évolution et la transformation de ses contenus dans leur rapport avec le système social et l'histoire. Il s'attacha en outre à saisir les dialectiques qui articulaient l'instance économique (production, création, consommation) et l'instance psychologique (projection, identification, transferts). Il distingua trois périodes dans l'histoire contemporaine de la culture de masse:

— 1900-1930: période populaire urbaine, triomphe du cinéma muet lui-même héritier du roman feuilleton du XIXe siècle; c'était l'ère du divertissement par l'évasion onirique, tout se passait comme si les stars du cinéma muet étaient «d'une essence mythologique supérieure»;

— 1930-1955 (surtout 1945-1955): l'apogée du cinéma parlant

conduisit à une nouvelle mythologie, celle du bonheur individuel; avec l'élévation généralisée du niveau de vie aux États-Unis et en Europe, les masses populaires accédaient aux loisirs et acquéraient la possibilité de développer une «vie privée»; dans la vie comme au cinéma, on cultiva la mythologie du «happy end»: le bonheur individuel pouvait surmonter tous les obstacles;

— 1955 et après: de la crise du bonheur, de la dislocation de la mythologie euphorique, émergea une «problématisation» de la vie privée (problèmes du couple, de l'amour, de la solitude); le cinéma cessait d'être la clef de voûte de la culture de masse; la télévision devenait dominante en même temps que se multipliaient et se différenciaient les modèles proposés par les médias.

D'un autre côté, préoccupé par l'analyse de la dynamique de la culture de masse, s'inspirant à la fois de la théorie de l'information et de la cybernétique, Abraham Moles proposa en 1967, sous le titre *Sociodynamique de la culture*, une systématisation intéressante dans laquelle l'approche cybernétique était censée unifier le champ de la culture (privilégié par le courant critique) et celui des communications (privilégié par les empiriques). Le système de diffusion des contenus de la culture de masse était alors représenté comme un cycle de circulation à rétroaction ininterrompu et transformateur. Les créateurs élaboreraient des œuvres et produits culturels nouveaux qu'ils soumettraient au premier contrôle d'un micromilieu, ce processus débouchant sur la constitution d'un «tableau socio-culturel», lui-même enrichi par les événements. Ces produits seraient sélectionnés et véhiculés par les médias — éventail de canaux différenciés conduisant à des modes d'appréhension spécifiques — et absorbés par le macromilieu des consommateurs pour constituer la culture de masse d'où «renaissent des orientations, des polarisations, des feed-back» qui viendraient déterminer l'activité des créateurs. À travers les sondages et enquêtes qui l'informent sur les conditions concrètes de la réception des messages par les consommateurs, le créateur se trouverait «couplé» avec la résultante de ses activités. Le cycle socioculturel se présentait ainsi comme un système fermé à contrôle cybernétique. L'approche de Moles fut probablement l'analyse qui alla le plus loin pour saisir ces phénomènes de culture en termes de communication.

Mais le modèle de Moles ne renvoie-t-il pas lui aussi à une vision élitiste de la création culturelle? Ne confirme-t-il pas l'action déterminante des créateurs, plus ou moins isolés, influencés par les premières rétroactions d'un micromilieu privilégié, sur les contenus culturels? Par ailleurs, ce modèle n'insiste aucunement sur les conflits présents au sein du milieu des créateurs — que prend davantage en compte le modèle de Morin —, caractéristique pourtant importante de l'industrie culturelle. Une autre critique du modèle de Moles renvoie à son «culturalisme»: ce cycle ne permet pas de déboucher sur le problème du rapport entre le système de la diffusion culturelle et la structure sociale. Ce modèle, fermé sur lui-même, semble vouloir expliquer la culture par la culture. Les idées sont posées comme existantes *a priori*. Moles ne pose pas la question de leur généalogie: comment sont-elles apparues? Comment se sont-elles développées? Le seul élément externe au cycle concerne les «décisions» qui influent sur la structure des médias. Le facteur explicatif de la nature des décisions réside, pour Moles, dans les «valeurs»: mais, là encore, d'où proviennent ces valeurs? La théorie de la politique culturelle engendrée par ce modèle suppose concrètement l'autonomie des pratiques culturelles dans la société; il suppose aussi qu'une action culturelle ait la capacité d'engendrer des transformations sociales d'envergure. Or, force est de constater que les actions culturelles sont en interaction dynamique avec l'ensemble des rapports de forces économiques et politiques propres à une société donnée. Mai 1968 en fut la démonstration indéniable...

Bibliographie: W. BENJAMIN, 1971; L. BRAMSON, 1961; R. HOGGART, 1970; M. HORKHEIMER, T.W. ADORNO, 1974; N. JACOBS, 1964; M. JAY, 1977; D. McQUAIL, 1969; R.K. MERTON, 1965; J.-L. MISSIKA, D. WOLTON, 1983; A. MOLES, 1967; E. MORIN, 1962, 1971, 1972; J. ORTEGA Y GASSET, 1961; B. ROSENBERG, D.M. WHITE, 1957; R. WILLIAMS, 1961.

_____

Les recherches empiriques
sur l'efficacité des médias

C'est une subvention de la Rockefeller Foundation qui permit au sociologue Paul Lazarsfeld, avec l'aide de Frank Stanton et Hadley Cantril, de créer en 1937, à Newark, la première entreprise américaine dont la mission sera d'étudier «ce que signifie la radio dans la vie des auditeurs». C'est ainsi que naquit l'Office of Radio Research. Il déménagea ensuite à Princeton puis, dès 1940, s'établit définitivement à l'université Columbia de New York sous le nom de Bureau of Applied Social Research. Recourant abondamment aux techniques de l'entrevue par panel, ces sociologues cherchaient à saisir le rôle des communications de masse dans la formation des opinions et des décisions individuelles. Leurs terrains d'études privilégiés concernaient les comportements électoraux et les comportements d'achat, ainsi que l'usage des différents médias.

Selon de nombreux historiens de la recherche américaine en communications, c'est en réaction aux nombreux débats idéologiques autour de la culture de masse qu'émergèrent pendant les décennies 1940 et 1950 ces premières études empiriques des *social scientists* sur l'efficacité des médias. Ces derniers reprochaient aux critiques de la culture de masse de ne jamais fonder leurs affirmations sur un corpus de données vérifiées selon les normes de la recherche scientifique en vigueur dans le domaine des sciences sociales. Ce nouveau courant de recherches empiriques se présenta donc comme une critique du modèle de la «société de masse» et se proposa de constituer un ensemble de faits scientifiques concernant le champ des communications de masse.

On assiste toutefois, depuis quelques années, à une relecture historique du contexte et de la finalité de ces premiers programmes de recherches empiriques. Elihu Katz, en particulier, conteste que le point de départ de ces recherches ait été de contrer les théories de la massification. Que ces premières recherches se soient centrées sur la fonction de persuasion des médias, au détriment des fonctions d'information ou de divertissement, relèverait, notamment, du contexte de la guerre 1939-1945 qui incitait à rechercher des moyens de propagande favorisant l'éducation populaire et la mobilisation des citoyens en faveur des efforts de guerre de l'État américain. Il s'agissait en outre de sensibiliser les masses aux dangers de la propagande ennemie. Par ailleurs, ces problématiques de la persuasion rejoignaient aussi les travaux que dirigeait Carl Hovland à l'université Yale et qui concernaient les techniques à mettre au point pour accroître la combativité des soldats américains. Enfin, la demande d'enquêtes sociologiques de la part des organismes de radiodiffusion et des agences publicitaires soucieux de mieux connaître leurs auditoires constituerait un dernier élément de contexte favorisant la multiplication de ces recherches empiriques sur l'efficacité des médias, les contenus des messages diffusés, la comparaison entre les différents supports, et les caractéristiques socio-économiques et socio-culturelles des audiences.

Les découvertes des empiristes

Les travaux de ces chercheurs empruntaient au paradigme positiviste de la connaissance scientifique. Autrement dit, ils postulaient que les faits scientifiques construits étaient neutres et objectifs et que la méthodologie utilisée s'inspirait des règles de certitude et d'exactitude des sciences physiques. Ils étaient ainsi convaincus que les données qu'ils accumulaient permettraient de clarifier ces débats autour du pouvoir des médias sur les individus. Jusqu'au début des années soixante, leurs objets d'analyse concernaient essentiellement deux thèmes: la description qualitative et quantitative des *audiences* ; la mesure de l'*efficacité à court terme* des médias sur les individus, soit les effets directement et immédiatement perceptibles des messages sur les individus considérés comme «récepteurs». Par ailleurs, les nombreuses études fondées sur les techniques d'analyse de contenu des messages étaient considérées comme une autre manière d'approcher la mesure de l'efficacité des médias.

En ce qui concerne les audiences, les principaux résultats de cette première génération de recherches étaient les suivants: 1. les individus passaient relativement beaucoup de temps à utiliser les médias; 2. l'utilisation de ces moyens modernes de diffusion était généralisée dans toutes les strates sociales de la population; 3. un effet de synergie dans l'utilisation parallèle de plusieurs médias: l'utilisation importante d'un média par un usager entraînait chez lui une forte propension à utiliser simultanément d'autres médias; 4. les comportements et attitudes face aux médias tendaient à se banaliser, l'utilisation des médias devenant partie intégrante du «style de vie»; 5. compte tenu de certaines récurrences dans l'utilisation des médias par les usagers et de certains goûts affirmés du public, un modèle relativement homogène et stable de préférences et d'intérêts des audiences tendait à apparaître; 6. il existait plusieurs corrélations entre les caractéristiques spécifiques de certains publics et des usages particuliers des médias; ainsi, on découvrait que les jeunes allaient davantage au cinéma, que les hommes lisaient davantage les journaux, que les femmes regardaient davantage la télévision, etc.; 7. les individus retireraient des satisfactions subjectives de l'utilisation des médias; 8. finalement, la nature des relations interpersonnelles dans lesquelles évoluaient les individus semblait influencer le type d'utilisation qu'ils faisaient des médias.

Une synthèse des recherches sur l'efficacité à court terme des médias conduisit J. T. Klapper, en 1960, à la généralisation suivante: la communication de masse n'avait pas une efficacité nécessaire et suffisante pour conduire à un changement d'attitudes chez les récepteurs; la communication de masse n'agissait qu'au sein d'un réseau complexe de canaux possibles d'influence. Cette proposition générale se fondait sur une série de constats tirés de l'accumulation des données empiriques produites pendant plus de deux décennies: *1.* un message est efficace dans la mesure où il renforce des attitudes et opinions déjà existantes; *2.* le prestige de l'émetteur — et l'évaluation subjective que le récepteur peut en faire — influe de manière déterminante sur l'efficacité de la communication; *3.* si un émetteur spécifique possède le monopole des sources de diffusion, cela tend à favoriser l'efficacité de la communication; *4.* la non-familiarité d'un public avec le contenu diffusé peut favoriser l'efficacité de la communication; *5.* la sélection et l'interprétation par les récepteurs du contenu des messages diffusés sont fonction de leurs opinions et intérêts; *6.* le réseau de relations interpersonnelles du récepteur influence l'efficacité de la communication.

Ces résultats de recherche s'opposaient ainsi aux affirmations des théoriciens de la société de masse. En décrivant les audiences soumises au harcèlement des médias, ces théoriciens affirmaient que la société de masse affaiblissait les groupes primaires, les communications informelles étant amenées à s'effacer devant la diffusion prolifique et omniprésente des messages médiatiques. Ils définissaient en outre ces audiences comme atomisées: une fois passé le feu des médias, il ne restait plus, selon eux, qu'un magma d'individus isolés et anonymes. Quant à l'influence des médias, les théoriciens de la société de masse la jugeaient très puissante: les moyens modernes de diffusion influençaient de manière décisive, selon eux, les attitudes et les opinions de cette masse d'individus isolés et manipulés par les élites qui contrôleraient les médias de masse.

Or on voit que les conclusions auxquelles arrivaient les chercheurs empiriques **étai**ent diamétralement opposées. Il n'y aurait pas atomisation du public puisque des recherches décisives montraient l'importance très grande des leaders d'opinion et du groupe de référence dans un processus de communication à deux étages *(two-step flow of communication)* parmi les récepteurs. Il n'y aurait pas non plus association immédiate entre communication de masse et manipulation. D'une part, les recherches sur les groupes de référence et l'influence personnelle démontraient la complexité du processus engendré par les médias: leur influence n'était ni certaine ni évidente, comme le prouvait l'échec de certaines campagnes politiques et publicitaires, qui provoquent l'effet inverse à celui recherché (l'effet boomerang). Comment l'expliquer? D'autre part, la synthèse de Klapper montrait que l'efficacité des médias était relativement faible. Dans ces conditions, vouloir décrire ces processus de communication en termes de manipulation relèverait d'une vision un peu trop simpliste du rôle des médias dans les phénomènes d'influence sociale.

Critique des empiristes

Ces vingt années de recherches empiriques auraient pu contribuer à clore le débat idéologique concernant l'influence des moyens modernes de diffusion dans les sociétés industrielles contemporaines. Mais ce serait oublier que cette approche positiviste dans la construction des faits scientifiques était elle-même idéologique. Il n'y avait pas, d'un côté, les tenants d'une idéologie — en l'occurrence, les critiques de la société et de la culture de masse — et, de l'autre, les tenants de la vérité — en l'occurrence, les chercheurs empiriques. La réalité était plus complexe: le courant empirique était lui-même idéologique. Ce sont les chercheurs fonctionnalistes américains, préoccupés par l'étude de *ce que les gens font avec leur usage des médias* plutôt que par ce que les médias peuvent faire à court terme aux individus, qui, les premiers, soulignèrent ce point.

L'insistance des empiristes à vouloir étudier l'impact immédiat et à court terme de la communication de masse sur les modifications quasi spontanées des opinions et comportements des individus masquait un modèle implicite de la communication trop mécaniste et trop simpliste. En ne développant qu'insuffisamment leurs modèles théoriques, les empiristes en arrivaient à reposer toujours les mêmes questions simples, celles qu'acceptait le cadre béhavioriste implicite et qui correspondaient providentiellement aux questions des commanditaires qui recherchaient des réponses immédiates à des problèmes à court terme. Ces études se sont attachées aux individus plus qu'aux institutions ou aux structures sociales; au niveau du choix des variables et modèles explicatifs, on a développé une perspective étroite et non critique. Ainsi, au dire de sociologues fonctionnalistes américains comme C.R. Wright, le modèle behavioriste des empiristes ne permettait pas d'étudier les besoins sociaux (ou «fonctions manifestes et latentes») auxquels tentaient de répondre les communications de masse.

Des sociologues européens de la culture — comme Edgar Morin — notaient que le souci du quantitatif et du concret de la tendance empiriste américaine l'amenait à faire fi de la référence fondamentale à la totalité socio-culturelle: les empiristes ignoraient toute perspective historique. Edgar Morin observa ainsi que l'étude empirique des communications de masse s'isolait de toute sociologie de la culture. Ces études empiriques, regroupées sous le modèle classificatoire de Lasswell («Qui? Dit quoi? À qui? Par quel canal? Avec quels effets?»), ne conduisaient qu'à des constatations relativement superficielles et, en dernière analyse, contestables. Morin proposa de considérer les médias selon les diverses cultures qui s'y expriment et qui les utilisent diversement: la «culture de masse», la «culture cultivée», la «culture scolaire», la ou les «cultures politiques», etc.

La problématique morcelée des empiristes apparaissait directement liée au contexte social dans lequel ces recherches étaient produites. Ces enquêtes étaient généralement commandées par les responsables de la diffusion (presse, cinéma, radio, puis télévision) et par les agences publicitaires désireux de connaître l'efficacité de leurs messages et les caractéristiques socio-économiques de leurs auditoires. Les commanditaires (se) posaient des questions précises qui portaient forcément sur le court terme: il n'y avait, pour eux à première vue, aucun intérêt à financer des recherches théoriques.

Ces «recherches administratives», selon l'expression de Paul Lazarsfeld, ont progressivement conduit la tendance empiriste à évacuer de ses problématiques toute perspective fondamentalement critique qui aurait pu remettre en cause le système de diffusion lui-même. Cette absence de perspective critique recelait une signification politique. Essentiellement préoccupés de répondre aux demandes commerciales et utilitaires à court terme de leurs commanditaires, les chercheurs empiristes restaient insensibles à plusieurs dimensions pourtant fondamentales des impacts sociaux de la communication de masse. Mécanismes privilégiés de sélection de l'information transmise dans la société en tant que système politique, les médias de masse agissent à un niveau extra-individuel (organisationnel): ils exercent un rôle idéologique et contribuent, le plus souvent, au renforcement du *statu quo* et des rapports sociaux déjà institués. La période qui s'amorçait avec les années soixante sera le théâtre d'une remise en cause du modèle des effets à court terme de la communication de masse. Et cela, tant du côté des chercheurs qui adopteront une perspective fondamentalement critique que du côté de ceux qui se situeront en continuité avec les problématiques ouvertes vingt ans plus tôt par Paul Lazarsfeld.

Les limites du modèle des effets à court terme

Les empiristes répondaient au mythe de la toute-puissance médiatique soutenu et popularisé par les critiques de la société de masse au moyen d'une constatation brutale: les médias ne sont pas efficaces ou le sont relativement peu. Mais cette proposition constituait elle-même un nouveau mythe: comme le disait le sociologue britannique James Halloran, elle restreignait le concept d'*influence* à celui d'*efficacité*. Du mythe de l'omnipotence des médias, on passait ainsi, *via* une définition restrictive des effets des médias, au mythe de leur impuissance.

Ces deux visions opposées alimentèrent significativement jusqu'à la décennie 1960 les débats idéologiques concernant le rôle des médias dans la société. Il n'est pas certain que notre connaissance des mécanismes de leur influence sociale réelle y ait gagné en précision et en profondeur. Jusqu'en 1960, le chercheur intéressé par la communication de masse se trouvait donc placé devant le dilemme suivant: soit il perpétuait l'esprit polémique des critiques de la société et de la culture de masse et ses propos spéculatifs étaient réputés n'avoir aucune rigueur scientifique, soit il se situait dans la tradition des recherches empiriques et ses constatations parcellaires ne pouvaient constituer le cadre théorique nécessaire à une compréhension en profondeur des mécanismes d'influence sociale des médias. Il apparaissait de plus en plus nécessaire de rompre épistémologiquement avec ces deux courants — et avec les deux pré-notions de *manipulation* et d'*efficacité* avancées par l'un et l'autre — pour construire une problématique adéquate; c'est ce que tentèrent plusieurs courants de recherche pendant les décennies 1960 et 1970.

La notion de manipulation relève d'un modèle causal simpliste liant mécaniquement les caractéristiques et les contenus des messages diffusés à la transformation des conditions sociales et culturelles. Or ce lien causal n'est jamais démontré: existe-t-il? Et si oui, dans quel sens? Si ce lien existe, on peut penser que les moyens modernes de diffusion sont autant un effet qu'une cause du changement social et culturel. Définir le processus d'influence sociale des médias comme mécanisme de stricte manipulation apparaît insatisfaisant: si le discours médiatique agit sur la structure sociale, il est aussi, dans le même temps, agi par elle.

Les empiristes, quant à eux, réduisaient le concept d'influence à la pré-notion d'efficacité à court terme des messages diffusés. Ce réductionnisme conceptuel s'explique, on l'a vu, par les conditions objectives du marché de la recherche administrative: les commanditaires ne s'intéressent qu'aux effets à court terme des moyens de diffusion. Or, l'influence des moyens de diffusion s'exerce aussi à long terme et dans des secteurs imprévisibles.

James Halloran nota que les empiristes se trompaient lorsqu'ils réduisaient la problématique de l'efficacité des messages à une question d'attitude et de changement d'attitude. Un changement de comportement n'est pas toujours précédé d'un changement d'attitude: lorsque l'intérêt individuel pour une question (qui peut être socialement importante) est faible, un changement de comportement peut survenir immédiatement — à partir, par exemple, de l'action des moyens de diffusion — et contribuer par la suite à une modification progressive des attitudes. Ainsi, la modification dans le choix individuel d'un candidat, entre le premier et le second tour d'un scrutin, peut être indépendante d'un changement d'attitude politique chez l'électeur. En outre, disait Halloran, il est important de tenir compte des questions qui n'ont pas été posées ainsi que des recherches qui n'ont pas été faites. On s'est trop souvent limité jusqu'ici à ne décrire dans le fonctionnement des médias que le «point d'arrivée»: «Le message a-t-il, oui ou non, été bien reçu?» Le rôle des informateurs, les contraintes de la production des messages, les processus de décision dans les entreprises de diffusion, les facteurs d'ordre économique et politique avaient été systématiquement oubliés par la plupart des recherches empiriques. L'analyse de l'influence des médias ne pouvait faire l'économie de la dimension politique du processus et devait déboucher, à un moment ou un autre, sur le rôle des moyens de diffusion dans le maintien ou la transformation de l'état des rapports sociaux.

L'action sociale des messages ne peut donc se laisser réduire ni à un mécanisme de manipulation pure de l'opinion publique, ni à un effet à court terme sur le changement des opinions et attitudes individuelles. L'influence des médias est subtile et peut s'exercer de plusieurs manières, directes et indirectes, en offrant et valorisant certains modèles ou rôles sociaux, en insistant sur certains stéréotypes, en suggérant les comportements socialement approuvés, etc. Une problématique de la diffusion ne peut se réduire à la communication intentionnelle: tout ce qui est diffusé n'est pas communiqué; tout ce que l'on a l'intention de communiquer n'est pas nécessairement diffusé.

Tandis que les visions critiques de la société de masse impliquaient le recours à un modèle implicite de la communication en termes de manipulation, c'est le paradigme de Lasswell («Qui? Dit quoi?...») qui a longtemps servi de modèle de communication pour les premières recherches empiriques. Alors que Lasswell lui-même concevait son paradigme à des fins classificatoires de regroupement des différents types de travaux empiriques, l'utilisation que l'on en a fait a largement débordé cette finalité initiale: le paradigme classificatoire est devenu pour les empiristes un véritable modèle de la communication.

Les nouvelles recherches empiriques

Certains chercheurs américains, tout en se réclamant de la tradition empirique, ne pouvaient rester indifférents aux critiques concernant les limites théoriques de leurs modèles, d'autant que Lazarsfeld lui-même n'avait jamais voulu cantonner la recherche sur les médias à la problématique «administrative» de la persuasion et des effets à court terme. Elihu Katz, dans un texte récent, montre que, dès 1948, Lazarsfeld esquissa une typologie des effets des médias où il croisait la dimension de la durée (effets immédiats, à court terme, à long terme, institutionnels) et la dimension des causes possibles de ces effets (émission unique, type de programmation, structure socio-économique du média, caractéristiques technologiques du média). Cette typologie lui permit ainsi d'illustrer seize types de recherches possibles sur l'influence des médias, allant du cas des effets immédiats d'une émission particulière de radio sur les opinions de ses auditeurs, à celui des effets en profondeur de la vitesse de transmission des informations en radiodiffusion sur la civilisation occidentale. Déplorant les difficultés méthodologiques et financières inhérentes à ce dernier type de recherches à long terme, Lazarsfeld constatait pourtant que la réalisation des études sur les effets à court terme ne pouvait jamais rendre compte des impacts en profondeur de ces médias sur les individus, médias qui renforcent certains aspects de la réalité sociale tout en en dissimulant d'autres. D'après Katz, l'utilisation de la méthode de l'entrevue par panel (où les mêmes individus sont interrogés à différents moments successifs) constituait pour Lazarsfeld, dès ses premières études sur les médias, un moyen systématique de prendre en compte la dimension temporelle.

Deux courants principaux caractérisent les recherches empiriques qui ont prolongé, dans les décennies 1960 et 1970, la tradition du Bureau of Applied Social Research. D'un côté, partant du constat que certains auditoires ont tendance à sélectionner certains types de messages et à choisir certains médias plutôt que d'autres, des chercheurs tentèrent de déterminer le rôle de certaines variables psychologiques ou sociales dans ces choix. Au fur et à mesure de l'avancement de leurs travaux, ils acquirent la conviction que les membres des auditoires retiraient des satisfactions spécifiques des contenus médiatiques consommés et que ces satisfactions pouvaient être opérationnellement identifiées et quantitativement mesurées. Le courant d'études concernant les satisfactions des usagers des médias («Uses and Gratifications Research») était né. Pendant les années soixante-dix, ces modèles se complexifièrent: on tenta d'établir des corrélations entre, d'une part, les attentes et les motivations des auditoires et, d'autre part, les effets des médias. Enfin, ce type de recherches déboucha sur la problématique psychologique des besoins qui seraient comblés par la consommation des médias, et sur la problématique sociologique des fonctions des médias dans la société.

Aujourd'hui, les chercheurs qui s'inscrivent dans le prolongement de ces tendances s'intéressent à la participation active des auditoires dans le processus même de construction de significations spécifiques aux messages qu'ils reçoivent. Ils accordent ainsi une attention au phénomène du décodage des messages médiatiques par les *récepteurs considérés comme actifs* dans les processus de production du sens. Ce décodage est défini soit comme un processus psychosociologique par lequel l'usager entre en «négociation sémantique» avec les contenus diffusés, soit comme un processus interactif et interpersonnel par lequel la production personnelle des significations s'inscrit dans la dynamique culturelle de l'ensemble de la communauté dont fait partie l'usager. Katz et Liebes, qui pratiquent ce genre d'analyse, ont choisi par exemple d'étudier comment la série américaine *Dallas* est décodée dans différents milieux culturels et comment certains contenus de cette série s'immiscent subtilement dans le tissu des conversations quotidiennes. Ils ont, par exemple, décrit comment les conversations entre spectateurs devant le petit écran pouvaient provoquer soit une meilleure compréhension de l'intrigue, soit au contraire accroître une interprétation «fausse» du contenu de l'émission, interprétation liée à un code propre à la communauté culturelle d'appartenance des téléspectateurs (ainsi, les membres d'une communauté préféreront imaginer un mariage plutôt qu'un concubinage si cette dernière situation heurte leurs normes morales de vie). Katz et Liebes ont observé que les non-Américains avaient tendance à attacher plus de «réalité» aux histoires de *Dallas* que les Américains eux-mêmes. Selon Elihu Katz — qui travaille aussi par ailleurs avec Daniel Dayan, à l'observation du décodage par les téléspectateurs des «grands événements médiatiques» — ce travail d'observation systématique du décodage différencié de diverses communautés culturelles face à une émission comme *Dallas* constitue une nouvelle méthode empirique d'étude des effets de la pénétration culturelle (télévisuelle) américaine dans les différents pays du monde. En d'autres termes, il y aurait ici un rapprochement possible entre le courant critique et le courant empirique.

Un second courant de recherches empiriques contemporaines prolonge les premières études concernant l'importance des relations interpersonnelles dans la diffusion de l'information médiatique. On se souvient que, dès 1948, Lazarsfeld, Berelson et Gaudet dans l'étude *The People's Choice,* à propos de l'influence de la presse et de la radio sur les opinions politiques en période de campagne électorale, devenue depuis un classique de la recherche sur la communication de masse, établissaient l'importance déterminante de l'influence des réseaux de relations interpersonnelles sur la formation des opinions. Ils forgèrent alors le concept de leaders d'opinion, auquel nous avons déjà fait allusion, pour désigner ces individus qui semblaient jouer un rôle majeur de médiation dans la pénétration effective de l'information diffusée par les médias. Puis, Katz et Lazarsfeld énoncèrent l'hypothèse de la «communication à deux étages» *(two-step flow of communication)* pour décrire ce phénomène de diffusion de l'information mass-médiatique *via* les relais des réseaux de relations interpersonnelles. Ce type de problématique donna ensuite naissance à des recherches concernant la diffusion sociale de certaines innovations techniques comme, par exemple, l'étude de l'adoption de nouveaux médicaments par des médecins américains. On constata alors le rôle crucial de l'influence personnelle dans ces processus de diffusion, tandis que les médias ne venaient que renforcer les prédispositions et les décisions déjà prises.

En 1962, le sociologue Everett M. Rogers mit au point le paradigme pour l'étude de la diffusion sociale des innovations techniques. Se centrant sur la diffusion des innovations par paliers et sur la connaissance empirique des facteurs favorisant l'adoption des innovations techniques par des individus de personnalités et de catégories sociales distinctes, Rogers établit l'importance décisive des structures sociales de communication dans ces processus d'adoption des innovations. Ainsi l'influence personnelle directe d'un représentant des ventes dans une conversation avec un client potentiel sera beaucoup plus efficace qu'une campagne médias susceptible d'atteindre ce client. Ce type de recherches a pris de plus en plus d'importance avec le temps et a débouché sur l'étude systématique des réseaux sociaux de communication dans les processus d'influence.

Défis aux paradigmes dominants de la recherche

Pendant que les continuateurs de la tradition empiriste affinent leurs modèles de recherches, d'autres chercheurs essaient de penser autrement les médias. Ils estiment que l'analyse de l'influence sociale des médias devrait tenir compte de ce qui n'est pas communiqué intentionnellement, ou plutôt de ce qui est diffusé en trop. L'effet du message diffusé n'est pas le simple produit de «manipulateurs» qui posséderaient un plan de contrôle machiavélique. Les contenus du message diffusé dépassent largement l'intention première de l'émetteur. Celui-ci ne peut contrôler totalement le discours qu'il émet. Il n'existe pas de «clé magique» qui garantisse de façon certaine la persuasion éventuelle des auditoires «arrosés» par les médias.

En réduisant l'influence sociale des médias à l'efficacité à court terme des messages diffusés, le courant empiriste l'avait assimilé à une mesure pseudo-objective de l'effet de manipulation supposée par le courant critique. Ici se rejoignent les deux tendances contradictoires. Toutes deux postulaient implicitement le même schéma simpliste: tout ce qui est diffusé peut ou ne peut pas être «communiqué». Or les questions fondamentales sont ailleurs: dans le processus de distorsion du sens des messages tout au long du processus de leur diffusion. Plusieurs courants de recherche critique qui marqueront les décennies 1960 et 1970 vont tenter de prendre en compte la question de l'influence des médias en essayant de rompre avec cette problématique des effets manipulatoires à court terme. Ces différents courants vont ainsi tenter d'intégrer dans leurs schémas explicatifs des dimensions «extracommunicationnelles» rendant compte de ce débordement de sens, propre à la réalité complexe de la diffusion. De manière synthétique, on dira que, pendant cette période, trois dimensions principales ont été retenues respectivement par les chercheurs critiques américains ou européens, à savoir: les dimensions technique, symbolique et socio-politique. Nous allons, dans le chapitre qui suit, tenter d'exposer l'essentiel de ces thèses qui se présentent comme des alternatives pour penser les médias en dehors des paradigmes jusque-là dominants.

Bibliographie: B. BERELSON, G.A. STEINER, 1964; J.G. BLUMLER, E. KATZ, 1974; L. BRAMSON, 1961; D. DAYAN, E. KATZ, 1987; M.L. DEFLEUR, S.J. BALL-ROKEACH, 1982; J. HALLORAN, 1970a, 1970b; C.I. HOVLAND et *alii,* 1953; M. JANOWITZ, R. SCHULZE, 1961; E. KATZ, 1987; E. KATZ, P. LAZARSFELD, 1955; E. KATZ, T. LIEBES, 1985; J.T. KLAPPER, 1960; H.D. LASSWELL, 1960; P. LAZARSFELD, 1941, 1948; P. LAZARSFELD et *alii*, 1948; D. MCQUAIL, 1983; E. MORIN, 1971; E.M. ROGERS, 1962; E.M. ROGERS, D.L. KINCAID, 1981; B. STERNBERG, E. SULLEROT, 1966; D.M. WHITE, 1964; C.R. WRIGHT, 1964.

11

Des alternatives pour penser les médias

Pendant les années soixante et soixante-dix, en Amérique du Nord comme en Europe, émergèrent de nouveaux courants de recherches qui allaient contribuer à renouveler radicalement les problématiques d'étude des médias, ce qui fera dire au sociologue britannique Robert A. White que cette époque marqua une transition vers un nouveau paradigme.

Attardons-nous un instant à expliciter le modèle de la communication implicitement présent dans la grande majorité des travaux concernant la communication de masse effectués jusque-là. On a vu, au chapitre précédent, combien les deux traditions de recherches contradictoires, la critique et l'empirique, se rejoignaient finalement dans une croyance commune en la possibilité de manipulation que recèlerait le processus de diffusion de masse des messages. Est à l'œuvre dans ce postulat un modèle de la communication relativement simple qui fonde d'ailleurs la description du processus de communication, dans les travaux classiques de Shannon et Weaver en théorie de l'information (théorie mathématique de la communication), dans la linguistique structurale de Jakobson ou dans la question paradigmatique de Lasswell. C'est le modèle de la transmission *unidirectionnelle* (du transport) d'un message d'un point d'émission à un point de réception. Ce modèle suppose non seulement une intentionnalité (volonté de transmettre) de la part de la source émettrice mais aussi son habileté à communiquer puisque la communication réussie (la «compréhension» entre émetteur et récepteur) sera définie comme l'adéquation entre le message émis et le message reçu.

C'est cette définition qui servira de fondement implicite à la mesure de cette réussite en termes d'efficacité à court terme du message sur la formation des opinions ou l'adoption des comportements souhaités chez les récepteurs. La réussite de la communication reposerait donc essentiellement, dans ce modèle, sur l'habileté de la source émettrice à faire en sorte que le destinataire soit suffisamment attentif et accepte le message tel que souhaité par l'émetteur. Le rôle du récepteur est ici défini comme fondamentalement passif dans le processus de construction des significations du message; en outre, ni la nature du support de transmission (le média, la technique) ni le contexte social plus large dans lequel se produit cet acte de communication ne sont pris systématiquement en compte dans le modèle. Ce sont précisément ces diverses limitations conceptuelles du «modèle de la transmission» qui seront envisagées et critiquées par les nouvelles orientations de la recherche sur les médias.

Ces différents courants vont ainsi tenter d'intégrer dans leurs schémas explicatifs des dimensions que l'on pourrait qualifier d'extracommunicationnelles, dans la mesure où ils essaieront, comme on l'a vu, de rendre compte du «débordement de sens» propre à la réalité complexe de la diffusion, débordement qui renvoie à des contextes de décodage plus larges que celui de la simple interaction entre un émetteur et un récepteur. Certains chercheurs insisteront également sur le fait que l'acte de communication n'est ni nécessairement ni exclusivement centré sur une volonté de transmettre spécifiquement des informations: certains gestes de communication n'ont pour fonction que de maintenir la «relation», que de garder le contact dans un contexte où la nature des contenus transmis est sans importance. Comme nous l'annoncions en terminant le chapitre précédent, on décrira ici les trois dimensions principales respectivement retenues par ces nouvelles générations de chercheurs américains ou européens pour penser autrement les médias, à savoir: les dimensions *technique, symbolique* et *socio-politique.*

La dimension technique

Sans vouloir faire l'apologie de la pensée de Marshall McLuhan, qui tient davantage de la prophétie que de la théorie scientifique, on ne peut nier que ses perspectives, vigoureusement publicisées au sein de la culture médiatique des années soixante, ébranlèrent les points de vue académiques sur la communication de masse. En confondant les médias avec les contenus qu'ils véhiculent, les chercheurs passaient sous silence, selon McLuhan, la spécificité du média lui-même en tant que catalyseur culturel: l'action d'un nouveau média qui apparaît au sein d'une culture donnée consisterait à modifier les conditions de perception sensorielle propres à cette culture. Les médias seraient des métaphores, des extensions de nos fonctions physiques et mentales qui (re)traduiraient nos expériences quotidiennes d'une forme en une autre, et qui affecteraient la conscience que nous en avons.

Pour décrire l'action culturelle du média en tant que tel, McLuhan insista sur l'idée qu'un support technique particulier fait appel à nos différents sens (vision, ouïe, toucher) de façon spécifique en imposant un ordre propre dans l'usage de ces différents sens, variable d'un média à un autre. Il existerait ainsi une corrélation entre la prégnance d'un média dans une culture donnée et les rapports des différents sens entre eux dans cette même culture. Ainsi, l'usage extensif d'un média pourrait à la longue entraîner l'assujettissement des individus à l'utilisation d'un sens particulier — la civilisation de l'imprimerie aurait par exemple contribué à assujettir nos perceptions au sens de la vision et aurait atrophié l'ouïe et le toucher —, créant de la sorte une forme de déséquilibre entre les sens dans cette culture, ce que McLuhan appelle le «rapport des sens». L'apparition d'un nouveau média provoquerait une nouvelle configuration et une

163

complexification possible du rapport des sens jusque-là caractéristique d'une culture donnée. Il existerait une relation entre
cette configuration sensorielle et la vie psychique des individus
qui vivent dans cette culture. Selon McLuhan, la vision engendrerait davantage les expériences de type analytique et intellectuelle, alors que l'ouïe et le toucher favoriseraient plutôt des
expériences émotives et intuitives.

On voit que la pensée de McLuhan sur les médias, contrairement à celle des chercheurs qui l'ont précédé, fait l'économie
d'une analyse des contenus véhiculés pour se concentrer plutôt
sur les caractéristiques physiques des supports et l'impact attendu
de ces caractéristiques sur le psychisme des usagers. Tentant
d'amorcer ce que nous pourrions appeler une «grammaire des
supports» (par analogie à une «grammaire des codes» proposée
par les spécialistes de l'analyse de contenu), McLuhan introduisit
la distinction entre les médias chauds *(hot)* et les médias froids
(cool). Les premiers n'exigeraient pas de l'usager une grande
participation: ils prolongeraient un seul sens et lui inculqueraient
un degré élevé d'information. Les médias froids affecteraient
simultanément et profondément plusieurs sens, tout en ne
fournissant qu'un degré faible d'information: ils supposeraient
donc une forte participation de la part de l'usager. Cette distinction
ambiguë a certainement contribué à disqualifier McLuhan aux
yeux de nombreux spécialistes: Kenneth Boulding, par exemple,
a montré la faiblesse conceptuelle de ces définitions. Selon
Boulding, l'erreur était d'essayer de réduire à une dimension
unique diverses propriétés des médias qu'il serait nécessaire de
considérer sous au moins trois dimensions: *a)* le degré d'exigence
du média, c'est-à-dire le niveau de participation psychique exigé
du récepteur de l'information; *b)* la portée du média, c'est-à-dire
la capacité que possède le média d'établir une rétroaction chez
les récepteurs; *c)* finalement, la densité des informations
transmises par le support.

Adoptant par ailleurs un point de vue historique, McLuhan
mit en relation le développement technique des modes de
communication et l'évolution des structures sociales, y compris
les structures du pouvoir. Décrivant sommairement la première
époque de l'histoire de l'humanité comme celle de la tribu

164

caractérisée par la tradition orale, la globalité sensorielle, mersion dans le collectif, l'auteur s'attacha à décrire le process de «détribalisation» provoqué par l'alphabétisation et, surtout, par l'imprimerie. Celle-ci aurait provoqué une «explosion» qui aurait entraîné l'atomisation d'un ordre ancien et solide en diverses particules humaines individuelles, différenciées, mécaniques, donnant ainsi naissance à l'économie classique, au protestantisme, et à la chaîne de montage. Un processus de «retribalisation» serait au contraire amorcé dans l'ère actuelle, électronique: l'électricité provoquerait une «implosion» unifiant le système nerveux de toute l'humanité en un tout simultané, ce qui nous ramènerait progressivement à un village global, tribal et planétaire. Le passage de l'ère de Gutenberg à celle de Marconi signifierait, pour l'Occident, une transformation en profondeur de la conscience humaine: auparavant surtout individuelle et analytique, elle deviendrait davantage holiste et intuitive. L'idéal utopique de McLuhan demeurait l'homme de la Renaissance qui tend à l'équilibre entre la raison et l'émotion et reste ouvert aux multiples possibles de la création humaine.

L'une des originalités de McLuhan fut certainement son style antiacadémique: utilisant systématiquement l'analogie pour approcher les phénomènes qu'il analysait, il prit plaisir de répéter qu'il utilisait des «sondes» pour explorer «acoustiquement» son matériel, pour y susciter des «résonances». Quand il déclara, par exemple, que «le médium, c'est le message» ou «le médium, c'est le massage» ou encore que «le contenu d'un nouveau médium est le médium qui l'a précédé», il cherchait surtout à interpeller le lecteur autant qu'à questionner autrement la réalité du phénomène des médias. La pensée de McLuhan s'exprimait dans le style de la provocation. Toute son œuvre fut une immense métaphore empreinte d'humour et construite au moyen de «court-circuits» volontaires pour la pensée. Ses nombreux raccourcis conceptuels et ses erreurs historiques ne peuvent évidemment satisfaire un esprit rigoureux. Il est même surprenant de constater que le très sérieux *Journal of Communication*, revue académique prestigieuse des chercheurs américains dans le domaine, ait consacré en 1981 un important dossier à l'œuvre de Marshall McLuhan, mort à la fin de 1980. Comme si, près de vingt ans

penseurs académiques étaient prêts à recon-
comme un des leurs.

...re que dès les années soixante, en nous incitant à
...ction des médias au niveau de la totalité de la culture
...laquelle ils s'insèrent, McLuhan a contribué à questionner
...dicalement le postulat de la neutralité de la technique et à
renouveler en profondeur la problématique des effets des médias
jusque-là définis de manière très réductrice. Plusieurs critiques
ont associé la pensée de McLuhan à la problématique du
déterminisme technique. En fait, comme l'a signalé Robert A.
White, les débats théoriques très animés, suscités par les visions
de McLuhan, auront probablement eu pour effet d'amener les
chercheurs en communication à davantage prendre en compte
les impacts culturels à long terme des innovations techniques en
matière de communication, mais aussi à considérer que les
changements techniques et culturels ne pouvaient s'expliquer
sans faire référence à leur liaison intime au contexte sociologique
dans lequel ils s'inscrivent.

La dimension symbolique

Dans la décennie 1960, s'ouvraient en Europe deux centres
de recherches qui marqueront significativement les études sur la
communication de masse en insistant sur la dimension symbolique de la culture contemporaine. En France, Roland Barthes
s'associa à la création du Centre d'étude des communications de
masse (CECMAS) à Paris et fonda un nouveau courant d'études
sémiologiques des contenus culturels véhiculés par les médias.
En Grande-Bretagne, Stuart Hall fonda le Centre for Contemporary Cultural Studies (CCCS) à l'université de Birmingham
dont la finalité sera d'étudier les «cultures vivantes» (culture ouvrière, culture des jeunes, presse populaire, etc.) et conséquem-
ment de s'attacher à saisir la dynamique d'insertion du phénomène des médias dans le tissu culturel contemporain.

Les recherches empiriques américaines portant sur la communication de masse avaient longtemps utilisé les techniques dites

166

d'analyse de contenu. Les premières analyses de contenu ont été effectuées dans les années vingt à l'école de journalisme de l'université Columbia à New York. Il s'agissait alors de déterminer l'importance, en termes de «surface utilisée», accordée par les journaux à certains thèmes généraux (politique intérieure, politique internationale, sports, etc.). Ces recherches quantitatives et strictement descriptives se sont progressivement étendues aux autres médias (radio, cinéma, télévision). Toutefois, elles ne débouchaient sur aucun cadre interprétatif pertinent: elles consistaient en de pures «recherches administratives» pour reprendre, ici encore, l'expression de Paul Lazarsfeld. Vers la fin des années quarante, H.D. Lasswell, dans une étude sur le «mythe politique», tenta de dépasser les limitations imposées par les principes méthodologiques de l'analyse de contenu. Il reconsidéra successivement les problèmes de l'échantillonnage systématique, de la validité et de la conceptualisation des catégories d'analyse. Il centra son étude sur l'utilisation particulière, pour chaque groupe politique, d'un éventail spécifique de symboles dans leurs discours politiques respectifs. Il coda ainsi les attitudes (favorables, défavorables, neutres) vis-à-vis de ces symboles.

À partir de ce tournant méthodologique, les techniques d'analyse de contenu seront considérées comme un moyen privilégié d'investigation sociologique. Les chercheurs américains proposèrent par la suite des modèles méthodologiques de plus en plus complexes, débouchant sur ce que d'aucuns ont appelé un véritable perfectionnisme méthodologique. En 1955, à l'initiative d'Ithiel de Sola Pool, les chercheurs américains tentèrent de faire le point sur ce type de méthodologie. Deux aspects apparaissaient particulièrement insatisfaisants: *a)* d'une part, on remit en cause la fréquence d'apparition des symboles comme indice de l'opinion de l'émetteur; *b)* d'autre part, on constata que les techniques d'analyse de contenu ne rendent aucun compte des relations existant entre les symboles d'un même discours, aspect pourtant primordial dans la signification du discours. Par exemple, dans une annonce publicitaire, selon que des symboles de prestige seront systématiquement associés à certains types de personnages plutôt qu'à d'autres, les significations de deux discours comportant pourtant le même nombre de symboles pourront être diamétralement opposées. Les recherches qui font suite à ce constat n'arriveront pourtant pas à résoudre définitivement ces objections fondamentales, malgré tout le raffinement apporté aux techniques d'enquête et malgré certains travaux spectaculaires en «analyse automatique des textes». Le dépassement des limites imposées par les principes de l'analyse de contenu sera le fait des nouveaux courants européens de la sémiologie et des «études culturelles». Ils nous convient à une véritable «rupture paradigmatique».

Dès 1957, dans ses *Mythologies*, Roland Barthes nous montra comment le discours médiatique était le produit d'un ordre symbolique inconscient et qui le structurait. Il réussit à décrire le discours médiatique comme le réceptacle des nouveaux mythes, le lieu de manifestation privilégié de la mythologie contemporaine. Dans ses travaux ultérieurs, inspirés en particulier par la linguistique structurale et la psychanalyse, Barthes tenta de fonder une science de la culture comme système de symboles: la sémiologie. L'objet théorique de la lecture sémiologique devint, dans ces conditions, le «refoulé» à l'œuvre dans les productions culturelles. Travail critique qui cherchait à débusquer les mythes de la modernité véhiculés notamment par le discours médiatique. Barthes tenta d'expliciter systématiquement ses principes d'analyse en appliquant à l'analyse des productions culturelles contemporaines un modèle issu de la linguistique structurale. Parallèlement, il donna comme finalité ultime à la sémiologie l'analyse du fonctionnement de l'idéologie: sa critique culturelle se voulait aussi travail de démystification des rapports sociaux de domination qui se jouent implicitement dans ces discours.

Si, pour Ferdinand de Saussure, la linguistique (science de la langue) n'apparaissait que comme une partie de la sémiologie (science générale des signes), pour Barthes, la sémiologie était partie de la linguistique, «...très précisément cette partie qui prendrait en charge les grandes unités signifiantes du discours». Il s'agissait donc, pour lui, de dégager les concepts analytiques suffisamment généraux de la linguistique qui permettraient de constituer les principes méthodologiques de la lecture sémiologique. Celle-ci pourrait se définir comme la recherche du système de sens d'un corpus donné de messages, au moyen de l'étude structurale des variations entre signifiants et signifiés de ce corpus.

La sémiologie apparaissait ainsi, dans sa problématique et dans sa méthode, comme une contestation radicale du courant des «analyses de contenu» américaines. D'une part, elle se rattachait à une problématique critique de la culture ouverte à une articulation avec une critique socio-politique. D'autre part, au niveau de sa méthode, la sémiologie ne reconnaissait pas la fréquence d'apparition des symboles comme l'indice de l'opinion exprimée; elle était au contraire centrée sur l'étude des relations structurales entre symboles comme significatives du sens («le sens, c'est la différence»); finalement, elle renouvelait l'approche du contenu latent du message, non plus en postulant une nécessaire correspondance avec le contenu manifestement exprimé, mais par l'étude de la connotation. Avec la sémiologie, on passa donc de l'étude des contenus à l'analyse du discours, du récit, de l'image: et finalement à l'étude du mythe et du fonctionnement de l'idéologie.

L'utilisation que faisait Barthes du modèle linguistique sera contestée par certains linguistes. Ainsi, à partir de la distinction qu'il proposait entre «sémiologie de la communication» et «sémiologie de la signification» (où «l'objet d'étude n'a pas été d'abord démontré comme étant un type de communication mais seulement un ensemble de faits significatifs»), Georges Mounin affirma que Roland Barthes abusait de la sémiologie puisque les objets sociaux qu'il analysait ne faisaient pas nécessairement partie d'un véritable système de communication. Par exemple, si l'analyse du code routier relevait bien d'une sémiologie de la communication, l'analyse barthienne du discours médiatique sur le vêtement ne relevait, selon Mounin, que d'une sémiologie de la signification. Mais le modèle analytique de Barthes cherchait-t-il réellement à se cantonner dans une explication en termes de communication? La sémiologie de Barthes se rattachait davantage, selon nous, à une problématique de la diffusion des productions culturelles qui dépassait largement la seule question de leur communication, allant d'une source émettrice vers un public récepteur. Ce nouveau type de lecture sémiologique ouvre sur la question fondamentale des formes de l'institutionnalisation de certains types de communication sociale au détriment d'autres types possibles; en dernière analyse, ce sont les rapports sociaux de domination à l'œuvre dans la production et la diffusion culturelles qui sont en jeu. Cette lecture sémiologique et critique dépasse les cadres d'une problématique exclusivement communicationnelle qui postule que la signification des phénomènes culturels ne réside que dans le fonctionnement de leur mode de communication.

Cette perspective critique rejoint d'ailleurs aussi les problématiques d'analyse proposées par les chercheurs britanniques du Centre for Contemporary Cultural Studies (CCCS) de l'université de Birmingham. Dès la création de ce centre, Stuart Hall et ses collègues se donnèrent une définition élargie de la communication englobant une grande variété de formes et d'expressions culturelles, incluant les divers «rituels» de la vie quotidienne (conversations, pratiques religieuses, éducatives, sportives, etc.) qui s'expriment dans les «cultures vivantes» tout autant que les produits culturels véhiculés par les médias. Façon d'éviter le piège de réduire l'analyse culturelle à l'étude des contenus massmédiatiques. De plus, en faisant sienne la méthodologie de type ethnographique propre au courant déjà classique des études culturelles anglo-saxonnes *(cultural studies),* le Centre reconnaissait dès le départ le rôle actif des «récepteurs» dans la construction des significations culturelles propres à leur vie quotidienne. Cette posture théorique initiale se démarquait nettement de l'approche sémiologique, qui s'était trop souvent contentée d'une analyse interne des contenus véhiculés par les médias en postulant que la lecture du sémiologue correspondait nécessairement à la lecture (même inconsciente) du «récepteur ordinaire». Il y avait au contraire chez les chercheurs anglo-saxons reconnaissance du rôle actif primordial des individus dans la manière de construire leurs perceptions du contexte culturel, de faire signifier spécifiquement les messages culturels avec lesquels ils entrent en contact.

Influencés à la fois par les analyses critiques des productions culturelles formulées par le sociologue anglais Raymond Williams, par les conceptions du marxiste italien Antonio Gramsci autour de la notion d'hégémonie, et par celles du

170

philosophe français Louis Althusser sur les appareils idéologiques d'État — nous y reviendrons —, les travaux de ces chercheurs britanniques les menèrent ensuite au constat que les perceptions culturelles des individus n'étaient pas complètement autonomes. Elles étaient aussi influencées par l'idéologie des élites, diffusée notamment par les médias de masse. Stuart Hall développa ainsi un modèle d'analyse qui tentait d'articuler les relations complémentaires entre la structure du pouvoir politique et économique, les fonctions idéologiques des médias, et les formes médiatisées de la culture populaire. Son modèle postulait que, dans le capitalisme du xxᵉ siècle, les médias constitueraient l'un des mécanismes idéologiques les plus puissants au service des élites du pouvoir, puisqu'ils imposeraient le cadre perceptuel général à l'intérieur duquel les individus construisent leur réalité quotidienne. Hall déboucha sur une problématique insistant à la fois sur les processus d'encodage à la source d'émission, influencés — consciemment ou non — par l'idéologie dominante, et sur les processus de décodage par lesquels les audiences réceptrices interpréteraient les messages médiatiques qu'elles reçoivent.

Ainsi, Hall reconnaissait la possibilité pour un individu ayant à décoder un message, soit de le faire dans les termes mêmes souhaités par l'émetteur, soit de se construire un code à l'intersection de celui de l'émetteur, soit enfin d'utiliser un code diamétralement opposé à celui de l'émetteur. Dans ce dernier cas, on pourra se retrouver avec un message à effet «boomerang», induisant le contraire de ce que l'émetteur voulait signifier. Par exemple, un message marqué implicitement de stéréotypes sexistes entraînerait chez un récepteur féministe une condamnation du sexisme et, par voie de conséquence, un rejet de l'ensemble du contenu du message. Cette problématique élaborée de l'influence culturelle des médias cherchait donc à rompre avec les visions «manipulatoires» simplistes qui insistaient exclusivement sur leur fonction de contrôle idéologique. Elle a, en outre, inspiré les travaux récents de chercheurs américains en communication comme James Carey et Michael Real.

La dimension socio-politique

Cette approche critique a conduit les chercheurs britanniques à une prise en considération systématique de la dimension du pouvoir économique et politique dans leurs analyses des phénomènes culturels et médiatiques. Or, c'est précisément la prise en compte de cette dimension socio-politique qui va caractériser toute une génération de recherches, en particulier à partir de la fin des années soixante jusqu'à maintenant, concernant l'action idéologique et politique des moyens modernes de diffusion. Que de chemin parcouru depuis l'année 1959 où les sociologues Riley et Riley, faisant le point sur les recherches en communication de masse à l'occasion de la publication du manuel *Sociology Today* dirigé par R.K. Merton et ses associés, proposaient de prendre explicitement et systématiquement en considération le niveau proprement sociologique dans les problématiques d'étude des médias! Leur modèle théorique marqua une rupture significative par rapport aux modèles psycho-sociologiques dominants: ils proposaient d'inclure, comme variables explicatives des phénomènes de communication sociale, les influences respectives des «appartenances de groupes», du «système social» et de «l'ensemble socio-culturel» dans les jeux réciproques de l'émetteur et du récepteur. Quoique ce modèle marque un progrès dans la prise en compte de la dimension sociologique, l'approche fonctionnaliste des auteurs les empêche pourtant de bien saisir l'action idéologique des médias (que nous décrirons au chapitre 12).

C'est avec les travaux de chercheurs s'identifiant à la pensée marxiste que naissent, au début de la décennie 1970, les premières approches socio-politiques du phénomène des médias. D'un côté, certains chercheurs en communication adoptèrent une attitude davantage critique vis-à-vis de l'*establishment* mass-médiatique. Par ailleurs, des «penseurs de gauche» reconnaissaient comme légitimes le fait de réfléchir sur la présence et l'influence des médias dans la société, ou celui de procéder à une critique systématique de l'émergence d'une «société de consommation». Jusqu'alors, ces questions étaient apparues plutôt secondaires aux chercheurs marxistes, davantage préoccupés par l'aliénation dans les milieux de travail ou par les luttes de classes s'exprimant à travers les pratiques syndicales et politiques. Dès 1969, dans un article peu cité des *Archives européennes de sociologie*, Michael Burrage distinguait deux démarches analytiques possibles pour l'étude des médias: opposant l'approche «marxiste» à une approche «tocquevillienne», cet auteur faisait ressortir certains des aspects qui allaient caractériser les approches sociopolitiques de la décennie suivante. La perspective marxiste définirait les médias comme partie intégrante de la société capitaliste, où l'état des forces de production et les rapports sociaux déterminent sa structure et son développement: la propriété des organisations de production et de diffusion, ainsi que les contenus des médias y seraient analysés en termes d'intérêts et de conflits de classes. La perspective tocquevillienne axerait son approche des médias sur l'analyse des processus de démocratisation à l'œuvre au sein des organisations de production et de diffusion, et au niveau des contenus médiatiques. Dans un cas, on insisterait sur la propriété des médias (l'offre, les sources émettrices); dans l'autre, ce serait plutôt la nature de l'environnement culturel (la demande, les attentes des audiences réceptrices) qui détermineraient le développement des médias.

Dans un article publié dans la *New Left Review* à l'automne 1970, le sociologue allemand Hans Magnus Enzensberger proposa de définir une théorie socialiste des médias qui se fondait sur une analyse des contradictions récentes du capitalisme. Enzensberger proposait de considérer «l'industrie de la conscience» comme partie intégrante des forces productives. Les socialistes se devaient de développer une stratégie offensive pour s'emparer du contrôle des médias. Mais le sociologue marxiste resta ici prisonnier de la problématique de la propriété des médias qui postulait leur neutralité implicite: il suffirait de les contrôler pour pouvoir les réorienter vers une finalité révolutionnaire. Jean Baudrillard, dans un texte d'une grande lucidité écrit en 1972, montra que l'alternative révolutionnaire était ailleurs. Les médias, dans leur forme même, n'étaient pas neutres: «...il y est parlé, et fait en sorte qu'il ne puisse nulle part y être répondu. C'est pourquoi la seule révolution dans ce domaine est dans la restitution de cette possibilité de réponse. Cette simple possibilité suppose le bouleversement de toute la structure actuelle des médias.» La difficulté de la pensée de Baudrillard tenait au fait que son analyse, tout en débouchant sur l'idée fascinante de la nécessité de briser les codes et les formes dominantes de la communication, invitait à des pratiques socialement dérisoires et marginales (détournement publicitaire par les graffiti, détournement transgressif du discours par le mot d'esprit). Comment, dans ces conditions et par ces pratiques marginales, pouvait-on penser transformer radicalement l'appareil des médias?

De nombreux travaux de recherches socio-politiques sur la communication de masse de la décennie 1970 s'inspirèrent de la notion althussérienne d'appareil idéologique d'État pour définir la réalité institutionnelle des médias et leur fonction idéologique. L'«appareil idéologique de diffusion» ou l'«appareil social des médias» se définissait comme le système des rapports conflictuels et complémentaires entre les différents groupes d'agents sociaux impliqués dans les pratiques de diffusion de masse de l'information. Cet appareil exercerait un effet de légitimation et de reproduction de l'ordre social existant. L'analyse des fonctions idéologiques et de la structure de l'appareil des médias avait donc pour objet de dévoiler le système des rapports sociaux de domination présents dans l'ensemble de la formation sociale, système qui déterminerait la nature des contenus véhiculés par les médias en même temps qu'il serait agi par eux. On avait donc affaire ici à une vision particulièrement verticale du pouvoir: les médias contrôlés par les élites du pouvoir transmettaient essentiellement des contenus décidés par eux, et qui avaient pour fonction ultime la reproduction de cet ordre social existant. Cette vision étanche et simpliste du pouvoir des médias s'effrita peu à peu, au fur et à mesure des constats concernant le fonctionnement beaucoup plus contradictoire des médias dans les sociétés occidentales. Henri Lefebvre, dans sa critique du modèle althussérien, dira que cette approche aurait eu sans doute davantage de pertinence explicative pour décrire la réalité des médias dans les «démocraties populaires»... Dans un livre récent, *Penser les médias*, Armand et Michèle Mattelart ont décrit cette transformation progressive de la conception du pouvoir parmi les chercheurs en communication: d'une image d'un pouvoir vertical et localisé en un seul endroit, on est passé à une vision du pouvoir défini comme «réseaux complexes de lieux dont l'enchevêtrement même rend complexe la formation des décisions».

Par ailleurs, les travaux d'Armand et Michèle Mattelart ainsi que ceux d'Herbert Schiller cherchèrent à démonter les mécanismes de l'action idéologique des médias dans l'imposition d'une domination politique et culturelle à l'échelle internationale: nous reviendrons sur ces travaux dans le prochain chapitre.

Un nouveau paradigme?

Une série de ruptures épistémologiques ont donc marqué le champ des recherches en communication à partir des années soixante. De toutes parts, les limites théoriques des conceptions béhavioristes et psycho-sociologiques de la communication de masse furent signalées: *a)* de McLuhan à Baudrillard, on fit ressortir la spécificité d'une influence culturelle et politique du média au niveau de sa forme même, indépendamment des contenus véhiculés; *b)* de Barthes à Hall, la fonction sociale inconsciente, symbolique et idéologique des médias fut mise de l'avant; *c)* de Enzensberger à Mattelart, la prise en considération du contexte socio-politique devint une dimension essentielle à la compréhension du fonctionnement du pouvoir des médias; *d)* finalement, une unanimité se fit jour — et les travaux récents de Katz et Liebes sont exemplaires à cet égard — en ce qui concerne la problématique de la réception: on reconnut le rôle primordial et actif des «récepteurs» dans le travail de décodage des messages qu'ils interpréteraient à partir du contexte socio-culturel qui leur est spécifique. Le modèle définissant la communication de masse comme processus unidirectionnel de transmission d'un point d'émission vers un point de réception était alors définitivement ébranlé.

Bibliographie: L. ALTHUSSER, 1970; R. BARTHES, 1957, 1964, 1967; J. BAUDRILLARD, 1972; B. BERELSON, 1952; K.E. BOULDING, 1969; O. BURGELIN, 1968; M. BURRAGE, 1969; J. CAREY, 1979; COLLECTIF, 1981; H.M. ENZENSBERGER, 1970; S. HALL, 1979, 1980; E. KATZ, 1987; H.D. LASSWELL et *alii*, 1949, 1952; H. LEFEBVRE, 1976; A. et M. MATTELART, 1986; M. McLUHAN, 1967a, 1968, 1977; E. MORIN, 1971; G. MOUNIN, 1970; M.R. REAL, 1977; J.W. et M.W. RILEY, 1959; F. de SAUSSURE, 1971; H.I. SCHILLER, 1971; I. de SOLA POOL, 1959; R.A. WHITE, 1983; R. WILLIAMS, 1974.

12

Les enjeux socio-politiques de la communication

Plusieurs mouvements de la pensée critique sur les médias ont voulu que leur modèle de la communication prenne en charge le contexte socio-politique. Mentionnons:

— l'étude de l'action idéologique des médias comme mécanisme de reproduction de la société à l'avantage des intérêts des classes dominantes: à partir de la fin des années soixante, des chercheurs ont fait référence aux conceptions marxistes et néo-marxistes de l'idéologie (lectures d'Althusser et de Gramsci, notamment) et ont incorporé ces visions théoriques dans des modèles polarisés sur les fonctions idéologiques de la communication dans la société;

— d'autres chercheurs ont insisté pour définir les systèmes de communication et les médias en tant que système économique de production industrielle de la culture: on reprit la piste ouverte par le concept d'«industrie culturelle» et explorée d'abord par Horkheimer et Adorno (pensons, par exemple, aux recherches françaises contemporaines de Bernard Miège ou à celles de Patrice Flichy);

— l'implantation de la télématique en France, au début des années quatre-vingt, a donné lieu à de nombreuses recherches évaluatives d'expérimentations sociales: certaines ont mis en lumière le jeu contradictoire et complémentaire des rapports sociaux sous-jacents à la mise en place de ces expérimentations, dans lesquelles l'État, les élites politiques et économiques, les médias traditionnels, etc., sont impliqués (voir notamment les travaux d'André Vitalis, de Jean-Marie Charron et de Marie Marchand);

— des chercheurs britanniques, s'inspirant d'une sociologie marxiste de la culture et s'inscrivant dans la lignée des «Cultural Analysis», ont développé depuis la décennie 1970 de nouvelles approches qui tentent de situer le travail idéologique des médias dans la trame même du tissu culturel, en recourant à une ethnologie des cultures vivantes que constituent la culture ouvrière et les cultures populaires (de Raymond Williams à Stuart Hall);

— d'autres chercheurs ont insisté sur l'internationalisation des systèmes de communication et sur ses effets de conditionnement culturel à l'impérialisme américain: les recherches d'Armand Mattelart et ses équipes ont fait œuvre de pionniers dans ce domaine, de même que celles de l'Américain H.I. Schiller et du Scandinave K. Nordenstreng;

— sur un plan plus théorique, à propos du rôle politique des intellectuels face aux médias, il est intéressant de tenter de tirer les leçons du débat idéologique au sein de la gauche, à l'œuvre depuis la parution en 1970 de l'article d'Enzensberger intitulé «Constituents of a Theory of the Media», suivi de la réflexion critique de Jean Baudrillard dans son «Requiem pour les médias» (1972), puis des propos plus récents (1986) d'Armand et Michèle Mattelart dans P*enser les médias* ;

— finalement, tout le mouvement de réflexions critiques amorcé à partir de la publication du rapport McBride pour l'Unesco (1980), visant l'instauration d'un Nouvel Ordre mondial de la communication et de l'information, participe de cette vision d'un conditionnement culturel des pays du tiers monde par le système mondial des médias, et de l'unidirectionnalité dans la circulation des flux d'informations au niveau de la communication à l'échelle planétaire.

Privilégiant d'abord les résultats de quelques travaux signific-catifs parmi ces nombreuses pistes possibles, nous tenterons ensuite de poursuivre notre discussion à propos des modèles d'analyse de la communication, en mettant l'accent ici sur la dimension socio-politique.

La domination idéologique exercée par les médias

L'une des premières manières de penser la communication comme enjeu socio-politique fut de souligner la domination idéologique qu'exerçait le système des médias dans les sociétés occidentales capitalistes. Au tournant des années soixante-dix, l'un des paradigmes dominants de la sociologie dite «progres-siste», très marquée par la pensée du philosophe marxiste Louis Althusser, consistait à définir la structure sociale comme système de rapports sociaux conflictuels dans les trois instances écono-mique, politique et idéologique. À chacun de ces niveaux s'ex-primait donc la lutte de classes entre dominants et dominés, espace conflictuel dont en principe devrait rendre compte un système «transparent» des médias. Or ce dernier système ne fonctionnerait pas «librement»: il serait sous le contrôle des élites économiques et politiques dominantes et fonctionnerait lui-même en tant qu'«appareil idéologique d'État». Voyons d'un peu plus près comment et où cette première lecture socio-politique nous conduisait.

Dans les sociétés industrielles capitalistes occidentales, les formes de domination se multiplient et se complexifient: à l'ex-ploitation économique et à la sujétion politique, s'ajouteraient de nouvelles formes de domination idéologique et symbolique qui emprunteraient notamment, à côté de l'école et de la famille, le canal du système des médias. Le contrôle économique de cet «appareil des médias» deviendrait un enjeu socio-politique im-portant: des groupes rattachés à des intérêts de droite comme de gauche vont donc chercher à contrôler la propriété des médias. Cette première représentation socio-politique de l'action des médias consistait ainsi à la décrire en termes d'appareil social de «manipulation idéologique», théoriquement facile à contrôler.

179

Les contenus diffusés par le système des médias n'apparaissent toutefois pas unitaires: ils sont hétérogènes et ambigus. On y retrouve des messages à orientations idéologiques diverses et contradictoires, marque selon certains diffuseurs de leur «objectivité». C'est d'ailleurs la logique du profit fondée sur une valorisation de la «spectacularisation» de l'information qui entraînera les diffuseurs à diffuser le discours spectaculaire des opposants: par exemple, l'efficacité du terrorisme contemporain serait largement fondée sur cette logique d'amplification médiatique. Mais s'agit-il là d'un véritable processus de démocratisation politique: l'espace social des médias devient-il véritablement la «nouvelle agora» du xxe siècle? Ici, les chercheurs se réclamant de la tradition critique nous invitent à plus de prudence. Déjà, à un premier niveau, on pourrait dire que l'abondance même des messages disparates et contradictoires risque de réduire leur efficacité communicationnelle: les messages en viennent à s'annuler les uns les autres, leur banalité quotidienne désamorce leur potentiel subversif. On pourrait également s'interroger sur le fait que le discours des médias est bien davantage constitué des messages des élites que de ceux de leurs adversaires. Mais cette partialité trop évidente est sans doute moins efficace que certains mécanismes idéologiques plus subtils.

Ainsi, les médias semblent «tout dire»... Ils ne le peuvent certes, ne serait-ce qu'en raison des contraintes techniques: il est, par exemple, des images plus télégéniques que d'autres, et ce sont elles précisément que l'on choisit de diffuser. Un travail de sélection des informations à diffuser s'opère. Pensons simplement à tout ce qui n'est pas retenu en fonction du critère de la qualité dite «professionnelle» du reportage: aujourd'hui une idéologie du professionnalisme structure la forme et les contenus des messages effectivement diffusés. Dès lors, on favorise la dimension spectaculaire (et souvent anecdotique) de l'événement. Cette spectacularisation de l'information est peut-être déjà un mécanisme de dépolitisation du discours qui fonctionne au profit de l'idéologie en place: le spectacle et le «style» personnel des politiciens prennent le pas sur les contenus et la philosophie des programmes d'action politique. En outre, des contraintes de type organisationnel agissent sur la sélection

180

des éléments à diffuser: la recherche de la rapidité et de l'impact maximal dans la transmission des nouvelles, la volonté d'une compréhension facile des informations par ce que les diffuseurs se représentent être le «grand public» conduisent trop souvent les journalistes à «raconter» les événements sans chercher à les situer dans un contexte de compréhension plus large et davantage critique, faute de temps et de moyens financiers. Plus fondamentalement, ce qui est dit par les médias l'est «d'une certaine manière»: le système des médias a tendance à situer le discours des opposants à l'intérieur d'une problématique plus large structurée par les diffuseurs, rendant ainsi possible leur récupération idéologique.

L'analyse de la sémantique utilisée par les médias pour qualifier les prises de position des opposants à l'ordre établi peut révéler un autre mécanisme idéologique assez subtil. Selon Stuart Hall, il n'est pas rare d'y voir qualifié l'opposant d'«extrémiste» ou d'y constater une assimilation des protestataires à une bande de «délinquants». Encore plus couramment, une opposition est facilement contextualisée à l'aide de termes comme «émeute», «conspiration», «rebelles», «violence», «minorité», «agitation», etc. On en arrive ainsi à associer inconsciemment l'opposition à de l'«illégitime» et de l'«inquiétant», alors que l'ordre est défini comme «légitime» et «rassurant». En structurant l'information à partir de la dichotomie légitime/illégitime, le système des médias ne favorise pas des prises de position plus nuancées. L'appareil des médias définit donc une problématique le plus souvent simplificatrice et stéréotypée, ahistorique et dichotomique, à l'intérieur de laquelle les individus récepteurs des messages sont amenés à se situer et à se représenter les mécanismes de décision politique de leur société. Le système des médias imposerait un certain code de lecture des rapports sociaux qui fonctionnerait au service de l'ordre établi.

Dans sa critique de *La Société de consommation*, écrite en 1970, Jean Baudrillard insistait sur la manière dont le discours médiatique opérait une action spécifiquement politique au service d'une idéologie: par le biais de l'universalité du fait divers, l'information politique, historique, culturelle serait dramatisée sur le mode spectaculaire et en même temps distanciée par le média, réduite à des signes abstraits. La «communication de masse» deviendrait l'alibi d'une participation au monde. L'hédonisme du spectacle médiatique nous inviterait subtilement à une acceptation passive du système de domination implicite qui caractérise la société de consommation.

Le système des médias deviendrait un appareil idéologique tendant à prendre encore plus d'importance que le système scolaire pour la reproduction de la société: il n'y a qu'à comparer le nombre d'heures passées par les enfants devant la télé et à l'école. L'efficacité idéologique des médias consisterait à légitimer l'ordre social et à assurer ainsi, au niveau symbolique, la reproduction sociale des rapports sociaux existants. Comme nous le soulignions précédemment, Henri Lefebvre écrira plus tard que cette lecture univoque des mécanismes idéologiques de la reproduction était sans doute davantage pertinente pour analyser le fonctionnement des médias dans les démocraties populaires d'Europe de l'Est que dans les démocraties capitalistes occidentales. Les médias y sont surveillés plus étroitement par l'appareil d'État, alors que dans les pays occidentaux, une information souterraine et marginale peut parfois bénéficier d'une amplification démesurée par les grands médias et avoir ainsi des répercussions aussi importantes qu'inattendues: qu'on songe à la célèbre affaire du Watergate née d'une information publiée dans un journal local de Washington, ou à l'«Irangate», suscitée par une nouvelle parue d'abord dans un journal de Beyrouth.

L'économie politique des industries culturelles

Alors que cette première manière de penser politiquement la communication insiste sur sa dimension idéologique, une seconde manière privilégie sa dimension économique et définit le système des médias comme système de production industrielle. Surtout à partir de la fin des années soixante, de nombreux chercheurs de diverses nationalités vont reprendre et approfondir au moyen d'analyses systématiques les réflexions critiques formulées originellement en 1947 par Horkheimer et Adorno sur la production industrielle des biens culturels *(Kulturindustrie).* Ces penseurs

de l'école de Francfort soulignaient que la culture (de masse) du
xxᵉ siècle se trouvait produite dans des conditions ressemblant à
celles des usines d'automobiles Ford. Non seulement les produits culturels, distribués en grand nombre, standardisés, homo-
gènes, sont marqués par ces conditions industrielles de production
et de marketing, mais tout le processus de création culturelle lui-
même est profondément transformé, et marqué par la logique du
profit. Analysant les relations entre les conditions économiques
et la production des formes culturelles, les chercheurs contemporains soulignent le poids déterminant de la logique capitaliste
et de la rationalité technique dans le système de fabrication et de
circulation des produits culturels, véhiculés aussi bien par les
médias traditionnels que par les «nouvelles technologies» d'information et de communication, ou par certaines industries connexes
comme la publicité et le tourisme.

Alors que les premières recherches étaient davantage axées
sur l'analyse des rapports conflictuels entre les logiques économique et culturelle à l'intérieur même des systèmes nationaux
de diffusion des biens culturels et, en particulier, sur le rôle de
l'État vis-à-vis des industries culturelles, l'internationalisation
des systèmes de communication conduit les chercheurs contemporains à centrer leur intérêt sur les flux commerciaux des produits culturels entre les diverses nations du globe. Depuis près
de vingt ans, ces analyses ne cessent de montrer combien
l'influence des industries médiatiques américaines, et, dans une
moindre mesure, celle de la Grande-Bretagne et du Japon, sur le
reste du monde, est importante dans le marché international des
biens culturels. Les tendances récentes montrent en outre que les
pays aux infrastructures culturelles les plus pauvres ne sont pas
les seuls à importer massivement les produits américains. Les
vieux pays européens, berceau de la civilisation occidentale, ne
sont plus à l'abri de ce mouvement d'acculturation par les industries culturelles étrangères: Giuseppe Richeri signale, par exemple,
qu'en 1981 les télévisions privées italiennes achetaient à l'étranger — surtout aux États-Unis — plus de 87% de leur programmation. Et l'on peut penser qu'avec l'implantation croissante
des techniques comme la câblodistribution, la diffusion par
satellites et la vidéo domestique, les télévisions européennes se

verront largement soumises aux pressions d'un marché international singulièrement contrôlé par les intérêts américains.

Plaidoyer pour un Nouvel Ordre de la communication

On ne peut passer sous silence ici les travaux importants entrepris en décembre 1977 par la Commission internationale d'étude des problèmes de la communication de l'Unesco, présidée par Sean McBride. Cette Commission naquit dans un contexte d'affrontements internationaux: alors que les pays du tiers monde protestaient contre le flux envahissant d'informations en provenance des pays industrialisés, ces derniers invoquaient le principe de la «libre circulation de l'information» *(free flow of information)* pour justifier le *statu quo.* Deux visions politiques divergentes de la communication mondiale s'affrontaient: d'un côté, on reconnaissait le poids politique de la communication dans le maintien et le renforcement des rapports de forces; de l'autre, un principe de la libre circulation déniait implicitement l'existence des rapports de forces dans l'organisation politique du monde.

Devant la tâche ambitieuse «d'étudier la totalité des problèmes de communication dans les sociétés modernes», les seize membres de la Commission, «largement représentatifs de l'éventail idéologique, politique, économique et géographique du globe», choisissaient de se placer d'emblée dans une perspective très large, historique, politique et sociologique. Leur diagnostic unanime d'un ordre actuel de l'information jugé inacceptable déboucha sur la formulation de grands principes directeurs pour l'instauration d'un Nouvel Ordre mondial de l'information et de la communication «plus juste et plus efficace». En invitant les différents acteurs sociaux de la planète impliqués dans la communication (agences de presse, organismes de radiodiffusion, grands journaux, instituts de recherche ou de formation, gouvernements, associations professionnelles, organisations internationales, etc.) à parcourir un long itinéraire pour appliquer de nouvelles méthodes et créer un nouvel état d'esprit, les commissaires en appelèrent à des réformes de structures et des mesures concrètes pour la construction de ce Nouvel Ordre, véritable processus dynamique appelé à évoluer constamment dans sa recherche d'une modification en profondeur de l'équilibre actuel des communications transnationales: «...plus de réciprocité dans les échanges d'information, moins de dépendance à l'égard des courants (dominants) de communication, moins de diffusion des messages du haut vers le bas, plus d'autosuffisance et d'identité culturelle (pour les divers gouvernements nationaux locaux), plus d'avantages pour l'humanité tout entière.» Ces principes politiques se voulaient des antidotes aux tendances économiques dominantes caractérisées par une pénétration croissante des divers marchés locaux par des industries culturelles internationales (du divertissement, de l'information et de l'éducation) contrôlées majoritairement par les transnationales américaines.

Ce rapport suscita de nombreuses critiques, à droite comme à gauche, en raison notamment de ses propos polémiques ainsi que du caractère trop général de plusieurs de ses analyses. Mentionnons ici la critique formulée par Herbert I. Schiller qui projette un éclairage pertinent sur l'ambiguïté d'un certain discours critique que l'on retrouve dans ce rapport, mais aussi dans de nombreux propos actuels concernant la technique. Schiller fait siennes plusieurs positions critiques exprimées dans le rapport McBride concernant la non-neutralité de la technique et de ses usages, notamment le fait que les orientations des programmes de recherche et de développement technique sont la plupart du temps déterminées par les intérêts des groupes sociaux les plus puissants. Il trouve courageuse l'affirmation de la Commission suggérant que, dans certaines circonstances, l'introduction de nouvelles techniques devrait être retardée, ou même reportée indéfiniment, pour éviter une dépendance éventuelle vis-à-vis des pays industrialisés, qui conserveraient dans ces cas-là la possession des savoir-faire et le contrôle des logiciels nécessaires au fonctionnement des nouveaux matériels. Trop souvent, les techniques occidentales introduites à la sauvette dans les pays du Sud, sous la pression des transnationales, n'apportent pas de solutions réelles aux problèmes repérés, et suscitent au contraire de nouvelles dépendances vis-à-vis du Nord; des dépendances techniques et cognitives qui court-circuitent des processus locaux de décision politique susceptibles de remettre en cause la nécessité d'un tel «progrès technique».

Schiller décèle une espèce d'«ambiguïté schizoïde» dans le discours de la Commission McBride: en prônant l'extrême prudence à l'égard de l'introduction des nouvelles techniques en même temps que l'adoption rapide de ces nouveaux moyens pour construire les infrastructures nécessaires au Nouvel Ordre de la communication, le rapport placerait le lecteur dans une situation intenable. Cette difficulté dans les propos des commissaires serait la conséquence, selon Schiller, d'une faiblesse de leurs travaux: leurs analyses, manquant de spécificité, seraient incapables de rendre compte de la dynamique du développement mondial des techniques d'information et de communication. Ce développement serait totalement déterminé par le système commercial capitaliste mondial, qui l'orienterait en fonction des intérêts et des objectifs lucratifs des transnationales. En outre, toujours selon cet auteur, ces dernières arrimeraient leur développement aux besoins spécifiques de l'*establishment* militaro-politique des grandes puissances capitalistes du monde.

Vers de nouveaux modèles d'analyse?

On a vu dans le chapitre précédent que la transition vers un nouveau paradigme d'étude de la communication, à l'œuvre depuis les années soixante, vise à se dégager d'un modèle des effets à court terme des médias. L'une des pistes suivies consiste à insister sur le contexte socio-politique qui interagit avec les actions de communication. D'une problématique étroite centrée essentiellement sur les changements psychologiques individuels provoqués par l'action des médias, on s'oriente donc vers une problématique plus large, centrée sur la diffusion de l'information contextualisée. Mais ce nouveau modèle élargi continue à définir une communication à sens unique: un émetteur (en position hiérarchiquement supérieure) contrôle un diffuseur (supposément neutre) qui fait circuler un message (aux couleurs idéologiques de l'émetteur) et persuade un récepteur (passif) intériorisant ainsi l'idéologie dominante.

Jusqu'au début de la décennie 1980, ce modèle vertical fit

l'unanimité, à gauche comme à droite. Des brèches se font alors jour: ce que certains précurseurs comme Richard Hoggart avaient pu remarquer à propos de la capacité de distanciation critique des individus dans les cultures de pauvreté, de nombreux chercheurs intéressés par la domination du modèle américain dans la circulation internationale des produits culturels le redécouvrent dans le travail de décodage qui se fait aux points de réception. On insiste sur l'importance du sujet récepteur, actif dans un processus de construction sociale des significations du message. Et cette construction sémantique n'est pas indépendante des logiques de la vie quotidienne qui traversent le tissu de la culture. La seconde transition de paradigmes, caractéristique des années quatre-vingt dans les milieux de recherche sur l'action idéologique de la communication, consiste donc à passer d'un modèle qui définit l'action des médias à partir des sources et des diffuseurs, vers un modèle qui découvre l'importance des sujets récepteurs dans la construction sociale des signifiés idéologiques. On abandonne donc le premier modèle (unidirectionnel et vertical) pour un modèle davantage «conversationnel» et «fluide» de l'action de la communication.

Les courants de recherches que l'on pourrait associer à la découverte de l'importance du travail sémantique des récepteurs sont déjà nombreux:

— tout le legs des courants interactionnistes et ethnométhodologiques (de Simmel et G.H. Mead à Goffman, Garfinkel et Cicourel) pour l'étude de la conversation et des stratégies de comportement dans la vie quotidienne: en France, Louis Quéré et Michel de Fornel en particulier tentent de développer ces tendances à l'intérieur du secteur des communications;

— les travaux du Centre for Contemporary Culture de l'université de Birmingham sous la direction de Stuart Hall se centrent de plus en plus vers les problématiques synthétiques d'encodage/décodage, ces dernières tentant d'articuler macro- et micro-contextes;

— toute l'influence des sociologies de la vie quotidienne sur la problématisation des usages des médias et des techniques d'information (cf. les apports théoriques d'Henri Lefebvre

187

puis de Michel Maffesoli, les travaux de V. Scardigli et P.A. Mercier, ceux de Josiane Jouët sur l'usage des médias et des techniques nouvelles, etc.);

— les travaux scandinaves de Peter Dalghren sur la «construction sociale de la réalité» par les individus qui reçoivent des émissions de télévision;

— les travaux américains de Katz et ses équipes sur le décodage de la série *Dallas* et la construction des «grands événements» à la télé, cherchant à comparer les réceptions différenciées selon les différents contextes culturels;

— les travaux sud-américains cités par les Mattelart ainsi que leurs propres travaux récents sur la télévision brésilienne.

Tous ces courants s'inscrivent dans une même tendance qui est celle de la découverte du rôle actif de l'individu récepteur dans la construction de la signification des messages diffusés par les médias. Il demeure néanmoins des différences considérables dans les appréciations respectives de ces différents chercheurs quant à l'importance réelle de ce travail de construction sémantique par les sujets individuels. Dans son dernier ouvrage, *Critique de la communication*, Lucien Sfez repère lui aussi, parmi les recherches contemporaines sur les médias, cette tendance à vouloir insister dorénavant sur le rôle actif du récepteur. Sfez y voit même le signe d'une disparition de la communication véritable: à la limite, tout se passerait dans l'imaginaire du récepteur, peu importent les signaux provenant de l'environnement extérieur.

Il nous semble important de maintenir la distinction fondamentale entre les recherches critiques et celles qui ne le sont pas. J.D. Slack et M. Allor ont dénoncé, il y a quelques années déjà, les dichotomies simplistes présidant trop souvent aux définitions de ce que seraient les recherches critiques et qui ne font que réifier les propos célèbres, mais marqués historiquement, de Paul Lazarsfeld distinguant entre «recherches administratives» et «recherches critiques». En insistant par exemple exagérément sur le fait que les premières emprunteraient à la méthodologie empirique quantitative alors que les secondes ne consisteraient qu'en propos philosophiques spéculatifs, l'observateur contemporain des savoirs sur les médias s'interdit de voir que certains

chercheurs critiques ont choisi d'utiliser la méthodologie quantitative sans pour autant renier leurs perspectives critiques. La
préoccupation centrale du point de vue critique consiste à reconnaître le poids politique de la communication dans le système
des rapports sociaux. Ce qui veut dire se refuser à une étude de
la communication hors du contexte du pouvoir, qu'il s'agisse de
micro- ou de macro-pouvoirs.

Quand, avec *Penser les médias*, Armand et Michèle Mattelart
procèdent à une autocritique du modèle vertical de la communication utilisé dans leurs premières études concernant la domination des intérêts américains dans la circulation internationale
des biens culturels, ils n'abandonnent pas pour autant leur
perspective critique. Mais l'évolution de la pensée des Mattelart,
d'un modèle centré sur les sources et les diffuseurs vers un
modèle soulignant l'importance du sujet-récepteur et de son
vécu quotidien dans le travail de décodage idéologique des
messages médiatiques, est révélatrice d'une transformation des
approches socio-politiques de la communication. C'est une autre
manière de montrer les limites du modèle de la communication
verticale à l'œuvre tant dans les analyses de la Commission
McBride que dans les travaux des critiques centrés exclusivement
sur le rôle des transnationales dans l'organisation mondiale des
communications et des industries culturelles.

L'intérêt des chercheurs pour le rôle actif du récepteur ne les
conduit donc pas nécessairement à nier le rôle de l'émetteur
dans l'action idéologique des messages: il ne s'agit pas d'inverser
simplement le paradigme pour se retrouver avec un nouveau
modèle... vertical! D'où la pertinence des travaux de Stuart Hall,
qui cherche à articuler dans une même problématique critique
les déterminations agissant à la source sur le processus d'encodage, et les effets de contexte agissant sur le décodage du récepteur. La prise en compte simultanée des niveaux macro- et
micro-sociologiques dans l'analyse des processus d'échange
médiatique conduit à penser l'efficacité socio-politique de la
communication dans toute sa complexité; elle permet de combiner
les apports d'une économie politique de la production des biens
culturels et symboliques avec les acquis des analyses idéologiques
des conditions de réception culturelle des messages médiatiques.

189

Une question traverse tous ces discours sur le pouvoir ou le soi-disant pouvoir des médias, que ces discours proviennent des spécialistes, des hommes publics ou des «gens ordinaires»: pourquoi les médias — ainsi d'ailleurs que toutes les techniques de communication — ont-ils pris tant d'importance aujourd'hui? La «communication» serait-elle plus que ses techniques?

Bibliographie: L. ALTHUSSER, 1970; J. BAUDRILLARD, 1970, 1972, 1981; J.-M. CHARON, E. CHERKI, 1985; A. CORTEN, M.-Bl. TAHON (éd.), 1988; P. DAHLGREN, 1986; H.M. ENZENSBERGER, 1970; P. FLICHY, 1980; T. GUBACK, T. VARIS, 1982; S. HALL, 1979, 1980; R. HOGGART, 1970; A. HUET et *alii,* 1978; M. HORKHEIMER, T.W. ADORNO, 1974; J. JOUËT, 1985, 1987b; E. KATZ, T. LIEBES, 1986; P.F. LAZARSFELD, 1941; H. LEFEBVRE, 1958, 1961, 1981, 1976; S. MCBRIDE, 1980; M. MAFFESOLI, 1979; M. MARCHAND, 1987; A. MATTELART, 1976; A. et M. MATTELART, 1986, 1987; E.G. MCANANY, 1986; P.A. MERCIER et *alii,* 1984; K. NORDENSTRENG, H.I. SCHILLER (éd.), 1979; S. PROULX (éd.), 1988; L. QUÉRÉ, 1988; G. RICHERI, 1986; H.I. SCHILLER, 1971, 1976, 1982, 1986; L. SFEZ, 1988; J.D. SLACK, M. ALLOR, 1983; A. VITALIS, 1983; R. WILLIAMS, 1981; Y. WINKIN, 1981.

IV

La naissance d'une
nouvelle idéologie

13
_____

La cybernétique ou l'émergence de l'idée moderne de communication

La diversité apparente des «nouveaux territoires de la communication» ne doit pas nous dissimuler l'existence d'une unité profonde entre tous les secteurs qui relèvent de la «communication». Cette unité, loin d'être opérée au niveau des différentes techniques matérielles de communication, apparaît bien plus comme une unité sur le plan de l'*idéologie* qui les lie au sein d'un même système de valeurs et de représentations du monde. Cette idéologie, qui fait de l'«action de communiquer» une des finalités essentielles de notre société, se présente en même temps comme un recours, une alternative aux idéologies politiques.

Pour comprendre avec exactitude la forme actuelle que prend la communication dans notre société, il est sans doute nécessaire de faire un retour en arrière historique et de se reporter à la période de l'après-guerre. Les années quarante furent en effet incontestablement le moment fort qui conduisit à l'émergence historique de la notion moderne de «communication». Quelle que soit son apparence de nouveauté, le discours actuel sur la communication et son rôle social fut presque entièrement forgé immédiatement après la fin de la dernière guerre.

L'idéal moderne de la «communication» s'appuie sur trois

transformations radicales dont la compréhension fournit la clé pour comprendre, sinon la modernité, du moins certains de ses aspects essentiels.

D'abord la définition d'un *homme nouveau* que nous allons examiner dans ce chapitre. Par le biais d'une véritable mutation dans la représentation de ce qu'est l'homme, la cybernétique, toute nouvelle science de la communication créée en 1942 par Norbert Wiener, va mettre en avant, comme jamais cela n'avait été le cas jusque-là, le rôle de la communication. En ce sens, comme on parle de l'«homme de Neanderthal», il serait légitime de parler de l'«homme de Wiener» tant la proposition anthropologique qui est aux fondements de la société de communication est radicale.

Ensuite la mise au point d'une *nouvelle idéologie*, l'idéologie de la communication, que nous examinerons au chapitre suivant. Celle-ci se constitue comme une alternative aux idéologies de la barbarie dont l'affrontement avait produit la nouvelle «guerre de Trente Ans», de 1915 à 1945. La nouvelle idéologie, en désignant comme «ennemi» le bruit, l'entropie, la désorganisation, doit sans doute une partie de son succès à ce qu'elle se présente comme une idéologie sans victime, dans un contexte où la guerre froide et la menace de l'holocauste nucléaire ont succédé à la guerre la plus meutrière que l'humanité ait jamais connue.

Enfin le projet d'une *nouvelle société*, la «société de communication». Cette nouvelle utopie sociale, telle que l'anticipa le père de la cybernétique, aura deux traits distinctifs: d'une part, elle sera une organisation sociale entièrement centrée autour de la circulation de l'information, d'autre part, les machines, notamment les machines à communiquer, y joueront un rôle décisif. La principale raison d'être de cette nouvelle organisation serait l'accroissement de l'entropie qui désorganiserait les sociétés humaines et les conduirait en quelque sorte naturellement à la destruction.

Un «homme nouveau»

Nous avons vu dans la première partie de ce livre que les techniques de communication ont eu, à certaines périodes précises de l'histoire de l'Occident (la République romaine, la Renaissance, la Révolution française), une importance soudainement accrue. À d'autres moments, alors même que ces techniques de base existaient, comme le livre par exemple, elles ne furent pas employées systématiquement à des fins de communication. Nous avons souligné à quel point les techniques de communication, leur développement comme leur mise en mouvement, furent tributaires de changements sociaux profonds.

Les grands moments historiques où la communication sociale a connu un fort développement semblent correspondre à des périodes où la représentation de la personne humaine et de sa place dans le groupe social subissait elle aussi des transformations importantes: l'institution de la citoyenneté romaine et l'idée de contrat dans l'Antiquité, ou encore l'incroyable changement que représenta l'affirmation de la notion de souveraineté populaire lors de la Révolution française en furent des exemples majeurs. Dès lors que le groupe social était soustrait à l'emprise d'un souverain et que l'on distinguait l'individu du groupe par l'attribution d'une citoyenneté, la communication et ses techniques assumaient une fonction essentielle: maintenir l'individu dans le groupe, assurer la permanence d'un lien social.

L'intense développement de la communication sociale et de ses techniques, dès la fin du XVIIIᵉ siècle, est sans aucun doute à mettre en rapport avec le régicide, dont la charge symbolique fut énorme, et qui obligea à une restructuration essentielle du lien social. La communication, désormais, changeait de sens: de verticale, entre le souverain et ses sujets, elle devenait intensément horizontale, entre des citoyens égaux en droits. L'espace social, en l'absence de souverain, ne pouvait au fond que se réorganiser autour de la communication et de ses techniques, en particulier les techniques de la propagande. Jacques Ellul remarque à ce sujet que, dans ce contexte où la structure sociale est bouleversée, on assiste à «une modification du fondement même de la propagande», qui résulte désormais d'une rencontre entre l'intention du propagandiste et le besoin réel des individus pour lesquels la propagande devient une nécessité afin qu'ils puissent «se reconnaître et agir parmi de si grands changements».

L'«idéologie» de la communication qui est née dans les années quarante a repris bien sûr à son compte ce thème de la cohésion sociale. Mais elle y ajouta une dimension supplémentaire: la menace qui planerait sur la société tout entière, sur ce groupe que constitue l'espèce humaine dans son rapport avec le monde. La société est menacée, nous dit Wiener, par l'entropie, force de désagrégation qui la mine de l'intérieur. Cette argumentation sera ensuite largement reprise pour légitimer l'emploi des ordinateurs, qui aurait été ainsi rendu nécessaire par l'accroissement d'une complexité sociale menaçante et potentiellement destructrice.

L'idée d'une réponse technique à la menace de destruction du lien social n'était pas tout à fait nouvelle. Ancêtre des automates du XVIIIe siècle, le Golem de Prague devait son existence, comme mythe, à la conscience d'une telle menace. Cette créature artificielle façonnée en 1580 par le rabbi Loew remplissait une fonction bien précise. Dans le contexte de la forte vague antisémite qui sévissait alors en Europe centrale et en Allemagne, le Golem servait à protéger la communauté juive de Prague en butte à des accusations sans fondement, prétextes aux pogroms. Sa mission consistait à veiller jour et nuit, aux alentours du ghetto, à ce que les antisémites ne créent pas de fausses preuves de la culpabilité des juifs, notamment en organisant des crimes rituels d'enfants chrétiens qui seraient après coup attribués aux juifs.

La menace qui planait sur la communauté juive était bien réelle (des communautés entières avaient été anéanties depuis la fin du Moyen Âge, par exemple l'ensemble des deux mille juifs habitant à Strasbourg, qui furent tués la nuit du 14 février 1349, après qu'on les eut accusés «d'empoisonner les puits»). Dans ce contexte, le Golem avait résolu un *problème de communication intercommunautaire* puisque, suite à son intervention, l'empereur d'Allemagne devait déclarer que la preuve était faite de la fausseté des accusations portées contre les juifs. Le point essentiel de cette histoire semble ici que seule une créature artificielle non humaine, mais inventée par l'homme, pouvait dénouer le conflit, là où juifs et chrétiens étaient impuissants à le faire, car impliqués les uns et les autres dans le conflit.

Les deux idées-forces qui émergent de ce mythe, dont la valeur est universelle et qui est peut-être l'un des thèmes fondateurs de notre actuelle «société de l'information», sont d'un côté l'existence d'une menace qui pèse dramatiquement sur le lien social et l'équilibre intercommunautaire au sein d'une même société et, de l'autre, l'impossibilité quasi constitutive pour l'homme de se sortir seul de cette situation. L'ancienneté et l'universalité de ce thème sont attestées par la présence dans l'Antiquité gréco-romaine de nombreux «géants» ou «statues animées» dont la fonction justement était d'intervenir dans des situations où l'homme avait failli.

L'étymologie même du mot «information», né au sein de la civilisation gréco-latine, renvoie à cet univers de signification. *Informatio* exprime en effet le mélange — que seuls au fond les Latins pouvaient oser — des familles de sens associés à la «connaissance» et de celles qui sont groupées autour de l'idée de «fabrication», de «construction». «Mettre en forme», «informer» renvoie ainsi à l'image fondatrice du sculpteur de statue. Le sens symétriquement antinomique de l'information-construction sera d'ailleurs l'*informa*, l'informe, le monstrueux. La statue, créature artificielle privilégiée de l'Antiquité depuis l'invention par Daedale du style qui porte son nom — des statues qui représentaient si bien le mouvement que Platon nous dit qu'il fallait en entraver certaines —, est ainsi, comme les machines du monde moderne, chargée de lutter contre le désordre, la laideur, l'entropie.

La cybernétique ou l'émergence de l'idée moderne de communication

Un nouveau champ du savoir, presque entièrement consacré à la communication, va émerger dans les années quarante, parallèlement à la vague d'inventions et de perfectionnements des techniques de communication qui caractérisa cette période. La «cybernétique», ou, comme la présenta son fondateur Norbert Wiener, l'étude «du contrôle et des communications», prit corps en effet entre 1942 et 1948. Le destin de cette «science» nouvelle fut peu commun. Dans un premier temps, les grandes notions de la cybernétique furent accueillies avec enthousiasme par la communauté scientifique et son audience gagna des cercles de plus en plus larges incluant, pour certains travaux, le grand public. La cybernétique joua également un grand rôle dans la genèse de l'ordinateur en 1945 (von Neumann participait activement aux réunions qui rassemblaient les premiers cybernéticiens).

Puis, en partie victime de ses propres excès — le domaine pullulait d'aventuriers intellectuels en tous genres — et en partie victime de son succès et des espoirs trop forts qu'elle avait suscités, la cybernétique vit son étoile décliner dans les années soixante, surtout après la mort de son fondateur en 1964. Mais sa capacité d'influence intellectuelle ne cessa pas pour autant. Elle prit simplement une forme plus souterraine, sans perdre de sa force. Les idées de Wiener, notamment sur le rôle que la communication et les «machines à penser» devraient jouer dans la société, influencèrent profondément la génération qui fit ses premières armes dans les années soixante-dix. Le contexte culturel dans lequel la micro-informatique prit son essor, puis tous les thèmes de la «nouvelle société de communication» furent largement nourris, parfois en référence directe, souvent sans le savoir, par les idées que Norbert Wiener avaient semées.

Dans le même temps, le courant d'idées qui, *via* Gregory Bateson, devait donner naissance au champ d'étude de la communication interpersonnelle — l'école de Palo Alto, par exemple — puisait largement dans ses origines cybernétiques. De nombreux chercheurs de toutes les branches du savoir, aussi bien en sciences exactes qu'en sciences humaines, furent directement influencés par les grandes notions de la cybernétique. Celle-ci avait porté en outre l'espoir, au cœur de la guerre froide, d'un rapprochement entre les peuples: la cybernétique, après la déstalinisation, fut adoptée comme science officielle en URSS, où Wiener fut accueilli avec chaleur, et dans plusieurs pays socialistes. Un nouveau langage commun était attendu de l'emploi de notions similaires. Par la nature des problèmes qu'elle traitait, la cybernétique semblait représenter un pas vers l'universalité.

L'essentiel de l'argumentaire actuel en faveur d'une «société de communication» fut forgé au sein de la cybernétique dans les années quarante et aux débuts des années cinquante. Le mot même de «communication», sans prendre un sens fondamentalement différent, fut cependant chargé, après son passage par la cybernétique, d'un poids nouveau et d'une quantité de significations qu'il n'avait pas jusqu'en 1948, date à laquelle Wiener le popularisa. Si nous parlons tant aujourd'hui de communication, c'est notamment grâce à (ou à cause de) la cybernétique. Si le mot semble parfois recouvrir un ensemble de faits assez disparates, c'est aussi à la cybernétique que nous le devons: la promotion qu'elle fit de cette nouvelle notion ne s'accompagna pas d'une définition précise ou univoque de son sens. Peut-être fallait-il une notion malléable pour que son succès fût aussi général. Cette imprécision initiale du mot «communication» fut à l'image du flou qui entoura rapidement les frontières exactes de la cybernétique.

La production intense d'idées et de techniques qu'avait permise la collaboration active entre les scientifiques et les institutions militaires pendant la guerre avait fait naître des problèmes originaux, qui furent l'occasion de rencontres fécondes entre chercheurs appartenant à des domaines complètement différents. Sans la guerre et l'immense impulsion qu'elle donna à la recherche appliquée, ces rencontres n'auraient peut-être jamais eu lieu.

Les grandes questions débattues par le réseau des premiers cybernéticiens — avant la lettre — avaient comme pivot central l'analogie qui semblait exister entre certains dispositifs automatiques que mathématiciens et ingénieurs venaient de mettre au point pour des applications militaires, et les modèles explicatifs de certains comportements humains que neuro-physiologistes et médecins commencaient à dégager de leurs observations. La comparaison possible entre l'homme et la machine paraissait ouvrir un nouveau champ scientifique, à la fois mystérieux et bien plus vaste peut-être, dans les possibilités qu'il offrait, que tout ce que la science avait produit jusqu'alors. Pour beaucoup de ces chercheurs, l'enjeu n'était rien moins qu'une nouvelle révolution scientifique.

Sous l'effet de l'effort de guerre, les techniques avaient en effet beaucoup progressé, notamment la classe des machines qui traitaient de l'information ou utilisaient des dispositifs informationnels. Le XVIIIᵉ et le XIXᵉ siècle avaient été, à l'occasion de la révolution industrielle, une période décisive pour développer la puissance énergétique des machines. La plupart des progrès du machinisme avaient été engendrés par le perfectionnement des moteurs, machines à vapeur d'abord, puis moteurs à combustion de carburant et enfin moteurs électriques. Les machines y avaient gagné non seulement en puissance, mais également en autonomie et à cette occasion des pans entiers de l'activité humaine avaient été remplacés par l'action de machines nouvelles, dans le domaine civil comme dans les applications militaires.

Le surcroît considérable d'autonomie des machines avait fait naître des problèmes nouveaux, qui étaient principalement de deux ordres: comment communiquer avec les machines — et, subsidiairement, comment organiser la communication des machines entre elles —, et comment doter les machines de moyens de commande et de régulation autonomes? Chaque progrès du machinisme vers l'automation impliquait que soient mises au point de nouvelles inventions permettant à la machine de contrôler elle-même, sur la base de déterminations préalables, les conditions de son emploi optimal.

Wiener s'attela pendant la guerre à la création d'un dispositif de ce type. L'augmentation de la vitesse des avions avait rendu caducs les systèmes de DCA (défense contre avion) traditionnels. Il n'était plus question de tirer à vue car la rapidité de perception de l'opérateur humain était définitivement dépassée. Ce problème technique en apparence mineur était pourtant l'une des clés de la guerre des Alliés contre l'Allemagne. Wiener, dans le cadre d'un contrat entre le MIT (le Massachusetts Institute of Technology où il était professeur de mathématiques appliquées) et le National Defense Research Committee, tenta donc de résoudre le problème de la création d'une machine capable non seulement d'agir aussi rapidement que l'avion mais aussi de prévoir sa position future, compte tenu du fait — c'est là le point important — que le pilote savait qu'il était pourchassé. Le mathématicien imagina donc un système complet de DCA intégrant un radar et un calculateur. Pour la première fois une machine anticipait sur les réactions humaines que son action provoquait. Pour la première fois aussi sans doute, une communication étroite s'établissait entre une machine et un homme, chacun cherchant à prévoir le comportement de l'autre et ajustant le sien en conséquence.

L'idée de «feed-back» (rétroaction) était née sous sa forme moderne. Elle servit à décrire tout dispositif purement informationnel capable d'ajuster son comportement en fonction de l'analyse qu'il faisait des effets de son action. L'intuition de Wiener, à partir de là, fut que le dispositif de feed-back, d'une part, était la source de tout comportement intelligent, d'autre part, était l'apanage aussi bien des machines évoluées que des êtres vivants.

Du comportement à la communication

Avec le feed-back on tenait enfin, du moins Wiener le pensait-il, la localisation et la possibilité de formalisation des phénomènes de «prise de décision», le cœur de toute activité intelligente et organisée. En créant des machines qui avaient une autonomie suffisante pour percevoir et analyser des informations en provenance du monde extérieur et prendre en permanence des décisions afin d'atteindre un certain but fixé par avance, les techniciens avaient pointé le doigt sur un niveau de réalité qui ne concernait pas uniquement les machines mais aussi le comportement de tout être qui échange des informations avec son environnement et se détermine en conséquence. Le vaste programme de recherche qui s'ouvrait alors ne concernait pas uniquement les constructeurs de machines mais aussi tous ceux qui, de près ou de loin, avaient pour tâche d'expliquer le comportement humain en termes physiologiques ainsi que dans sa dimension psychologique et sociale.

Wiener proposa alors, dans un texte de 1942 rédigé avec un de ses collègues médecins, McCulloch, et un logicien, Pitts, une classification des comportements qui serait indépendante du support physique ou biologique, mais qui en revanche prendrait en compte la nature des échanges avec le milieu extérieur. Tout «être» pouvait ainsi se définir par la nature des échanges d'information qu'il entretenait avec l'environnement. Wiener, en 1942, parlait encore de «comportement», au sens de «comportement d'échange d'information». Le «comportement» était une notion ancienne, développée depuis le début du siècle au sein de la psychologie par l'école béhavioriste, dont le credo était le renoncement à toute idée d'une «intériorité» de l'homme au profit d'une science de l'«observable», c'est-à-dire d'une science des comportements de l'homme, en termes d'actions et de réactions.

Tout le système de pensée de Wiener s'était organisé autour de l'idée selon laquelle la nature véritable de tout être observable, qu'il appartienne à la famille des êtres vivants, des machines ou de la nature en général, tenait entièrement dans les relations, c'est-à-dire l'échange d'informations, qu'il entretenait en permanence avec les autres êtres peuplant son environnement. Il y avait là pour Wiener le point de départ d'une véritable révolution intellectuelle et scientifique. Là où la science classique s'intéressait au contenu intérieur des phénomènes qu'elle étudiait, la cybernétique proposait une nouvelle sorte de compréhension à partir de l'étude des relations entre les phénomènes. Wiener renonça rapidement à parler de comportement. Peut-être ce terme en effet était-il encore trop rattaché à l'idée d'une individualité des phénomènes, alors que Wiener voulait au contraire souligner l'importance décisive de tous les événements qui se passaient entre les êtres. La nouvelle notion de «communication» était née. Elle ne servait pas, pour son inventeur, à décrire un niveau de réalité comme un autre, comme la géologie s'occupe par exemple de la formation de l'écorce terrestre, la médecine, du corps humain et de sa santé, etc. La communication n'était pas un objet de science particulier, elle était le trait commun à toutes les sciences car elle permettait d'appréhender dans chaque phénomène ce qu'il avait de plus essentiel, ce qui en constituait la nature profonde.

Wiener proposa alors une classification des comportements de tous les êtres que l'on pouvait rencontrer dans la nature, selon le type de relation que ces êtres entretenaient avec leur environnement. En bas de l'échelle on trouvera les êtres qui reçoivent de l'information et y réagissent en quelque sorte mécaniquement; ensuite les êtres plus complexes, dotés d'un «but à atteindre», d'une finalité, même simple, comme dans le cas d'un phototropisme pour des organismes vivants sommaires; puis, les êtres qui s'organisent eux-mêmes en fonction d'un but à atteindre; enfin, ceux qui développent leur action en fonction d'une analyse des conséquences de leur comportement. Cette «méthode d'étude comportementale» de la réalité va conduire Wiener à privilégier rapidement la notion de communication, qui sera au centre de son œuvre à partir de 1947, où il forge le mot *cybernetics* à partir d'une racine grecque.

La naissance de la cybernétique

Après cinq années de maturation — à partir de 1942, date à laquelle la méthode comportementale d'étude fut mise au point —, Wiener éprouva le besoin de fédérer le champ nouveau du savoir qu'il avait largement contribué à créer. Il fallait pour cela un mot qui unifie les grandes notions qui n'étaient plus simplement en gestation, et surtout qui puisse fonctionner comme signe de ralliement de tous ceux qui se reconnaissaient dans ces nouvelles idées. L'attention des chercheurs s'était concentrée sur l'étude des phénomènes communs, du point de vue de la communication, entre les machines et les êtres vivants. L'étude des phénomènes naturels avait été provisoirement laissée de côté. Wiener remarqua que toute la terminologie existante était trop exclusivement marquée soit par un vocabulaire d'ingénieurs, pour tout ce qui concernait les machines, soit par celui des sciences du vivant pour ce qui concernait l'homme. Il fit cette remarque, pertinente à

203

l'époque, selon laquelle il n'y avait pas de terminologie commune à ces deux domaines. Le mot «cybernétique» fut la première tentative dans ce sens, le premier pont jeté entre les disciplines.

Wiener indiqua que cybernétique venait du mot grec qui désignait le «pilote» et dont la forme latine dérivée fournissait le mot «gouvernail». Il aurait pu tout aussi bien ajouter que cette famille de racines étymologiques conduira également au «gouvernement», comme «forme de pilotage du social». Le choix de ce terme permit en tout cas de situer un peu plus clairement le nouveau champ de recherche, d'autant qu'il fut popularisé par l'ouvrage que Wiener édita en 1948 à Paris — mais curieusement, en anglais — chez Hermann. Ce livre, bien qu'il fût peu lu, sinon par les spécialistes, connut un important succès dans le public, qui y eut accès par le biais de la littérature de vulgarisation, très attentive à partir de là à toutes les productions de la cybernétique. Les lecteurs français du journal *Le Monde* en apprirent la teneur dans le détail, tout au long d'une pleine page du journal dans son numéro daté du 28 décembre 1948.

La recherche d'analogies systématiques entre l'être vivant, principalement l'homme, et la machine avait conduit les premiers cybernéticiens à engager une comparaison technique des performances respectives des deux «systèmes». Une première démarche conduisit à ne plus considérer l'homme comme une unité indissociable. Les différents comportements qu'il était susceptible d'avoir pouvaient, en termes informationnels, être analysés séparément. Une deuxième démarche fut de considérer que certains de ces comportements — en fait les plus essentiels — pouvaient être compris, modélisés et transférés vers d'autres supports que les supports biologiques, souvent jugés trop fragiles. Une troisième démarche consista à se demander si, par rapport aux buts qu'il se fixait, ou qui lui étaient donnés en tant qu'espèce, l'homme, sous sa forme actuelle, n'était pas relativement inadapté.

Toutes ces conceptions trouvèrent leur source dans la manière dont Wiener imagina la comparaison possible entre l'homme et la machine, qui étaient placés sur un même plan ontologique, c'est-à-dire qui étaient dotés d'un statut existentiel comparable. L'argument nouveau, par rapport à la façon dont le xviiie siècle avait pensé cette comparaison, fut d'affirmer que la spécificité d'un homme ou d'une machine ne tenait pas à la nature de son support, protéine ou métal, mais à la complexité des échanges d'informations qui formaient, en dernière instance, le modèle de l'homme ou de la machine.

Dans cette perspective, l'homme ou la machine pouvaient fort bien disparaître en tant que substrat biologique ou mécanique dès l'instant que ce qui constituait leur véritable individualité restait entier sous la forme d'informations adéquates. Dans cette nouvelle définition de l'homme que proposa la cybernétique, l'organisme tout entier fut considéré comme un message, un échange permanent d'informations avec son environnement. La division cellulaire qui est à la base de la genèse de l'être humain, la reproduction cellulaire elle-même furent considérées, dans cette optique, comme un échange de messages reproduisant des modèles (*pattern*, en anglais). Or, nous dit Wiener, «un modèle peut être transmis comme un message: nous employons notre radio pour transmettre des modèles de son, et notre poste de télévision pour transmettre des modèles de lumière. Il est aussi amusant qu'instructif, poursuivait-il, de considérer ce qu'il arriverait si nous avions à transmettre le modèle entier du corps humain avec ses souvenirs, ses communications croisées, de sorte qu'un récepteur instrumental hypothétique pourrait réorganiser convenablement ces messages et serait capable de poursuivre les processus préexistant dans le corps et dans l'esprit».

Avec de telles conceptions, Wiener avait contribué à ouvrir la bouteille où un mauvais génie était enfermé. Tout un courant de la cybernétique donna libre cours à l'idée selon laquelle l'homme était une «erreur provisoire» de la nature. Wiener eut beau affirmer l'existence d'un «risque moral grave» à exagérer les résultats obtenus en matière de nouvelles machines et à négliger «l'importance vitale de l'élément humain», l'ambiguïté fondamentale de sa position et surtout de sa définition de l'homme constitua un encouragement à tous ceux que tentaient l'aventure des «machines pensantes» appelées à remplacer l'homme.

Turing fut l'un des premiers à poser la question, jusque-là tabou compte tenu de l'énormité de ses conséquences, de savoir si les machines étaient susceptibles de penser, au sens humain que l'on pouvait donner à cette notion. Il y répondit positivement, au terme d'une longue démonstration qui passait en revue tous les arguments opposés. Le jeune mathématicien anglais n'était pourtant pas un auteur de nouvelles à sensation. Sa contribution théorique à la naissance de l'ordinateur, ses travaux pour l'armée au service du déchiffrage, puis sa participation à la réalisation du premier ordinateur construit dans le monde lui conféraient une légitimité assez grande dans les milieux spécialisés, que viendra à peine ternir sa mort tragique en 1954. Turing proposa même une démonstration expérimentale des capacités «pensantes» des machines. Si un observateur pouvait communiquer avec, d'une part, un homme, d'autre part, une machine, qui seraient l'un et l'autre dans des pièces différentes de celle où il se tient, et si celui-ci n'arrivait pas à distinguer, après un jeu soutenu de questions et de réponses, s'il s'adresse à l'homme ou à la machine, alors nous aurions là la preuve, non pas, nous dit Turing, que la machine pense, mais au moins qu'elle se comporte comme si elle pensait.

Le critère qu'emploie Turing dans ce qu'il appelle le «jeu de l'imitation» est typiquement inspiré de Wiener. La capacité d'une machine à se comporter comme un homme, c'est-à-dire à communiquer comme un homme, est considérée comme le strict équivalent de la pensée humaine. Qu'une machine communique comme un homme et la voilà humaine! Pour Turing, l'ordinateur était la machine susceptible de gagner, dans un avenir proche (nous sommes en 1951), le jeu de l'imitation.

La conception du principe de l'ordinateur par Von Neumann devait beaucoup, nous l'avons vu, à sa tentation de créer, non pas simplement une nouvelle machine, mais surtout un «cerveau électronique», exact pendant du «cerveau vivant». L'enthousiasme qu'avaient suscité les premiers pas de l'ordinateur avait cependant été largement tempéré par l'analyse de ses performances. Sa communication rudimentaire et codée était encore à mille lieues du langage vivant humain, dont par ailleurs la science comprenait encore bien mal le fonctionnement. Du point de vue de la communication, l'ordinateur était plutôt une amibe passive qu'un véritable partenaire. Certains spécialistes, dont von Neumann, pensèrent qu'un accroissement des performances conduirait l'ordinateur à ressembler plus nettement au cerveau humain dont l'intelligence, selon eux, ne tenait pas à une quelconque vertu métaphysique, mais à l'extension du nombre de combinatoires que ses connexions neuronales permettaient. On calcula des seuils de ce point de vue, au-delà desquels les machines devaient changer en quelque sorte de palier ontologique.

D'autres chercheurs, en particulier des cybernéticiens comme Grey Walter, ne placèrent pas leur confiance dans l'ordinateur, mais dans des machines plus simples, qui devaient reproduire certains comportements d'animaux rudimentaires. Une «tortue artificielle» fut mise en chantier. Cet animal d'un nouveau genre ne manqua pas d'étonner ses contemporains. «Elsie» se promenait dans une pièce, évitant soigneusement les obstacles et donnant l'illusion de choisir son chemin de la même manière que le font les animaux domestiques, c'est-à-dire sans but apparent. Lorsque les batteries qui lui procuraient de l'énergie s'affaiblissaient, la «tortue» se dirigeait vers une prise de courant spécialement aménagée pour s'y recharger. Il est important peut-être de noter que cette machine n'a pas été construite simplement pour simuler un modèle naturel mais pour être un véritable «animal artificiel» et que dans ce sens, comme le dit McCulloch, «un animal construit de cette manière peut légitimement bâtir une conception de la vie».

Il s'agissait, pour les cybernéticiens d'alors — nous sommes au début des années cinquante —, de construire une véritable lignée de machines autonomes, échappant progressivement à l'emprise humaine. Le créateur de la tortue artificielle, Grey Walter, se fera photographier avec sa femme, sa fille et son «animal» et le tout paraîtra sous le commentaire suivant: «Ce couple a deux enfants, dont l'un électronique.» Cette performance fut rééditée en France par Albert Ducrocq, qui se fera photographier avec sa fille et son «renard électronique», sous le titre «Albert Ducrocq et ses deux enfants: Christine et le robot» (page de couverture de *La Vie catholique illustrée,* 10 février 1957).

L'émergence de l'idée de communication fut donc inséparable d'une volonté de redéfinir les rapports de l'homme au monde matériel et à la création. La communication devenait d'emblée un mode de définition universel servant à décrire toute activité

organisée. Tout naturellement, cette définition devait trouver des prolongements dans la vision que les cybernéticiens proposaient de la société des hommes.

Bibliographie: P. BRETON, 1984; J. COHEN, 1968; J. S. HEIMS, 1982; B. RANDELL (éd.), 1982; A. TURING, 1983; N. WIENER et *alii*, 1961; N. WIENER, 1948, 1952.

14

L'idéologie de la communication:
une alternative à la barbarie

La naissance de l'idéologie qui désormais accompagnera les techniques de communication peut se situer dans la période charnière qui se situe entre 1942 et 1949. Comment peut-on caractériser, du point de vue qui nous occupe ici, cette fin des années quarante? Quel rôle le contexte historique et culturel joue-t-il dans cette affaire?

Le xviiie et le xixe siècle avaient été l'occcasion, au moins en Occident, d'un espoir sans bornes, fonction tout à la fois de cette nouvelle souveraineté de la personne humaine, de l'importance désormais primordiale d'un lien social à base de respect pour la «chose publique» et enfin du progrès que permettait l'essor de la science. L'intense bouillonnement des techniques de communication qui caractérisa cette période témoigne de la force de cet optimisme et de cette foi dans l'avenir qui domina jusqu'à la Belle Époque. La nouvelle «guerre de Trente Ans», suivant l'expression de George Steiner, devait rabattre dramatiquement, de 1915 à 1945, toutes ces prétentions.

Trente ans de guerre

Le bilan global de ces trente années de guerres mises bout à bout, était, en 1945, très lourd sur tous les plans. La science, «source de progrès éternel» dans la vision idyllique du XIXe siècle, avait enfanté des armes monstrueuses, des premiers gaz chimiques de 1915 aux sinistres bombardements nucléaires de l'été 1945. La science avait été mise en coupe réglée et nombre de scientifiques travaillaient soit sous l'uniforme, soit dans des laboratoires entièrement financés par l'armée. Aux États-Unis, le projet «Manhattan», dont l'objectif avait été la fabrication de la bombe A, avait mobilisé jusqu'à 100 000 scientifiques, ingénieurs et techniciens, dans une ville ultra-secrète, construite pour l'occasion, Los Alamos. En 1945, la science et le militaire étaient, dans les pays alliés et notamment aux États-Unis et en Angleterre, les deux revers d'une même médaille.

Un changement avait eu lieu dans la nature de la guerre elle-même: combattre avait été jusque-là l'affaire d'armées professionnelles et les civils n'y étaient impliqués qu'exceptionnellement, même s'ils souffraient toujours des retombées des conflits. La nouvelle «guerre de Trente Ans», qui fit au moins 70 millions de victimes, essentiellement civiles, verra disparaître progressivement, de tous les points de vue, la barrière traditionnelle entre civils et militaires. Les civils y furent directement impliqués de plusieurs façons. D'abord, dès 1915, il fallut avoir recours à la mobilisation de classes d'âge entières. À cette occasion, la fleur de la jeunesse européenne fut décimée. Les guerres locales qui suivirent, en Extrême-Orient ou en Espagne, furent caractérisées par la multiplication sans précédent des exactions et des massacres de populations dites «innocentes».

Comme un mécanisme qui se serait emballé, la guerre qui commença en 1939 confirma cette tendance et l'accrut dans des proportions industrielles. La participation massive au conflit de groupes civils armés partiellement militarisés (milices, maquis) contribua largement à affaiblir la distinction entre civils et militaires en temps de guerre. Les bombardements aériens ayant comme objectif la destruction de villes entières (plusieurs centaines de milliers de victimes des seuls bombardements alliés à partir de 1942) constituèrent un couronnement à cet édifice. Ces bombardements systématiques, inaugurés par les nazis à Guernica, avaient été qualifiés par les Alliés jusqu'en 1942 d'actes typiques de la «barbarie fasciste». Ils furent désormais scientifiquement programmés, par ceux-là mêmes qui les avaient condamnés comme immoraux, avec comme cibles les populations civiles allemandes et japonaises. Tout n'a pas encore été dit sur les effets de la mise en coupe réglée des innovations scientifiques au service de la guerre moderne, ni sur cet étrange revirement des Alliés, lors de l'hiver 1941-1942, qui les conduisit à entreprendre les bombardements qu'ils avaient toujours dénoncés comme typiques de la barbarie fasciste, puis aux bombardements nucléaires de l'été 1945, qu'il faut cesser de mettre sur le compte de «la guerre en général», et à la «stratégie anti-cités», qui est encore à l'heure actuelle l'unique ressource programmée de la guerre non conventionnelle.

L'éclatement de l'humanisme

Enfin la découverte progressive, à partir de 1942 jusqu'à leur libération, de la réalité des camps d'extermination nazis devait porter un coup décisif et inexpiable aux représentations positivistes de l'intégrité et de la souveraineté de la personne humaine. Pour qui n'acceptait pas de se réfugier dans l'idée qu'il n'y avait là après tout qu'une folie exceptionnelle et locale, il apparaissait clairement qu'une rupture était intervenue dans l'histoire de l'humanité et, à tout le moins, dans les conceptions du monde qui plaçaient l'Homme, la personne humaine, au centre de toute chose. La pratique du meurtre de masse à base raciste fit éclater les principales valeurs de l'humanisme.

Plus que toute autre, la communauté scientifique américaine, dont de gros bataillons avaient été fournis par l'émigration européenne de l'entre-deux-guerres, avait été sensible à ces questions. La rencontre d'un certain nombre de scientifiques juifs ayant fui le nazisme avec la vague d'antisémitisme qui culmina aux États-Unis en 1943 dut probablement les convaincre que le problème n'était pas réductible à une idéologie locale. La «guerre de Trente Ans» fut ainsi l'occasion d'une véritable rupture éthique qui n'est pas sans rapport avec les nouvelles conceptions qui fleurirent alors dans les milieux scientifiques, notamment ceux qui s'occupaient de calculateurs, de traitement d'information, de cybernétique et de cerveaux humains: la nouvelle «définition de l'homme», le nouveau «statut ontologique» de la machine que les cybernéticiens avaient imaginés, cette volonté de construire des dispositifs artificiels qui feraient «mieux que l'homme» n'allaient-ils pas dans le sens d'une réponse à cette rupture éthique et à ce bouleversement radical dans les représentations de la personne humaine que la guerre avait entraînés?

Que Wiener se soit défini lui-même comme descendant de la famille du rabbi Loew n'est pas essentiel. Les ingrédients du cocktail qui avait présidé à la création du Golem, à la fois une menace, cette fois-ci sur l'espèce tout entière, et une incapacité de l'homme à y faire face, n'étaient-ils pas à nouveau réunis, cette fois-ci à grande échelle?

Pourquoi, dans ce contexte, Wiener se demande-t-il ce qu'est l'homme et pourquoi cette interrogation prend-elle un relief particulier en ce milieu de siècle? L'homme que Wiener nous propose est un «homme nouveau», non pas au sens où l'homme devrait changer, mais plutôt dans le sens d'une redécouverte de ce qu'est l'homme naturel, de sa nature fondamentalement «communicante».

Il se démarque ainsi de tous les autres «hommes nouveaux» que le siècle n'avait pas manqué de produire, en grande partie pour son malheur. De quelles idéologies, en effet, la «communication» est-elle concurrente, en cette fin des années quarante ? Au seuil du XXᵉ siècle, la situation était encore assez claire: deux idéologies s'affrontaient, essentiellement sur un plan politique et social, la branche libérale démocratique et la branche révolutionnaire, toutes deux issues des mêmes convulsions qui avaient agité le XVIIIᵉ siècle et caractérisé son espoir dans les Lumières.

Le mélange des guerres idéologiques et des conflits à base plus traditionnellement nationaliste conduisit à un affrontement tripolaire et à une escalade sans précédent dans la barbarie. Il faut noter tout particulièrement les progrès réalisés par la «thérapeutique exterminationniste», c'est-à-dire l'assassinat de masse comme solution à un problème politique ou social. Toute littéraire au XIXᵉ siècle, elle trouve un terrain de prédilection au XXᵉ: thérapeutique exterminationniste à base sociale pour l'idéologie révolutionnaire, dont les représentants, dès 1917, envoient à la mort des millions d'hommes sur le simple critère de leur appartenance de classe; thérapeutique exterminationniste à base raciste pour ce bourgeon idéologique étrange qu'était le national-socialisme. Les attraits de cette «thérapeutique» sont tels que les démocraties libérales en guerre, après l'avoir violemment critiquée, en utiliseront les moyens, avec une efficacité renouvelée, contre le civil de la nation ennemie, dont il s'agit de «saper le moral».

Une alternative à la barbarie

Au sortir de la «guerre de Trente Ans», il est clair que la barbarie est partout, au cœur de toutes les idéologies, y compris de celles qui ont survécu à la guerre, et qui anime maintenant les deux grands blocs. On savait ce que valait l'«homme nouveau» des nazis; on sut plus tard avec précision ce que valait l'«homme nouveau» des staliniens; on voulut éviter, au moins dans cette partie-ci de l'Occident, de voir que le germe était dans le fruit et que l'idéologie libérale n'était pas aussi bien protégée qu'on le croyait des poussées internes de la barbarie, même si, au bout du compte, elle était celle qui résistait le mieux. À l'heure des bilans, en 1945, l'esprit des Lumières semblait avoir fait long feu. À moins que...

À moins que le relais ne soit pris par une autre idéologie, une autre vision de l'homme, une autre manière d'exercer le pouvoir. C'est dans ce contexte qu'interviendront, pour le meilleur ou pour le pire, les scientifiques et ingénieurs qui venaient, aux États-Unis, de prendre pied dans les circuits décisionnels, comme conseillers à tous les niveaux du pouvoir. De la même façon que Fermi et Slizard, qui avaient fait l'expérience, dans les années trente, de la réalité des régimes fascistes et nazis, s'étaient rués aux États-Unis et n'avaient eu de cesse de donner aux Alliés une bombe atomique, on peut considérer que Wiener — et même von Neumann — n'aura de cesse de donner au monde une autre vision de l'homme, un autre modèle de société.

Dans un sens, Wiener est le parfait héritier du courant utopiste et il faut sans doute le considérer comme le promoteur d'une *utopie anthropologique,* une «sur-utopie» en quelque sorte, qui se propose de redécouvrir l'homme naturel pour pouvoir le faire évoluer dans une perspective rationnelle. Éclaircissons ce point important.

Le message de Wiener, au fond, est le suivant. Tout ce qui vient d'arriver à l'homme, cette submersion par la barbarie, n'a rien d'anormal. La société, l'humanité, comme l'univers tout entier, sont guettées par une menace permanente, une force de destruction perpétuellement à l'œuvre, que l'on appellera l'*entropie*, en référence directe et analogique avec l'entropie locale de la thermodynamique, ou, si l'on y tient, avec le *diable*, non le «démon malicieux, positif, des manichéens», nous dit-il, mais «le démon négatif de saint Augustin, celui qu'il appelle l'Imperfection», ou encore «le hasard, élément fondamental de la structure de l'univers».

La stratégie opposable au diable est double. D'abord reconnaître ce qui est message, information, voie de communication — c'est dans ce sens que Wiener «revisite l'homme» —, ensuite tout faire pour «maintenir ouvertes les voies de communication», quel que soit le contenu de ce qui est communiqué. La «communication» est la solution, car seuls l'ordre, l'organisation, conçus comme échange d'information, permettent de faire reculer l'entropie. Les machines, dans ce dispositif, vont évidemment jouer un rôle essentiel, en bouleversant les conditions d'exercice du pouvoir.

Voilà donc notre «idéologie de la communication» en grande partie constituée comme *alternative* à la faillite des idéologies qui ont produit la barbarie, idéologies qui ne peuvent d'ailleurs pas être mises sur un même plan puisque c'est au sein de l'idéologie libérale que la greffe constituée par l'idéologie de la communication a commencé à prendre.

Une idéologie sans victime

Une autre différence essentielle entre la «communication» et les idéologies de la barbarie qu'elle tend à remplacer tient sans doute à la nature de l'ennemi qui est désigné. Au fond, en «rethéologisant» le débat, Wiener permet d'envisager que l'on cesse de désigner un ennemi humain, membre d'une race, ou appartenant à une classe ou à un statut social. L'ennemi, dans son système, n'est plus un homme, mais une entité diabolique, le désordre, le déficit d'organisation, l'étouffement de l'information. L'idéologie de la communication a le grand mérite, mais il s'agit là d'une véritable vertu fondatrice, de ne plus faire peser sur l'homme, qu'il soit rouge, blanc, ou juif, la responsabilité des malheurs de l'humanité.

En cette fin des années quarante, les menaces, à nouveau, ne manquaient pas. La guerre froide faisait planer au-dessus des têtes le risque permanent d'un holocauste nucléaire auquel les populations civiles seraient associées comme jamais elles ne l'avaient été par le passé. Le sentiment d'impuissance devant la complexité d'une situation dramatique était accru par la conscience aiguë que la dernière guerre n'avait pas pu être évitée. Au sentiment du danger s'ajoutait celui d'une perte d'initiative des gouvernants qui avaient été incapables d'empêcher le mal et qui avaient, pour toute réponse, planifié le pire en organisant par exemple une stratégie de riposte nucléaire «anti-cités», dont l'objectif était une fois de plus l'anéantissement prioritaire des populations civiles.

Lucien Sfez, en posant la question de l'origine et du lieu de naissance de la nouvelle idéologie de la communication, insiste sur le fait que celle-ci est née en Amérique du Nord, dans une société sans mémoire. La communication, dans ce contexte, aurait été «le recours d'une collectivité pauvre en symboles historiques». Mais il faut bien expliquer, et Lucien Sfez pose également la question, pourquoi cette idéologie s'est imposée avec aussi peu de difficulté, dans les sociétés européennes, qui sont pourtant «à mémoire longue». Un élément de réponse à ce paradoxe apparent est que l'Occident, dans son ensemble, est travaillé par la question de la *mémoire*, d'une façon peut-être nouvelle depuis précisément la fin de la dernière guerre mondiale.

La société des années cinquante doit une grande partie de son dynamisme à une double perte de mémoire. D'abord l'occultation de la réalité de ce qu'avaient représenté les meurtres de masse, aussi bien ceux commis, en toute singularité, par le régime nazi, que ceux que les Alliés s'étaient autorisés, notamment dans le cadre des bombardements aériens. Ensuite, l'oubli de l'insupportable menace nucléaire qui planait, au présent, sur les populations occidentales, et que l'Occident faisait à son tour planer sur les populations des pays de l'Est. Il y aurait beaucoup à dire sur les comportements sociaux des hommes en situation de menace permanente. Certains chercheurs ont ainsi montré comment des hommes, confrontés professionnellement par exemple au risque nucléaire, étaient contraints de s'imposer une forte censure sur la perception même des risques encourus. La perte de mémoire apparaît dans ce sens comme une condition de la survie quotidienne, et l'importance considérable donnée à l'idéologie de la communication pourrait bien avoir été, dans l'ensemble de l'Occident, *la* réponse à ce mode d'être spécifique de la période de la guerre froide, dont nous sommes encore les héritiers aujourd'hui.

Une nouvelle société

Wiener, après avoir jeté en 1948, avec la cybernétique, les bases d'une nouvelle version anthropologique de l'homme — et des machines —, donna rapidement une portée plus largement sociale à ses travaux. Son présupposé de base était simple et très actuel: la nature des communautés sociales dépendait de leur «mode intrinsèque de communication» qui pouvait être ouvert et vivant ou, au contraire, conduire à une destruction, lente ou rapide, de la société.

Trois alternatives fondamentales allaient dès lors guider la pensée sociale de Wiener: d'abord dans le comportement social, l'alternative entre rigidité et capacité d'apprentissage; ensuite le secret de l'information, qui s'opposait à sa «transparence»; et enfin le stockage et l'immobilisation de l'information, qui para-

216

lysaient les vertus dynamiques de son mouvement et de sa large circulation sociale. Ces thèmes constituèrent autant d'arguments qui serviront à fonder ultérieurement le discours sur la communication, notamment à partir des années soixante-dix.

L'opposition entre la rigidité et la capacité d'apprentissage du comportement était liée, pour Wiener, à l'idée que la rétroaction (le «feed-back») constituait le modèle d'organisation le plus susceptible de faire reculer localement l'entropie. La rétroaction était pour lui le mode le plus évolué de l'échange d'information entre un être quelconque et son environnement puisqu'il impliquait un apprentissage constant. Tout devait donc être fait, dans la société de communication, pour libérer les capacités d'apprentissage potentielles de l'homme, mais aussi des machines. La rigidité, c'est-à-dire le blocage de l'apprentissage, était pour Wiener l'équivalent de la programmation déterministe d'un comportement.

Un système rigide était un système fermé, sans communication avec l'extérieur, or Wiener était persuadé que dans le cas des systèmes sociaux, comme dans celui des systèmes thermiques étudiés par la thermodynamique, tout système isolé tendait vers un état de désordre maximal. L'appel à développer les capacités d'apprentissage, définies comme un certain type d'échanges d'information avec l'environnement, va concerner non seulement les hommes, mais aussi les machines. Toute machine de communication qui ne serait pas susceptible d'apprendre risquerait d'être un point d'entropie dans le vaste système social d'échange d'information. Apprendre, pour une machine, signifiait qu'elle était capable de modifier son comportement et éventuellement son mode d'organisation interne, en fonction de l'analyse des résultats de son action.

Wiener va fournir, dans le domaine des télécommunications, un de ces exemples dont il avait le secret: il proposa en effet d'organiser le système téléphonique de telle façon que celui-ci, au lieu de relier sans souplesse tous les points du réseau entre eux, tienne compte de la fréquence des liaisons point par point pour faciliter l'acheminement des communications les plus probables, au détriment évidemment des moins probables. Ainsi un utilisateur donné obtiendrait plus rapidement un numéro qu'il avait coutume d'appeler fréquemment car la machine tiendrait compte de cette probabilité dans l'organisation de ses circuits.

Cet exemple est typique de la pensée de Wiener et de son souhait de confier aux machines un rôle social plus «intelligent». Il illustre bien aussi la véritable répulsion que le mathématicien éprouvait pour les dispositifs programmés et rigides, incapables d'apprendre. Ce sont ces dispositifs qui étaient pour lui à l'œuvre dans le mode d'organisation de la société fasciste, où tous les comportements étaient «pré-programmés» et où l'homme n'était qu'un rouage.

L'alternative entre le stockage de l'information ou sa circulation fut une autre des conceptions que Wiener contribua largement à répandre. Dans cet esprit, l'information était moins conçue comme une donnée stable que comme un processus. L'information, nous dit Wiener, est «le nom du contenu de notre échange avec le monde extérieur pendant que nous nous ajustons à celui-ci et que nous lui faisons subir le processus de cette adaptation»; et il ajoutait que vivre pleinement impliquait de vivre avec une information adéquate.

Dans cette conception, toute entrave au mouvement et à la circulation d'une information conduisait inévitablement à la décadence sociale: la communication, disait Wiener, «est le ciment de la société et ceux dont le travail consiste à maintenir libres les voies de communication sont ceux-là mêmes dont dépend surtout la perpétuité ou bien la chute de notre civilisation». Or les forces qui s'opposent au mouvement de circulation de l'information existent bien. L'énorme dépréciation de valeur que peut subir l'information viendrait principalement de la tentative de stocker celle-ci en fonction d'intérêts mercantiles. Wiener utilisa les mots les plus durs pour fustiger par exemple la soumission de la presse et de la radio aux seuls intérêts commerciaux, ou, sur un autre plan, la politique des brevets, qui enferment le processus de l'invention dans un carcan stérilisant. Les voies de communication sont étranglées et mutilées si elles sont soumises à la seule loi du profit. La transformation de l'information en marchandise stockable est inévitablement synomyme de dégradation et d'affaiblissement du *courant continu* qui doit irriguer la société, qui est la substance même de la société civilisée.

La troisième alternative opposait le secret et la «transparence» de l'information. L'emploi de la métaphore de la «transparence» n'était pas nouveau. La «cité idéale», nous dit Gilles Lapouge dans son analyse de l'histoire des utopies, est toujours «transparente». Mais Wiener renchérit sur ce point en insistant sur l'idée qu'une société «peut être comprise seulement à travers l'étude des messages qui lui sont propres». Dès lors, l'accessibilité de l'information constituait une donnée vitale à laquelle s'opposait la politique du secret sous toutes ses formes, politique qui reflétait «le désir d'une civilisation malade qui voudrait ignorer les progrès de sa propre maladie». Remarquons au passage que le fait de conférer un tel rôle à l'information avait comme conséquence indirecte de faire des sciences qui étudient la communication les sciences sociales par excellence.

Le poids de l'armée dans les différentes institutions américaines, et principalement l'université, pesait lourdement à l'époque où Wiener décrivait ce que devait être la société de communication idéale, c'est-à-dire la seule susceptible de survivre. Les impératifs de la «sécurité nationale» avaient complètement transformé le schéma idyllique de la communication entre scientifiques, fondé traditionnellement sur le libre échange des travaux et des résultats. Les grandes affaires d'espionnage qui avaient caractérisé les débuts de la guerre froide contribuèrent également à rendre suspecte toute attitude d'ouverture et de transparence vis-à-vis des moindres informations susceptibles d'avoir un rapport, même lointain, avec le domaine industriel ou militaire.

Le secret militaire n'était pas la seule préoccupation de Wiener. Lorsque celui-ci plaidait en faveur de la «transparence», il évoquait aussi ce point fondamental qu'était pour lui la claire connaissance par tous des règles qui organisaient toute communication sociale. La réflexion sur la société de communication impliquait le droit, défini comme l'«aspect éthique de la communication». Les problèmes du droit et de la loi participaient ainsi de la nature de la communication et relevaient de la cybernétique comme discipline en ce sens qu'il s'agissait de problèmes qui dépendaient du contrôle régulier et répétable de certaines situations critiques.

Wiener partit ainsi en guerre contre ce qu'il appelait «la faune obscure, négativement phototropique des tribunaux». Le premier devoir du législateur et du juge était selon lui de formuler des affirmations claires et non équivoques, afin que non seulement les experts mais aussi l'homme de la rue puissent les interpréter d'une façon et d'une seule et surtout prévoir à l'avance le comportement des tribunaux. Wiener aimait à citer en exemple le sort des Indiens qui, par méconnaissance des règles de l'échange et parce qu'ils ignoraient la notion de propriété du sol, avaient cédé aux Blancs des droits de chasse sur des territoires qui furent tout simplement annexés, en toute bonne conscience juridique, puisque ces droits furent interprétés comme des droits de propriété terrienne. Tout contrat juste nécessitait, dans une optique de communication ouverte et transparente, des partenaires informés sur les règles mêmes.

L'influence de Wiener

Quelle a été l'influence réelle de Wiener et de son argumentation en faveur d'une société de communication? Pour répondre à cette question, il faut d'abord considérer le fait que Wiener n'a été que partiellement novateur. Sa pensée refléta une situation largement avancée dans une société occidentale — et surtout le monde anglo-saxon — où l'information était déjà, sous différentes formes, une réalité massive. Alors que chacun percevait qu'il y avait là une dimension essentielle, Wiener, lui, en fit l'axe autour duquel tout devait désormais être conçu et organisé. L'importance qu'il conféra aux voies de communication et aux machines de traitement de l'information était parfaitement en phase, même si son discours les précédait de quelques années, avec les progrès matériels que les techniques faisaient dans ces domaines, notamment en téléphonie et en informatique.

Sa conscience aiguë d'une menace sur la société, sur le lien social comme sur l'existence même de la société humaine était tout à fait en correspondance avec l'état moral d'une société qui ne subsistait au présent qu'en oubliant les désastres du passé immédiat aussi bien que ceux, dont la survenue était jugée probable, du futur proche. Son apport fut de proposer des métaphores d'origine scientifique (en particulier l'entropie et l'information) pour analyser et comprendre une situation sociale et morale que plus aucun système traditionnel n'osait véritablement interpréter et qui était l'objet d'une tentative d'effacement permanent sur le plan de la mémoire. Ainsi la force des arguments qu'il proposa en faveur de la société de communication tint-elle sans doute plus au silence et à l'absence d'explication sur les grandes mutations qui caractérisaient l'époque qu'à leur propre solidité interne.

La partie plus politique du discours de Wiener, celle qui faisait de lui une sorte d'«anarchiste rationnel» assez original, en lutte contre le capitalisme, le communisme, l'Église et l'armée, n'eut pas immédiatement d'influence sur une société où ceux qui se sentaient mobilisés dans le cadre de la guerre froide l'emportaient largement sur ceux, d'ailleurs pourchassés, qui imaginaient un autre avenir pour les États-Unis et le monde occidental. Il faudra attendre le milieu et la fin des années soixante pour que les idées de Wiener, largement diffusées, irriguent le courant radical qui s'opposait à l'engagement américain au Vietnam et au Cambodge et tentait d'imposer, par la contestation, de nouvelles valeurs. En attendant ce regain d'influence sur le plan politique, les idées cybernétiques de Wiener, en convergence avec celles des théoriciens de l'information et celles des premiers informaticiens, encouragèrent le recours massif aux nouvelles techniques de communication.

La question de la décision

L'un des points d'application les plus notables du nouveau discours sur la communication, dans le domaine technique, furent sans doute les projets d'*automatisation de la prise de décision*. L'argument selon lequel l'intérêt des nouvelles machines tenait à leur potentialité de remplacer un décideur humain défaillant fut en tout cas l'un des premiers connus du public français. Le premier article dans la presse française — écrit par le père Dubarle en décembre 1948 — qui annonçait l'existence des ordinateurs les présenta d'emblée comme étant d'abord de futures

«machines à gouverner», destinées grâce à la «conduite rationnelle des processus humains» à «suppléer l'insuffisance aujour-
d'hui patente des têtes et des appareils coutumiers de la politique».

Comme en écho, l'inventeur des tores de ferrite, qui sera plus
tard l'âme informatique du premier rapport du Club de Rome, le
professeur Forrester, déclara que désormais les systèmes sociaux
étaient trop complexes pour être dirigés par des hommes et que
l'esprit humain, capable seulement d'argumentation, de discussion et d'approximation, était désormais inadapté à l'interprétation
des phénomènes sociaux.

Von Neumann lui-même, le père de l'ordinateur, conduisit
des recherches en vue d'automatiser la prise de décision en
matière stratégique en prenant appui sur la théorie des jeux qu'il
avait mise au point. Le mathématicien sera d'ailleurs un temps
partisan du bombardement nucléaire préventif de l'Union soviétique. Le système SAGE, dont nous avons vu qu'il était l'un des
premiers grands réseaux, avait été conçu pour limiter au maximum l'intervention humaine, et des versions ultérieures de ce
système de défense laisseront ouverte la possibilité d'une
automatisation complète de la riposte nucléaire en cas d'agression.

Wiener s'opposera farouchement à toutes ces tentatives,
comme à tout ce qui, pour lui, impliquait des dispositifs rigides,
secrets, sans possibilité d'apprentissage. Ce n'est pas tant son
antimilitarisme — bien réel — qui l'opposa à von Neumann,
que les conceptions étroitement déterministes, du point de vue
de l'information et de son traitement, qu'il décelait chez lui.

À la culture de l'évidence rationnelle incarnée par l'informatique et les techniques de communication des années quarante,
Wiener opposa une culture de l'argumentation, de la communication ouverte, vivante et transparente. Le débat traditionnel
entre ces deux cultures se poursuivait donc mais, sous la poussée
dramatique des conséquences de la nouvelle «guerre de Trente
Ans», il se déroulait désormais à l'intérieur même du monde de
la technique. Grâce ou à cause de l'idéologie naissante de la
«communication», les techniques de la communication eurent
désormais la tentation d'absorber le social dans son ensemble et
de réaliser ainsi progressivement le projet de Wiener.

Bibliographie: J. COHEN, 1968; D. DUBARLE, 1948; J.S. HEIMS, 1982; G. LAPOUGE, 1978; P. PRINGLE, J. SPIGELMAN, 1982; B. RANDELL (éd.), 1982; T. ROSZAK, 1986; L. SFEZ, 1988; G. STEINER, 1973; A. TURING, 1983; N. WIENER et *alii*, 1961; N. WIENER, 1948, 1952; D. WYMAN, 1987.

15

Les enjeux économiques des
techniques de communication

Les techniques de communication ont connu, dès la fin de la
guerre, une période de développement sans précédent dans
l'histoire. Les trois grands territoires de la communication — les
médias, les télécommunications et l'informatique — ont vu leur
champ d'application se développer au-delà de ce que les experts
même prévoyaient. Leur montée en puissance progressive va
aboutir, dès la fin des années soixante, à ce que toutes les
techniques qui soutiennent d'une façon ou d'une autre la
communication sociale deviennent la base d'enjeux économiques
majeurs.

Leur irruption sur le devant de la scène économique aura été,
il est vrai, merveilleusement soutenue par l'idéologie de la
communication, dont nous venons de décrire les conditions
d'apparition. Cette idéologie va accompagner pas à pas le
mouvement technique et économique, que ce soit dans le domaine
des télécommunications ou dans celui de l'électronique, ou encore
du développement de tous les nouveaux médias. L'idéologie de
la communication, dont nous pouvons suivre la pénétration
progressive dans les mentalités, a fait plus qu'accompagner le
développement technique et économique dans ce secteur; elle

lui a souvent préparé le terrain et fourni ses arguments les plus convaincants.

La caractéristique la plus notable du développement des techniques de communication est sans doute le mouvement d'*intégration* des différents territoires qui les composent et la levée progressive des frontières qui les séparaient jusque-là. La figure ci-après illustre ce phénomène d'intégration qui constitue le noyau dur des enjeux économiques. Les différentes techniques mentionnées sur cette figure sont positionnées dans le triangle en fonction de la contribution respective à leur mise en œuvre de chacun des trois grands secteurs. Ainsi, les centraux téléphoniques sont-ils à mi-chemin entre les techniques des télécommunications et celles de l'informatique et ont une composante «médias» presque nulle. Les images de synthèse sont, elles, à mi-chemin entre l'univers des médias et celui de l'informatique. Les Réseaux numériques à intégration de services (RNIS en France et ISDN, pour «Integrated Services Digital Networks», aux États-Unis) occupent une place centrale car ils relèvent d'une technique tripolaire, mettant en jeu données informatiques, voix et images, télécommunications. Les flèches sur la figure représentent la tendance de chacune de ces techniques. Ainsi les centraux télé-phoniques, auparavant entièrement réalisés sur la base des techniques électromécaniques propres à l'univers des télécommunications, ont fait mouvement vers l'informatique et sont désormais construits sur une base entièrement électronique. Le traitement de texte informatique évolue vers l'édition assistée par ordinateur et se dirige donc vers le secteur des médias, où il est à l'origine de transformations notables dans les manières de travailler.

La tendance globale, on le voit, est à l'intégration des techniques vers un centre idéal. Les problèmes posés par une telle intégration sont toutefois loin d'être résolus et l'on peut se demander s'il n'y a pas là, dans cette fuite vers un centre en partie hypothétique, un effet imaginaire de l'idéologie de la communication, tant certains secteurs paraissent devoir malgré tout garder leur autonomie. On peut voir également, dans cette figure, à quel point les techniques à base d'électronique cons-tituent le fer de lance de la tentative d'intégration des différentes techniques de communication. Le mouvement auquel nous

Graphique I
Le triangle de la communication

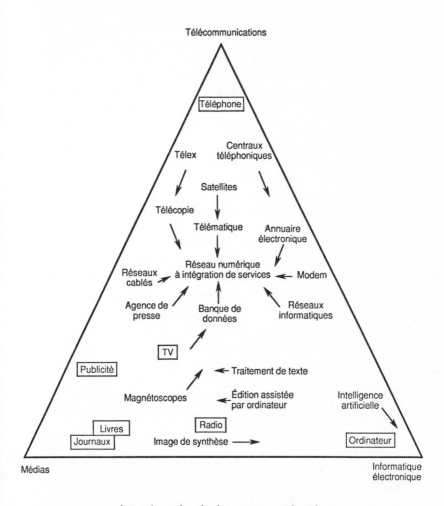

Le triangle de la communication

227

assistons aujourd'hui, parallèlement au développement d'une logique des usages, est sans doute celui d'une recomposition de l'ensemble des territoires de la communication.

Nous allons examiner successivement dans ce chapitre comment l'idéologie de la communication est venue conforter la prégnance économique des techniques de communication, puis comment l'importance du secteur des télécommunications s'est progressivement dégagée. Enfin nous examinerons la question de la dérégulation, dont nous verrons qu'elle est, sous bien des aspects, associée à la question de l'intégration des techniques de communication. La dérégulation est peut-être en effet un des produits majeurs de l'idéologie de la communication dans le domaine économique. L'intense développement de l'industrie électronique, largement traitée par de nombreux auteurs, est ici en toile de fond du raisonnement.

Idéologie et économie

Qu'il s'agisse de l'achat par une entreprise d'un nouveau système de communication ou d'une décision de politique industrielle par un État, la société d'aujourd'hui — et cela montre à quel point elle est travaillée par l'idéal de la communication dans un sens large — exige la production d'arguments qui légitiment les choix et les décisions. On aurait tort de croire que ce besoin de légitimité serait en quelque sorte l'exercice d'une rhétorique superficielle. Le recours massif aux techniques de communication ne semble pas en effet aller systématiquement de soi.

Pourtant, les arguments qui justifient le développement et l'emploi massif des techniques de communication dans notre société ne manquent pas. Ils sont même de plus en plus utilisés pour ce qui concerne les pays en voie de développement, sommés eux aussi de devenir des «sociétés d'information et de communication», quand leur sous-développement même n'est pas attribué à leur manque de techniques dans ce domaine et à leur marginalité vis-à-vis des grands circuits mondiaux d'information. On distinguera ici dans la masse des discours les plus divers qui sont tenus sur la communication trois grandes familles d'arguments: les arguments idéologiques, les arguments économiques et les arguments en termes de «logique des usages». Ces trois thématiques se sont succédé dans le temps, la dernière étant en cours de formation, sans pour autant se substituer les unes aux autres.

Les *arguments idéologiques*, ou arguments «de première génération» car ce sont les plus anciens, font découler le soutien de l'innovation et l'usage des techniques d'une analyse de la société, de l'homme, de l'univers en général, qui met au centre de toute chose les processus communicationnels. Cette idéologie, dont nous venons d'étudier les conditions d'émergence, génère des thèmes comme ceux de la «transparence sociale» ou de l'«homme interactif», ou encore ceux de la «société de l'information» ou de la «nouvelle culture informatique».

Il faut bien reconnaître que, depuis les années quarante, il n'y a guère eu de nouveauté dans ce domaine, même si les arguments conçus à cette époque sont périodiquement traduits en un langage plus moderne, et si les métaphores sur lesquelles ils s'appuient sont régulièrement renouvelées. L'une des formes prises par cette idéologie de la communication consiste à faire admettre que l'emploi des techniques dans ce domaine relèverait d'un «besoin naturel». De tout temps l'homme aurait inventé des techniques pour survivre et maîtriser la nature. La réalisation moderne de cette forme traditionnelle de rapport de l'homme à la technique et à la nature passerait par toutes les techniques facilitant la diffusion, le transport et le traitement de l'information.

Cette conception est parfaitement illustrée par la métaphore à laquelle recourent William Pierce et Nicolas Jéquier lorsqu'ils décrivent «les systèmes de communication en général et les télécommunications en particulier» comme possédant «beaucoup de caractéristiques en commun avec le cerveau humain et avec les réseaux de communication du corps humain». À cet égard, ajoutent ces auteurs, «les télécommunications pourraient être considérées non seulement comme une technique parmi d'autres, mais aussi comme le système nerveux de la société. Nous savons aujourd'hui que l'intelligence d'un individu dépend non pas de la taille de son cerveau, mais de l'abondance et de l'activité des

229

connexions existant entre ses neurones. (...) Si nous admettons cette analogie (...) il s'ensuit qu'un système de télécommunication est beaucoup plus qu'une simple infrastructure».

Dans cette description, faite ailleurs par Joël de Rosnay avec son «cerveau planétaire», le recours à la communication n'apparaît pas comme un choix politique ou idéologique, mais comme une nécessité naturelle indiscutable. Les arguments de type idéologique apparaissent donc sous deux versions, l'une explicite — que l'on retrouvera dans le discours des grands décideurs —, l'autre plus masquée, fréquemment utilisée par les techniciens et les experts, prompts à montrer que leur action a une légitimité en quelque sorte «naturelle».

Parfois ces deux versions, apparemment contradictoires, mêleront leurs arguments. La fin des années soixante a vu le développement du thème de la «révolution informatique» qui était l'occasion à la fois d'une justification de nature quasi politique (il s'agissait ni plus ni moins de changer la nature de la société) et de légitimation en termes purement techniques. Sur un plan pratique, dans les années soixante-dix, celles de l'«informatisation de la société» *(computerization)* que l'on faisait alors avancer à marche forcée, ce mélange des genres fut tout à fait efficace car il permettait d'en appeler à la fois à la «neutralité de l'outil» et à son «pouvoir de réforme» des vieilles structures périmées. Lorsque le second argument entraînait une résistance — «aux changements» —, on mobilisait le premier, qui créait ainsi un terrain favorable au second et ainsi de suite. Les sociologues n'ont pas manqué, à l'époque, d'observer concrètement les stratégies de diffusion de l'innovation qui fonctionnaient sur cette base bipolaire.

Les arguments de première génération, sans perdre de leur force dans certaines circonstances essentielles, n'en ont pas moins été relayés, à partir des années soixante-dix, par des *arguments de seconde génération* qui mettent en avant, cette fois, le rôle déterminant des techniques de communication, surtout digitales, dans les perspectives de «sortie de crise» des grands pays occidentaux. Les innovations dans ce domaine seraient le nouveau point fixe autour duquel se réorganiserait l'économie, donc la société. De la même façon que l'automobile avait été le moyen technique de «sortie de crise» des années trente, les télécommunications et l'informatique, et leur intégration avec le secteur plus traditionnel des médias, seraient à l'origine d'une nouvelle dynamique économique. Le slogan qui fait de l'information «le pétrole des années quatre-vingt» illustre bien cette perspective. Il reflète également à quel point, dans cette conception, comme le dit Alain Giraud, «les télécommunications, les données, les images doivent être considérées en tant que marchandises comme les autres».

Les années soixante-dix et quatre-vingt furent en effet l'occasion d'une véritable percée de cette dimension économique dans l'ensemble des territoires de la communication. Cette percée correspond à deux enjeux majeurs dans ce domaine: d'une part, l'extension du rôle des techniques de communication dans la société et, notamment, leur mondialisation et, d'autre part, leur intégration, c'est-à-dire la convergence au sein d'un même ensemble potentiellement unifié des trois grandes familles de techniques, les médias, les télécommunications et l'informatique. Dans la mesure où l'extension des techniques de communication semble largement dépendante de leur capacité d'intégration interne, cette dernière question apparaît véritablement au centre des enjeux économiques.

Les techniques de communication pouvaient d'autant moins échapper à cette mondialisation qu'elles s'appuient sur une idéologie d'emblée universalisante. L'Union télégraphique, ancêtre de l'actuelle Union internationale des télécommunications (UIT), fut par exemple la première agence supranationale créée dans le monde. La création d'INTELSAT (International Telecommunications Satellite Organization) en 1964, puis la prise en compte de ces questions par les grands organismes internationaux allèrent dans ce sens.

À ces arguments est en train de se superposer sous nos yeux une thématique organisée autour de l'idée, paradoxalement nouvelle, selon laquelle les techniques de communication correspondraient à un «usage», à des besoins individuels qui relèveraient d'une nouvelle «culture technique». La production de techniques et de biens informationnels devrait donc se réorganiser cette fois autour d'une nouvelle *logique des usages*, dont la formulation comme source d'arguments de troisième génération n'est pas encore, il est vrai, tout à fait cristallisée.

La généralisation et la banalisation — toutes relatives d'ailleurs — des techniques de communication sont des faits qui viennent

231

apparemment soutenir cette idée. Comme le remarque Josiane Jouët, «aujourd'hui la compétence technique n'est plus un préalable à l'emploi des nouvelles technologies. L'utilisation du Minitel n'exige aucune connaissance particulière et la diffusion de la micro-informatique s'accompagne de discours qui insistent justement sur la facilité de manipulation et sur l'accessibilité de l'informatique, enfin mise à la portée de tous... L'idéologie ambiante mythifie la technique en en faisant le "must" de notre société mais la démythifie aussi en vulgarisant son accès». La métaphore de l' «alphabétisation informatique» est centrale dans cette famille d'arguments de troisième génération, qui redécouvre d'une certaine façon les racines idéologiques des années quarante.

L'importance croissante du rôle des télécommunications

Dans ce contexte, l'idée selon laquelle le développement du secteur des télécommunications est un facteur décisif de la vie économique dans son ensemble s'est progressivement et assez facilement imposée. Il faut remarquer à ce sujet l'existence d'un consensus entre ceux qui souhaitent une libéralisation totale de ce secteur et ceux qui sont partisans d'une intervention étatique lourde. Ce consensus est sans doute un effet des progrès de l'idéologie de la communication, qui joue ici un rôle de «liant» essentiel, capable de dépasser les clivages traditionnels des choix politiques.

Les télécommunications jouent à l'évidence un grand rôle dans ce processus d'intégration des techniques de communication. Elles ont une fonction d'arbitrage au sens où elles constituent un point de passage obligé, sur un plan technique mais aussi politique. À côté du «quatrième pouvoir» que constituent les médias et du caractère d'emblée privé — au sens de l'entreprise privée — des industries informatiques et électroniques, les télécommunications font figure de cheval de Troie du politique dans le monde de la communication, du fait de la solidité et de l'ancienneté des liens organiques entre le téléphone et les États nationaux. À travers les télécommunications, la question posée est au fond celle du contrôle de l'intégration des techniques de communication.

David Encaoua et Philippe Kœbel insistent par exemple sur le fait que le choix de la dérégulation en Grande-Bretagne est «dicté par des considérations essentiellement politiques, avec la conviction supplémentaire qu'une meilleure efficacité des télécommunications aurait des répercussions positives dans toute l'économie, et notamment dans les services, traditionnellement points forts en Grande-Bretagne». Pour la France, Chantal de Gournay fait ressortir l'importance des télécommunications en tant qu'élément de service public.

L'Union internationale des télécommunications confirma ce point de vue en adoptant, lors de la conférence de Nairobi en 1982, une résolution qui stipulait que «les équipements et les services de télécommunication sont non seulement le produit de la croissance économique, mais aussi une condition préalable au développement général». L'importance économique du marché des télécommunications est effectivement incontestable, surtout si on lui ajoute celui des services dits «à valeur ajoutée» qui consistent à utiliser le service du téléphone pour vendre un autre service, l'accès à une banque de données ou une messagerie, par exemple. On compte dans le monde plus de 600 millions de téléphones installés, et les dépenses d'équipement atteignaient plus de 80 milliards de dollars en 1988. Le tableau suivant permet de situer l'importance et la place relative du marché des télécommunications.

MARCHÉ DES GRANDES TECHNIQUES DE COMMUNICATION
EN 1984 (EN MILLIARDS DE DOLLARS US)

Équipements de télécommunications	56
Équipements de traitement de données et logiciels	175
Marché des semi-conducteurs	28
Électronique grand public	30
TOTAL	289
Par comparaison:	
Marché mondial de l'automobile	313
Budget national de la France	170

Source: Cees J. Hamelink, «Les technologies de l'information et le tiers monde», *Revue Tiers-Monde*, juillet-août 1987.

On note également dans ce domaine, comme dans d'autres, d'importantes disparités: la ville de Tôkyô compte autant de postes téléphoniques (26 millions) que l'ensemble du continent africain et les communications téléphoniques entre le Zaïre et la Côte-d'Ivoire, le Kénya et la Tanzanie, la Bolivie et le Paraguay, transitent respectivement par Paris, Londres et New York. Denis Fred Simon remarque par ailleurs que les efforts de développement en matière d'informatique sont freinés en Chine par «l'étroitesse de son réseau de communication».

L'importance des réseaux de télécommunications, «terminaison nerveuse de la société de l'information», fut jugée décisive par la commission Maitland, constituée par l'UIT, qui rendit un rapport sur ce sujet en 1984. L'une de ses principales conclusions était la recommandation de rendre prioritaires, dans les programmes de développement, les différents moyens de télécommunication, considérés comme véritable «bien public».

Bien sûr, ce lien entre télécommunications et développement n'est pas clairement établi, et les auteurs qui faisaient l'apologie de ce nouveau «système nerveux», Pierce et Jéquier, reconnaissent bien volontiers qu'«il n'existe pas de théorie générale — et très peu de preuves — de la contribution effective des télécommunications au développement économique et social». Rien n'indique, notamment, que de tels systèmes favorisent réellement «le transfert des connaissances», ou encore que les réseaux de communications électroniques permettraient de suppléer aux réseaux de transports physiques quand ceux-ci sont, comme dans le cas de nombreux pays du tiers monde, défaillants ou partiellement inexistants.

Sur cette question du rapport entre techniques de communication et développement, René-Jean Ravault soutient même l'idée que «les difficultés que rencontre l'implantation de systèmes de communication cohérents et efficaces dans de nombreuses régions du tiers monde proviennent, bien souvent, de l'espoir démesuré placé dans le recours aux nouvelles technologies de communication et dans le pouvoir de persuasion attribué à ceux qui produisent et diffusent les biens de consommation».

C'est donc dans un contexte de mondialisation des techniques de communication, où l'enjeu est à la fois leur diffusion et leur intégration, que va prendre place le mouvement de «dérégulation».

Dérégulation et intégration des techniques de communication

La dérégulation a fait couler beaucoup d'encre ces dernières années. Elle a donné lieu jusqu'à présent à deux ordres d'interprétation: en termes politiques d'abord, où d'aucuns y ont vu un conflit entre l'idéologie libérale et les conceptions plus dirigistes sur le rôle de l'État; en termes «purement techniques» ensuite, où la dérégulation serait la conséquence inéluctable du progrès technique, dans un contexte de mondialisation de l'économie.

Ces deux ordres d'explication ne manquent pas, il est vrai, d'une certaine pertinence. Né au États-Unis, le mouvement de dérégulation a pris sa source dans un climat général de retour aux valeurs néo-libérales incarnées par Ronald Reagan, relayées en Europe par les conservateurs anglais avec à leur tête Margaret Thatcher. Ce mouvement a rencontré une sympathie évidente parmi ceux qui, en Europe et en France, se faisaient les thuriféraires du «moins d'État». Il est clair aussi que les conditions extrêmement sévères de la concurrence économique internationale, du fait de la mondialisation des marchés, notamment en électronique, obligeaient à revoir la façon dont les entreprises nationales ou nationalisées étaient armées pour résister aux assauts étrangers en provenance de l'Europe pour la téléphonie, des États-Unis pour l'informatique, du Japon pour l'électronique.

Mais ce contexte politique et économique était en parfaite convergence avec le mouvement impulsé par l'idéologie de la communication, mouvement qui conduit à l'intégration la plus poussée possible des techniques dans ce domaine. La façon dont la dérégulation s'est progressivement mise en place aux États-Unis est parfaitement éclairante sur ce point. Si l'on s'en tient en effet à la décision politique — démantèlement d'ATT ou privatisation de British Telecom par exemple —, l'arbre libéral risque de cacher la forêt des multiples événements qui ont conduit à cette décision, simple aboutissement d'une évolution amorcée bien plus tôt.

Comme le remarque Nezih Dincbudak, le démantèlement d'ATT, accompli en 1984 suite au «Modified Final Judgement», fut «le point d'orgue d'un processus déréglementaire; (...) mais

(...) la majorité des décisions libéralisant le marché étaient prises avant cette date et notamment par les deux "Computer Inquiry" de 1971 et 1980». Les décisions prises par la commission «Computer Inquiry II» avaient permis d'établir une distinction entre les services de base et les services à valeur ajoutée, et avaient conduit à réglementer les premiers tout en libéralisant les seconds.

Cette décision avait été une réponse au problème soulevé quinze ans plus tôt, en 1965, par une compagnie, Bunker Ramo, qui avait souhaité offrir aux courtiers une fonction de commutation de messages à partir de ses propres ordinateurs mais en se servant du réseau téléphonique d'ATT. Le refus d'ATT et les plaintes en justice qui suivirent furent à l'origine de la «Computer Inquiry I», instituée en 1971 au sein de la Federal Communication Commission (FCC), qui tenta une première classification de services hybrides nés de l'interaction entre les télécommunications et l'informatique. La libéralisation sur ce point fut acquise en 1973.

En fait, dès les années quarante, des firmes informatiques avaient tenté de pénétrer le marché de la transmission d'images et de données, mais les risques réglementaires encourus avaient considérablement limité le niveau des investissements dans ce domaine. Le réseau de transmission de données construit par IBM et General Electric en 1944 avait gardé sa nature expérimentale; et Philco, qui avait ouvert le premier réseau opérationnel, fut contraint d'arrêter le service en 1949, ne pouvant le connecter au réseau ATT du fait du refus de cette firme qui entretenait une armée de juristes — plus de 10 000 dans les années soixante — pour préserver ses positions.

Il apparaît clairement, à la lumière de ces exemples, qu'à l'origine du processus de réajustement réglementaire il y a un blocage, non seulement d'une innovation technique, mais du mouvement de convergence de deux familles d'innovation technique, l'une en provenance du territoire des télécommunications, l'autre, de celui de l'informatique. Chantal de Gournay, qui insiste par ailleurs sur l'idée qu' «à l'origine des dérégulations il y a presque toujours un problème d'innovation», insiste également sur l' «attachement idéologique aux valeurs du modernisme, qui se fonde sur la conviction que l'égalité ne peut naître que du progrès», attachement qui pourrait bien être préalable aux décisions dans ce domaine. À cette analyse on pourrait utilement ajouter qu'une des versions les plus actives de cette «idéologie moderniste» est justement celle de l'idéologie de la communication — qui en est même la forme actuelle la plus achevée —, à l'œuvre ici concrètement dans le processus de convergence des techniques.

La question pourrait être alors celle de savoir si la dérégulation est le seul moyen de parvenir à une telle intégration. Y aurait-il un lien si intime entre l'idéologie de la communication et l'idéologie libérale? Tout ce que nous avons vu jusqu'à présent milite en ce sens. Mais il serait hasardeux de trop s'enfermer dans une alternative qui opposerait d'un côté les partisans du rôle prépondérant de l'État dans les télécommunications, quitte à les maintenir isolées des autres techniques de communication, et ceux d'un système libéral qui permettrait de mettre au même niveau — celui du marché libre — l'ensemble de ces techniques.

En fait les partisans du maintien du rôle prépondérant de l'État ne manquent pas non plus d'arguments en faveur de l'intégration des techniques de communication. La politique française en la matière, dictée par le souci du «monopole de l'observation du trafic», consiste à laisser à l'État le monopole de la distribution tout en libéralisant la production de services de communication, comme dans le cas de l'organisation actuelle de la télématique. L'une des réponses apportées à cette question est peut-être dans la notion de *réseau,* telle que la défend par exemple Chantal de Gournay, lorsqu'elle affirme que «les objectifs sociaux liés à la mission de service public ne pourraient être atteints sans une maîtrise complète du dispositif technique. Cette maîtrise se définit moins par la propriété (publique ou privée) du réseau que par la nécessité de son intégration, qui seule permet une centralisation des informations relatives au fonctionnement d'un système complexe». Une description que n'aurait peut-être pas reniée Norbert Wiener...

Bibliographie: J.G. Blumler et *alii* 1985, P. Breton, 1987; N. Dincbudak, 1987; D. Encaoua, P. Kœbel, 1987; V.-Y. Ghebali, 1988; A. Giraud, 1987; C. De Gournay, 1987; C. Hamelink, 1987; J. Jouët, 1987a; R. Mucchielli, 1976; W. Pierce, N. Jequier, 1983; R.-J. Ravault, 1986; D.F. Simon, 1986.

16

La communication en questions

Le développement actuel des techniques de communication pose un certain nombre de questions majeures. Quel est en effet l'impact politique de cette idéologie dont nous avons décrit la naissance et dont certains auteurs soutiennent qu'elle serait désormais au cœur de notre vie sociale? Entre l'idéologie et les techniques, un nouveau champ scientifique tente de se constituer en prenant pour objet la «communication»: cette nouvelle «science» est-elle homogène, et surtout, a-t-elle un avenir? Enfin, cet ensemble n'amène-t-il pas à la constitution d'une «nouvelle culture», très liée aux nouvelles pratiques de communication, proche de cette «culture technique» que certains appellent de leurs vœux?

L'idéologie de la communication aujourd'hui

Rappelons d'abord qu'il faut clairement distinguer entre l'idéologie de la communication, qui est un discours sur la place et le rôle de la communication et de ses techniques dans notre société, et les techniques de communication elles-mêmes. Ces dernières ont existé de tout temps, alors que l'idéologie qui en fait la promotion est, comme nous l'avons vu, d'apparition récente (les années quarante).

La force réelle de l'idéologie de la communication est diversement appréciée par les auteurs qui ont abordé cette question. Pour Baudrillard, par exemple, le thème de la communication enveloppe désormais tout le champ de la conscience et il n'est plus possible de penser en dehors de cette problématique. Lucien Sfez, qui développe pour sa part une «critique de la communication», met lui aussi en avant la puissance de l'idéologie qui lui est associée; mais il insiste — en cela il se distingue de Baudrillard — sur la possibilité d'en décrire les fondements épistémologiques et symboliques et de faire apparaître au grand jour sa «cause voilée» qu'est «le pouvoir économique, la domination politique et les systèmes de jeux et de simulation».

Jacques Ellul, infatigable critique du système technicien, se place lui aussi en position d'échapper aux différentes vagues idéologiques qu'un tel système sécréterait pour se légitimer. Sa dénonciation se situe d'elle-même comme marginale, tant l'influence de la technique sur les hommes et les sociétés modernes est, selon lui, déterminante.

Toutes ces conceptions, au-delà des différences parfois essentielles qui les séparent, partagent un même point de vue: la position dominante qu'occuperait la nouvelle idéologie qui, comme le dit Sfez, «parvient à se cacher, à faire en sorte que la discussion ne tourne pas autour de sa présence». Ellul, à propos du nouveau rôle de l'information dans la société, évoque un phénomène semblable, où «l'homme moyen n'a aucune conscience claire, (...) ne sait pas de quoi il s'agit, (...) n'est pas capable de comprendre le changement en train de s'effectuer, mais se sait au seuil d'un grand mystère».

Pourtant on peut se demander si la pertinence de ces approches n'est pas limitée à certains secteurs ou certains moments précis, où l'influence du thème de la communication s'exercerait plus que d'autres: car si cette idéologie est évidemment partagée par les professionnels des domaines concernés — médias, informatique, télécommunications —, son influence s'étend-elle vraiment au-delà? En matière d'idéologie, en effet, la concurrence est sérieuse, et l'idéologie de la communication ne peut prétendre occuper toute la scène en permanence. Bien qu'elle se soit constituée en réaction et en alternative aux idéologies politiques perçues comme défaillantes à la fin de la dernière guerre mondiale, elle ne les a pas fait disparaître. Peut-être même leur a-t-elle donné une nouvelle vigueur.

Même si la communication a pu être d'une certaine façon la tentation totalitaire des sociétés libérales, cet objectif n'a jamais été atteint, si l'on en juge par la persistance et le rajeunissement permanent des clivages politiques traditionnels et de leurs idéologies sous-jacentes. Il y a toujours des démocrates et des républicains, des conservateurs et des travaillistes, une droite et une gauche.

Les progrès même du thème de la «communication» ont été largement freinés pendant toute la période où ce que l'on a appelé la «société de consommation» régnait en maître. Il a fallu attendre la crise des années soixante-dix pour que la communication cesse son cheminement souterrain et fasse surface comme un recours possible aux angoisses du moment.

Bien sûr, on pourrait interpréter certains changements politiques récents, en France notamment, comme un progrès notable de certains thèmes en rapport avec l'idéologie de la communication. Le goût aussi récent qu'immodéré de l'électorat français pour l'«ouverture» — et en corollaire la sanction politique de la «fermeture» — pourrait facilement être interprété à travers le jeu métaphorique traditionnel de la communication. L'«ouverture», c'est aussi le «système ouvert» de la cybernétique, où la circulation de l'information prime, *quel que soit son contenu*. Le «centre» en politique, c'est aussi cela, une ouverture indépendante du contenu, une manière de se situer sur l'échelle politique au lieu même où les partis «fermés» cèdent la place à ceux qui veulent échapper aux clivages traditionnels.

Comment interpréter cette irruption de l'idéologie de la communication dans le jeu politique? Ne peut-on y voir une *fonction régulatrice*, un point de fuite qui empêcherait les idéologies politiques de tourner en rond? Dans ce sens, l'idéologie de la communication, née comme une alternative à la barbarie et à l'échec des systèmes politiques des années de guerre, trouve depuis peu une place originale dans notre société: comme idéologie, elle fait partie de plein droit des systèmes de représentations politiques, mais, parce qu'elle parle de la communication et parce qu'elle dessine un univers consensuel sans exclusion, elle tend à jouer un rôle de modération. Là est sans doute une des grandes originalités de nos nouveaux modes d'organisation sociale depuis la guerre, et surtout depuis la crise du début des années soixante-dix, qui a permis aux techniques de communication de s'ancrer de façon incontestable dans nos sociétés.

Il serait intéressant, pour vérifier de telles hypothèses, d'examiner plus à fond l'usage que les systèmes politiques non démocratiques font des techniques de communication et du discours que l'on peut tenir sur elles. Après avoir noté que les Chinois avaient produit leur premier ordinateur à lampes en 1958 et leurs premiers ordinateurs transistorisés au milieu des années soixante, Denis Fred Simon observe par exemple que «la révolution culturelle a fait essuyer un sérieux revers au secteur de l'informatique au moment où celui-ci faisait des bonds considérables en Occident». Les progrès d'une idéologie politique forte ont contribué dans ce cas à bloquer l'innovation dans le domaine des techniques de communication.

Pourquoi par exemple l'Union soviétique et les pays socialistes ont-ils autant de retard dans le développement des techniques de communication, notamment dans le domaine des médias mais aussi, bien sûr, de toutes celles qui sont à base d'électronique? Ne serait-ce pas parce que les projets dans ce sens manquent là-bas singulièrement de légitimité ?

La métaphore de la transparence qui est au centre de l'imaginaire occidental de la communication n'a eu pendant longtemps aucune place dans l'argumentation politique et économique du régime soviétique. Et ce n'est sans doute pas un hasard si la nouvelle tendance qui s'organise autour de Gorbatchev a fait de la *glastnost* (qui se traduit à peu près par «transparence», justement) une des figures rhétoriques les plus importantes du nouveau régime. Ce besoin de promouvoir une valeur déjà profondément intériorisée en Occident montre bien que les difficultés sont loin d'être toutes résolues. De ce point de vue, l'Union soviétique en est encore au stade de l'Occident dans les années cinquante en matière d'imaginaire moderne de la communication: celui de

l'opposition entre les partisans du secret et de la central
ceux des réseaux et de la transparence.

Si l'on admet notre conception de la communication c
«idéologie sans victime», la possibilité d'un bouleversem
mental en ce domaine implique que l'on change d'ennemi. L
métaphore de la transparence suppose en effet la lutte contre le
désordre, au sens du déficit d'organisation, de l'obscurité et de
l'entrave à la libre circulation des informations: le hasard, disait
Wiener, voilà l'ennemi, le «diable» qui menace les sociétés
modernes (et nous avons vu que cette référence au démon,
apparemment déplacée pour un scientifique, n'est pas fortuite
ici). L'ouverture de l'Union soviétique à une politique de développement des communications sociales implique donc peut-être
d'abord que soit désigné un tel «ennemi intérieur» abstrait et
symbolique, et non plus telle classe ou groupe social, et que l'on
y renonce au mythe des ennemis intérieurs du socialisme qui
constitueraient un relais de l'encerclement par les pays impérialistes sur lequel l'imaginaire politique de ce pays est bâti depuis
des décennies.

L'exemple soviétique, par contraste, montre à quel point,
sans en avoir toujours conscience, l'Occident a opéré dans la
période de l'après-guerre une véritable révolution culturelle dans
la représentation imaginaire qu'il avait de lui-même, et combien
cette transformation a été un facteur décisif de la libération de
l'innovation dans le secteur des techniques de communication.

Le contrepoint de ce progrès est sans doute à rechercher du
côté des développements sans frein de ce que nous avons nommé,
dans les premiers chapitres de ce livre, la «culture de l'évidence».
Il est clair aujourd'hui que le monde de la communication est
traversé par un clivage dont nous avons pu suivre la progression
au cours des siècles, mais qui aujourd'hui prend une forme
aiguë à cause, notamment, d'un certain «impérialisme» des techniques de communication dites «digitales». En ce qui concerne
l'informatique par exemple, le clivage passeraient entre, d'un
côté, son utilisation comme *outil* au service de la création et de
l'argumentation et, de l'autre, l'*ordinateur hypostasié*, transformé
en «partenaire intelligent» dont les règles de fonctionnement
deviendraient des normes de comportement mental pour l'homme.

un autre exemple de ce clivage. D'un
nme un outil permettant d'accéder rapide-
on. De l'autre, elle tend à devenir — mais
oin de cet objectif — l'*intermédiaire obligé*
ation interpersonnelle ou sociale. Le modèle
-jacent à cette innovation technique implique
représentation d'homme «à domicile», commu-
éprouver l'expérience d'un contact direct, et
...sant toutes ses relations par la technique. En bref, une
situation où le média devient plus intéressant en lui-même que
ce qu'il permet d'obtenir. Un média avec lequel on n'argumente
plus, mais avec lequel on partage l'évidence.

Ce clivage renvoie à deux questions, celle de l'avenir des
sciences de la communication, et celle de la «culture technique»,
dont le contenu est encore négociable.

Les sciences de la communication ont-elles un avenir?

Dans un contexte où, comme nous l'avons vu, la notion polysémique d'information s'étend de manière tentaculaire dans des
domaines aussi divers que ceux des médias, de l'informatique et
des télécommunications, certains chercheurs se demandent s'il
n'est pas temps d'élaborer une approche scientifique unitaire
des phénomènes d'information et de communication. Une telle
vision globale est-elle nécessaire et souhaitable? Est-elle seulement possible? Peut-on considérer la communication comme
une discipline, ou n'est-ce pas plutôt un champ constitué d'une
multitude d'objets obligeant les chercheurs à adopter une série
d'approches distinctes et répondant à des prémisses épistémologiques différentes? Norbert Wiener, le premier, était allé jusqu'à proposer que la théorie des communications puisse unifier
les principaux champs de la connaissance humaine. Partie prenante de l'idéologie de la communication, cette vision n'a jamais
réussi à s'imposer au sein des divers champs disciplinaires.
Malgré les tentatives isolées de quelques chercheurs (Miller en
psychologie, Deutsch en science politique), on se rendit compte
qu'il ne suffisait pas de recadrer les anciennes problématiques

dans le nouveau langage des sciences de la communication (théorie de l'information, approche systémique, recherche opérationnelle) pour que disparaissent les difficultés et les caractéristiques liées à une catégorie spécifique d'objets d'étude.

Avec le recul du temps, nous aurions tendance à penser que le concept intégrateur qui a récolté le plus de succès auprès des chercheurs soucieux de jeter des ponts entre les sciences de l'homme et les sciences de la nature n'est pas le concept de *communication*, mais plutôt celui d'*organisation*. De toute manière, il apparaît impossible d'ignorer l'histoire lorsqu'il s'agit de comprendre et d'expliquer des problèmes de communication sociale; or, le projet de traiter analogiquement et transversalement les processus de communication dans les différents types et niveaux de systèmes (physiques, mécaniques, vivants) risque de conduire à un abandon du facteur historique dans l'examen de certains phénomènes où ce facteur explicatif est pourtant capital. Voilà une faiblesse chronique de la plupart des travaux qui ont suivi la trace de Wiener en se réclamant d'une vision cybernétique de la société. Penser, par exemple, l'action des médias hors du contexte socio-historique équivaut à poser une interrogation uniquement en termes de communication ou de constatations «généralisantes» (à tous les niveaux possibles de communication humaine) au risque de perdre de vue la dimension socio-politique propre aux phénomènes de diffusion sociale de l'information.

Difficulté donc pour les sciences de la communication de fonder leur légitimité sur ce projet d'unification des savoirs humains. D'autant que depuis la décennie 1940, un nombre impressionnant de disciplines introduisent la communication dans leur champ. Récemment, outre les disciplines traditionnellement impliquées dans l'étude des communications comme la linguistique, l'ingénierie des télécommunications, les mathématiques, la physique, les recherches appliquées en électronique, la cybernétique, l'anthropologie, la sociologie, la philosophie, le droit, l'économie, la psychologie des relations interpersonnelles, la psychosociologie, la science politique, de nouvelles disciplines se sont ajoutées, comme la logique, la psychologie de l'apprentissage, les neuro-sciences, les sciences cognitives. Y a-t-il des concepts unificateurs qui permettraient une intégration théorique et épistémologique de domaines aussi distincts que les études sur les médias, les télécommunications et l'intelligence artificielle? Question encore ouverte et à laquelle on ne semble pas encore avoir donné de réponse satisfaisante.

Selon Thelma McCormack, la «vision perdue» de la théorie de la communication est moins celle d'un projet scientifique unificateur que celle d'une perspective critique vis-à-vis de ces ensembles de phénomènes. À force de découper et de morceler les objets selon les canons de la recherche positive, la mise au point de dispositifs très sophistiqués de méthodologie quantitative et la discussion de problèmes de techniques de recherche ont parfois tendance à prendre le pas sur l'élaboration de problématiques explicatives critiques et englobantes. L'avenir appartiendrait moins à la recherche d'une problématique unitaire intégratrice qu'à un travail spécifique sur des objets «intermédiaires», orienté vers la recherche de convergences entre traditions autrefois distinctes et même opposées.

Si les sciences de la communication ont un avenir, ce sera certainement dans l'élaboration de problématiques critiques qui s'appuieront sur des études concrètes approfondies. Simultanément, ces nouvelles études auraient intérêt à construire leurs problématiques sur la convergence de plusieurs traditions de recherches. Voilà un appel lancé de plus en plus fréquemment par les chercheurs. Mentionnons ici deux exemples s'inscrivant dans le secteur d'études des médias. Ainsi dans un article de synthèse, Emile G. McAnany proposait de repenser la problématique des études comparatives internationales concernant les industries culturelles en articulant à la perspective habituelle de l'économie politique des communications de masse le point de vue des études culturalistes de la tradition critique des chercheurs britanniques, de même que les principes d'analyse de la sociologie de la production culturelle. Autre exemple: Jay G. Blumler, Michael Gurevitch et Elihu Katz, récemment invités à réfléchir à l'avenir du courant d'études sur les «usages et satisfactions» («Uses and Gratifications Research»), reconnaissent d'emblée la nécessité de faire converger plusieurs paradigmes d'étude. Ils insistent notamment sur le rapprochement qui semble s'effectuer ces dernières années entre la tradition du «Uses and Gratifications» et certains courants néo-marxistes ayant défendu la thèse de l'action hégémonique des médias. Alors que ces chercheurs critiques s'ouvrent à l'idée d'un travail spécifique de décodage par les récepteurs et ne fondent plus leur analyse idéologique uniquement sur les contenus, les chercheurs empiriques intéressés par la problématique des satisfactions reconnaissent que les modifications des comportements individuels des usagers correspondent aussi à des changements s'opérant au niveau de l'ensemble de la société. Semble ainsi s'amorcer une convergence des traditions empiriques et critiques dans la définition des nouvelles problématiques et des nouveaux objets d'étude des sciences de la communication.

Une nouvelle culture est-elle en train de se mettre en place?

À constater l'importance croissante des moyens techniques de communication et d'information dans la vie quotidienne contemporaine, on est en droit de se demander si une *nouvelle culture de l'information et de la communication* n'est pas en train d'apparaître dans les sociétés modernes. Qu'entendons-nous par cette expression? Historiquement, deux traditions semblent converger aujourd'hui pour constituer cette nouvelle culture technique. Comme on l'a vu, il existe d'un côté une «culture de l'argumentation et de la communication» qui s'est construite autour de la tradition rhétorique comme technique orale de communication sociale, et dont on a déjà décrit les origines (chapitre 2). D'autre part, s'est constitué un système de valeurs associé aux techniques de traitement de l'information, dont l'informatique est devenue aujourd'hui le noyau principal: la tradition de cette «culture de l'évidence» et de cet «univers du document écrit» remonte elle aussi à l'Antiquité (voir notre description historique au chapitre 1). De la même manière qu'à la Renaissance le livre imprimé se retrouvait à l'intersection des deux cultures — la circulation informelle des idées et la culture de la communication développée par les premiers humanistes apparaissaient en parfaite convergence avec les techniques de traitement de l'information liées à l'imprimerie —, ne sommes-nous pas aujourd'hui, avec le micro-ordinateur, devant un objet technique où coïncident parfaitement les deux traditions culturelles de l'information et de la communication? La différence avec le livre imprimé est qu'ici, ce n'est pas l'objet lui-même qui circule, mais les informations dont il est porteur. Dans l'histoire récente, John von Neumann, l'inventeur de l'ordinateur moderne, et Norbert Wiener, le créateur de la cybernétique, représentent les positions philosophiques et les traditions d'usages liées respectivement à l'information et à la communication. D'un côté, l'apôtre des techniques de traitement de l'information souhaite que les nouvelles machines informationnelles ne soient pas construites pour des usages civils, et qu'on maintienne le secret autour de ces inventions conçues d'abord pour des fins militaires. Par opposition, Wiener va défendre une conception où la valeur sociale de l'information est liée, d'une part, à sa capacité de circulation et, d'autre part, à sa transparence. Wiener englobe donc totalement l'information dans sa problématique «ouverte» de la communication.

Jusqu'au début de la décennie 1970, la «grande informatique» va se développer essentiellement selon l'esprit de von Neumann: ce sont avant tout les militaires, les grands laboratoires scientifiques et les grandes administrations qui font un usage intensif de l'informatique. Les savoirs techniques sophistiqués sont l'apanage des spécialistes, dans un contexte où se développent des systèmes toujours davantage centralisés. Puis survient l'innovation technique majeure qui va faire basculer le développement de l'informatique dans un nouvel esprit d'ouverture vers la communication: la naissance de la micro-informatique.

Le micro-ordinateur naît sur la côte ouest américaine, dans un contexte de contestation de la politique du secret et de la forme hiérarchique et centralisatrice prise jusque-là par la grande informatique, utilisée essentiellement par l'*establishment* militaro-scientifique au service de l'armée américaine en guerre au Vietnam et au Cambodge. Le micro-ordinateur est présenté comme un symbole de paix et de communication; c'est l'objet technique qui redonnera le pouvoir informatique aux gens ordinaires: *Computer Power to the People*. Les *hackers* et les jeunes radicaux anticipent que le micro-ordinateur deviendra un instrument privi-

248

légié pour la communication, pour la communauté, pour le développement personnel et pour la démocratisation de la connaissance. Ils citent d'ailleurs à l'appui de leur position les thèses de Norbert Wiener sur la nécessité de la communication et de la transparence. C'est dans ce contexte que s'instaure la nouvelle problématique de la «culture informatique».

De quoi s'agit-il? L'avènement du micro-ordinateur catalyse le désir social d'accéder aux secrets et au pouvoir de l'informatique et, par là, à l'information stratégique et aux décisions qui affectent la vie quotidienne de chacun. L'accès à l'informatique suppose bien sûr de disposer des appareils, mais aussi de nouvelles habiletés cognitives et de nouveaux savoir-faire permettant une maîtrise minimale de l'équipement et des logiciels. C'est ici que le thème de la culture informatique intervient: problématique ambiguë dans la mesure où elle recouvre à la fois la volonté d'acteurs et d'éducateurs populaires prônant une authentique démocratisation de cette culture technique, et un discours quasi publicitaire de promoteurs de matériels et de logiciels qui voient dans ce mouvement populaire de nouveaux marchés potentiels. En même temps, les professionnels de l'informatique se sentent investis d'un nouveau rôle par ce discours: à un moment où certains usages de la grande informatique apparaissent fortement mis en cause, ils passent confortablement du statut de «technocrates centralisateurs» à celui de «promoteurs d'une nouvelle culture»... dans un contexte où les grands systèmes centralisateurs existent toujours et où les informaticiens demeurent des experts inaccessibles dans des secteurs essentiels!

Mais la dimension idéologique de ce discours prônant la démocratisation de la culture informatique ne peut nous faire ignorer que ce projet répond en partie au problème posé par l'intégration du mode de pensée informatique dans la vie quotidienne. Il existe dorénavant une culture technique, matérielle, qui se construit dans les contacts quotidiens des individus aux objets techniques et aux machines. La technique occupe désormais une place centrale dans la culture contemporaine: son intégration dans la vie quotidienne du plus grand nombre doit alors être pensée de manière qu'elle s'effectue le plus harmonieusement possible, ce qui pose le problème de la formation.

Reprenons ici l'une des définitions de l'expression «culture technique» contenue dans un rapport rédigé par Philippe Roqueplo en 1983 et remis au ministère français de la Culture: «L'ensemble des connaissances et savoir-faire nécessaires à tout un chacun pour s'approprier et maîtriser son propre environnement, en particulier:

— pour savoir quand et comment faire appel aux spécialistes sans pour autant tomber sous leur dépendance;

— pour se donner à lui-même un environnement dans lequel et par lequel il s'exprime;

— pour échanger avec son entourage cet ensemble de services qui constituent la trame tangible de toute convivialité.»

Dans le cas de la culture informatique, figure particulière et contemporaine de la culture technique, nous pourrions distinguer, à la suite de Maurice Nivat, entre trois types de catégories de formation impliquées dans les différentes stratégies:

— la formation des jeunes à l'informatique: il s'agit ici de prévoir, outre les actions de sensibilisation nécessaires les programmes de formation académique et professionnelle qui assureront les compétences pertinentes aux générations montantes;

— la formation continue et le recyclage des adultes actifs, déjà sur le marché du travail;

— la sensibilisation du grand public aux potentialités et aux contraintes de la micro-informatique, ainsi qu'aux enjeux et débats concernant l'informatisation.

Pour chaque catégorie de formation, des stratégies distinctes s'imposent. Mais nos recherches nous ont montré, pour toutes les catégories de publics, l'importance des démarches d'*auto-apprentissage* (associées fortement au plaisir d'utiliser la machine) et des *stratégies informelles* liées à la fréquentation d'amis ou de clubs d'informatique, pour l'acquisition des rudiments de cette culture informatique. L'idée d'appropriation de cette culture technique, dans le contexte qui nous occupe, est liée à celle d'une libération qui s'appuierait sur une volonté de se servir, utilement et de manière créatrice, de divers objets et connaissances techniques. Le projet de s'approprier la maîtrise de la technique informatique s'appuie sur une volonté d'acquérir une l'opposition entre les partisans du secret et de la centralisation et ceux des réseaux et de la transparence.

Si l'on admet notre conception de la communication comme «idéologie sans victime», la possibilité d'un bouleversement mental en ce domaine implique que l'on change d'ennemi. La métaphore de la transparence suppose en effet la lutte contre le désordre, au sens du déficit d'organisation, de l'obscurité et de l'entrave à la libre circulation des informations: le hasard, disait Wiener, voilà l'ennemi, le «diable» qui menace les sociétés modernes (et nous avons vu que cette référence au démon, apparemment déplacée pour un scientifique, n'est pas fortuite ici). L'ouverture de l'Union soviétique à une politique de développement des communications sociales implique donc peut-être d'abord que soit désigné un tel «ennemi intérieur» abstrait et symbolique, et non plus telle classe ou groupe social, et que l'on y renonce au mythe des ennemis intérieurs du socialisme qui constitueraient un relais de l'encerclement par les pays impérialistes sur lequel l'imaginaire politique de ce pays est bâti depuis des décennies.

L'exemple soviétique, par contraste, montre à quel point, sans en avoir toujours conscience, l'Occident a opéré dans la période de l'après-guerre une véritable révolution culturelle dans la représentation imaginaire qu'il avait de lui-même, et combien cette transformation a été un facteur décisif de la libération de l'innovation dans le secteur des techniques de communication.

Le contrepoint de ce progrès est sans doute à rechercher du côté des développements sans frein de ce que nous avons nommé, dans les premiers chapitres de ce livre, la «culture de l'évidence». Il est clair aujourd'hui que le monde de la communication est traversé par un clivage dont nous avons pu suivre la progression au cours des siècles, mais qui aujourd'hui prend une forme aiguë à cause, notamment, d'un certain «impérialisme» des techniques de communication dites «digitales». En ce qui concerne l'informatique par exemple, le clivage passeraient entre, d'un côté, son utilisation comme *outil* au service de la création et de l'argumentation et, de l'autre, l'*ordinateur hypostasié*, transformé en «partenaire intelligent» dont les règles de fonctionnement deviendraient des normes de comportement mental pour l'homme.

La télématique offre un autre exemple de ce clivage. D'un côté, elle fonctionne comme un outil permettant d'accéder rapidement à une information. De l'autre, elle tend à devenir — mais nous sommes bien loin de cet objectif — l'*intermédiaire obligé* dans la communication interpersonnelle ou sociale. Le modèle de valeurs sous-jacent à cette innovation technique implique d'ailleurs une représentation d'homme «à domicile», communiquant sans éprouver l'expérience d'un contact direct, et médiatisant toutes ses relations par la technique. En bref, une situation où le média devient plus intéressant en lui-même que ce qu'il permet d'obtenir. Un média avec lequel on n'argumente plus, mais avec lequel on partage l'évidence.

Ce clivage renvoie à deux questions, celle de l'avenir des sciences de la communication, et celle de la «culture technique», dont le contenu est encore négociable.

Les sciences de la communication ont-elles un avenir?

Dans un contexte où, comme nous l'avons vu, la notion polysémique d'information s'étend de manière tentaculaire dans des domaines aussi divers que ceux des médias, de l'informatique et des télécommunications, certains chercheurs se demandent s'il n'est pas temps d'élaborer une approche scientifique unitaire des phénomènes d'information et de communication. Une telle vision globale est-elle nécessaire et souhaitable? Est-elle seulement possible? Peut-on considérer la communication comme une discipline, ou n'est-ce pas plutôt un champ constitué d'une multitude d'objets obligeant les chercheurs à adopter une série d'approches distinctes et répondant à des prémisses épistémologiques différentes? Norbert Wiener, le premier, était allé jusqu'à proposer que la théorie des communications puisse unifier les principaux champs de la connaissance humaine. Partie prenante de l'idéologie de la communication, cette vision n'a jamais réussi à s'imposer au sein des divers champs disciplinaires. Malgré les tentatives isolées de quelques chercheurs (Miller en psychologie, Deutsch en science politique), on se rendit compte qu'il ne suffisait pas de recadrer les anciennes problématiques compétence créatrice, en même temps que de maintenir une autonomie vis-à-vis des objets techniques et de la logique de la civilisation industrielle. Il s'agit, en d'autres termes, de ne pas se laisser aliéner et «posséder» par cette technologie. Une pratique d'appropriation d'une technique vise à accroître (ou maintenir) chez l'individu concerné des qualifications professionnelles assurant un maximum de flexibilité et de mobilité sur le marché de l'emploi; et même, dans certains cas, à permettre d'atteindre collectivement un objectif plus global d'émancipation sociale.

De la même manière qu'il est possible de parler de la culture technique impliquée dans la connaissance de la mécanique automobile ou dans celle de la conduite automobile, nous pensons que l'on pourrait parler aussi de la culture informatique comme du minimum de connaissances et de savoir-faire nécessaire à une appropriation de la technique informatique permettant aux individus et aux groupes de garder une capacité de création et un contrôle sur leur environnement technologique. Toujours comme dans le cas de l'automobile, l'appropriation de la culture informatique peut se faire d'au moins deux manières: une manière formelle, celle de l'apprentissage délivré par une école ou un organisme de formation; et une autre plus informelle, «sur le tas», puisant à plusieurs sources par le biais de stratégies hybrides et autodidactes. On pourrait dire qu'une appropriation effective de la culture informatique aura lieu quand les savoirs appris réussiront à s'intégrer dans la vie quotidienne des individus de manière significative et créatrice. Car il n'y a pas nécessairement adéquation entre les contenus appris de la culture technique et ceux *effectivement intégrés* dans la culture quotidienne des usagers. Ainsi, par exemple, le fait de ne pouvoir mettre en pratique des savoirs appris dans un contexte de formation, faute d'accès à un ordinateur à son travail ou à la maison, pourra être déterminant quant à la non-intégration des savoirs appris dans la vie personnelle de l'individu.

Différents types de contenus sont liés à l'apprentissage de l'informatique. Outre la connaissance de l'informatique proprement dite (ex.: utilisation des appareils et des périphériques, des logiciels; maîtrise de certains concepts fondamentaux; connaissance et utilisation des langages de programmation), il apparaît

251

pertinent d'acquérir des connaissances générales sur les répercussions de l'informatique, telles que:
— la découverte et la compréhension des divers usages que
l'on fait de l'informatique dans les principaux domaines
d'activités des individus et des groupes en société;
— les connaissances concernant les répercussions de l'informatique pour les individus (dimensions physiologique,
psychologique et ergonomique), les groupes et la société
(dimensions historique, économique, sociale, philosophique, culturelle et politique);
— l'acquisition d'un jugement critique face à la pénétration
de l'informatique dans la société; à partir des divers
domaines de la vie quotidienne touchés par l'informatique
(travail, éducation, loisir, famille, consommation, etc.), il
importe de pouvoir réfléchir de façon critique sur les causes et les effets de ces transformations: cela est-il nécessaire? Quels sont les «besoins» à combler? Pour qui?
Comment? Y a-t-il une logique sociale propre à l'informatisation? Comment fonctionne-t-elle? Y a-t-il des alternatives possibles au développement social et technique de
l'informatique tel qu'il se produit à l'heure actuelle?

Ainsi, chaque type de stratégies focalisera sur l'apprentissage
de différents types de contenus, ce qui induira des démarches
plus ou moins sophistiquées (de l'initiation à l'expertise) et plus
ou moins critiques. Il reste à se demander si cette nouvelle
culture informatique englobera finalement l'ensemble du domaine
de la communication, ce qui pose la question de la convergence
éventuelle entre toutes les techniques nouvelles d'information et
de communication, thème sur lequel nous allons maintenant
revenir.

Bibliographie: J.G. BLUMLER et *alii*, 1985; P. BRETON, 1987a,
1987b; J. ELLUL, 1988; E.G. McANANY, 1986; T. McCORMACK,
1986; P.-A. MERCIER, 1988; M. NIVAT, 1983; S. PROULX, 1988;
S. PROULX, M.-B. TAHON, 1988; P. ROQUEPLO, 1983; L. SFEZ,
1988; D. F. SIMON, 1986.

17

L'avenir de la communication

La prospective ne consiste pas à prédire l'avenir: ironiquement, des prospectivistes affirment justement que le seul fait que l'on puisse prédire avec certitude est... que l'avenir est incertain! Pourquoi alors réfléchir sur l'avenir? D'abord, cette réflexion apparaît nécessaire à la perspective critique: elle favorise l'imagination et la formulation explicite d'alternatives à la situation présente. Or l'essence même d'une démarche critique n'est-elle pas de pouvoir imaginer comment la réalité pourrait être autrement? De plus, la réflexion prospective constitue une forme d'intervention dans la situation présente: de la même manière que l'histoire est marquée par le contexte dans lequel vit l'historien qui la fait, la pensée prospective engage le chercheur dans l'analyse lucide de son présent et l'invite, en dernière instance, comme l'a suggéré un jour Simon Nora, à réorganiser sa vision du présent.

Les futurs probables des sociétés occidentales

La décennie 1980 fut celle où s'amorça définitivement le processus de pénétration de l'informatique dans les sociétés industrielles occidentales. Alors que presque tous les grands

253

secteurs de l'économie sont maintenant affectés par ces changements (bureautique, robotique, productique), cette vague d'automatisation de la production suppose une transformation en profondeur du «système technique» propre à nos sociétés et la mise en place de formes nouvelles d'organisation du travail. On observe que ces bouleversements socio-techniques se répercutent en outre en dehors de la sphère du travail: ainsi, les conditions de la vie quotidienne au foyer, les activités de loisir et de consommation se transforment de manière significative. La plupart des experts prévoient que dans les décennies 1990 et 2000, ces mouvements de transformation de l'ensemble du mode de vie se poursuivront de façon continue. Des études prospectives récentes — comme celles consignées dans *Prospectives 2005* — ne prévoient pas beaucoup de ruptures dans les prochains changements techniques: tout se passe comme si la vague d'inventions et de découvertes scientifiques et techniques des années soixante-dix et quatre-vingt avait apporté suffisamment de nouveaux matériaux et de nouvelles inventions pour tracer la voie aux configurations socio-techniques de l'avenir. Celles-ci consisteront probablement surtout en de nouveaux usages et en de nouvelles combinatoires de matériaux dont les principes ont déjà été découverts (signalons notamment les techniques utilisant la lumière pour transmettre et emmagasiner les informations).

Les techniques d'information et de communication — pensons aux développements dans le domaine de l'intelligence artificielle — seraient appelées, toujours selon les experts, à jouer un rôle important. Dans un contexte d'extension de la mutation socio-technique à différentes sphères, ces techniques favoriseraient l'apparition de nouvelles formes de gestion de la connaissance dans les entreprises publiques et privées, et de nouveaux modes de régulation des principales activités, en particulier dans les domaines du transport, de l'urbanisme et de la distribution des services publics aux citoyens. Signalons au passage la pénétration de l'informatique dans le secteur des marchés boursiers qui favorise une grande effervescence des transactions et pourrait décourager les petits investisseurs. Cette informatisation de la place boursière semble polariser le marché en deux catégories d'investisseurs: ceux qui continuent à utiliser les indices traditionnels (bilans des entreprises, efficacité du management, état de santé de l'économie), et ceux qui insistent maintenant davantage sur des données numériques concernant les variations des prix à très court terme, données qui sont faciles à calculer instantanément. Insistons ici sur la rapidité avec laquelle l'ensemble des techniques d'information et de communication ont tendance à s'implanter, et sur l'accroissement exponentiel du nombre d'informations produites et distribuées.

Des tensions, des ruptures, des conflits et des contradictions, comme des équilibres et des ajustements, sont à prévoir entre l'offre de nouveaux biens informationnels et services automatisés, la demande sociale en matière d'innovation, et la recherche de solutions pratiques aux problèmes individuels et sociaux. Des efforts d'adaptation aux techniques nouvelles seront réclamés de la part de certains groupes et individus, des applications techniques seront détournées de leur vocation initiale, des usages sociaux des techniques seront inventés ou reconstruits, etc. Bref, un bouillonnement inventif et imprévisible, ponctué de crises plus ou moins importantes, risque de se produire autour des multiples lieux où se rencontrent problématiques sociales et univers technique.

De nouveaux clivages sociaux sont susceptibles d'apparaître entre ceux qui utiliseront les nouvelles techniques et ceux qui resteront à l'écart, entre les individus et les groupes qui s'approprieront les nouveaux savoir-faire et ceux qui s'en éloigneront, etc. Il se peut que l'implantation des nouvelles techniques amplifient les inégalités sociales existantes: ainsi, ceux qui possèdent déjà un accès privilégié à la culture verront leurs possibilités d'acquérir de nouvelles informations s'accroître de manière phénoménale. En même temps, ces techniques recèlent des potentialités pouvant permettre l'invention de formes nouvelles d'interaction, de sociabilité, et de participation sociale. D'où l'importance des recherches techniques sur les nouveaux interfaces homme/machine facilitant l'accès aux machines — en intégrant notamment systèmes experts et reconnaissance automatique des formes et des images —, et des recherches et interventions axées sur l'appropriation sociale des technologies nouvelles et la démocratisation de la culture technique. Importance

255

également des efforts politiques orientés vers une adaptation des systèmes d'éducation aux nouvelles réalités techniques.

Les communications: tendances et faits porteurs d'avenir

On a coutume, dans les recherches prospectives, de distinguer les *tendances lourdes* qui «correspondent à des changements dont l'accumulation au fil du temps finit par entraîner des transformations considérables» (Henri Guillaume) et les *faits porteurs d'avenir*, «ces innovations dont le poids statistique est initialement insignifiant mais qui sont susceptibles, à terme plus ou moins éloigné, de modifier le cours des tendances dominantes» (Henri Guillaume). Nous allons tenter dans les pages suivantes de dresser un portrait des tendances et faits porteurs qui risquent d'influencer l'avenir des communications dans les vingt prochaines années.

Nous ne pouvons ignorer ici les travaux importants de la mission de prospective qui s'intéressa spécifiquement au thème «technologies d'information et société de communication» dans le cadre de l'action «Prospective 2005», organisée conjointement en France par le commissariat général du Plan et le Centre national de la recherche scientifique, en 1985. Le volume *Prospectives 2005*, publié en 1987, présente des extraits du rapport de cette commission. On y insiste sur trois lignes de force pour les vingt prochaines années: l'accélération du rythme de la mutation technique; le basculement de la problématique pour penser cette mutation qui concerne un changement de nature du système économique lui-même; la nécessité pour l'Europe d'adopter une vision prospective cohérente de manière à pouvoir s'imposer avec succès dans un contexte économique et géopolitique international hautement compétitif. Les travaux de cette commission, ainsi que d'autres recherches prospectives récentes, mettent en lumière un certain nombre de tendances lourdes et de faits porteurs d'avenir.

Au niveau économique et géopolitique, dans un contexte où l'on entrevoit une croissance mondiale importante à l'horizon 1995 — croissance profitant inégalement aux différentes régions

256

du monde et engendrant une différenciation économique croissante entre les diverses régions du tiers monde —, on assiste à
une régionalisation de l'économie mondiale des sociétés libérales
dominée actuellement par deux pôles: les États-Unis et le Japon.
Dans le domaine des techniques d'information, signalons la
mise en route des projets japonais «Ordinateurs de cinquième
génération» et américain «Initiative de défense stratégique» qui
tentent d'accélérer la rencontre de l'intelligence artificielle et
des nouveaux circuits électroniques intégrés ultra-puissants *(Ultra
Large Scale Integration)*. À terme, ces deux pays pourraient
constituer une force économique unifiée entraînant dans son
sillage le Sud-Est asiatique. Mais ils pourraient au contraire
poursuivre leur compétition, et même s'affronter dans une dure
guerre politico-commerciale. Jugeant nécessaire de surmonter
leur sous-développement technique et industriel, l'Union soviétique et ses pays satellites pourraient chercher à nouer des allian-
ces importantes avec les Américains ou avec les Japonais, ce qui
pourrait modifier à terme l'équilibre actuel des forces géopo-
litiques. La Chine ne semble pas vouloir implanter les techniques
d'information de manière accélérée. Les Européens devront se
donner un projet politico-scientifique d'envergure — la proposition française concernant le programme européen «Eurêka» va
dans ce sens —, s'ils veulent intervenir efficacement dans ce
contexte hautement compétitif où la maîtrise des marchés liés
aux techniques nouvelles constitue toujours un enjeu mondial.
Le fait porteur serait ici l'adhésion d'une majorité de pays européens à un tel projet: en particulier, selon Lesourne et Godet,
«c'est l'évolution de l'Allemagne qui décidera du sort de l'Europe
occidentale, mais cette évolution dépendra à son tour des réactions
de la société française». Le rapprochement franco-allemand dans
les domaines militaire, économique, social et culturel pourrait
constituer un fait porteur majeur pour assurer une position
stratégique avantageuse à l'Europe dans le contexte géopolitique
et économique mondial à l'horizon 2005.

La période 1975-1985 fut caractérisée par une vague de dérégulation et de privatisation des monopoles publics dans le secteur
des industries des télécommunications, en particulier aux États-
Unis où des transnationales comme IBM et Bell/AT&T furent

touchées par les décisions historiques de janvier 1982. Fondé sur le principe que la meilleure réponse à la compétition internationale consiste dans un marché mondial totalement libre, ce mouvement de dérégulation engendre une effervescence d'activités commerciales et industrielles, notamment dans le secteur de la téléphonie: de nouveaux produits et services, polyvalents et très variés, devraient continuer à apparaître en grand nombre sur le marché américain et international de la télécommunication.

Aux États-Unis, de nombreux autres secteurs liés aux communications ont été touchés: les télécommunications spatiales se sont ouvertes au marché concurrentiel commercial, des contraintes juridiques ont disparu pour les entreprises de câblodistribution, la radio se dégage du contrôle sur ses contenus, le poids des contraintes s'allège aussi pour la télévision conventionnelle. Le développement de nouvelles techniques et de nouveaux services est ainsi largement encouragé. C'est précisément, constate Jeremy Tunstall, ce double mouvement d'accélération des innovations techniques et de déréglementation qui transforme radicalement la situation.

Dans le domaine technologique, la tendance devrait être celle d'une accélération importante du rythme de développement des techniques d'information et de communication. Les coûts des mémoires informatiques et de la puissance de computation vont continuer à décroître rapidement. Le nombre d'ordinateurs va continuer à s'accroître de manière spectaculaire: selon Tom Forester, on comptait déjà au moins 100 millions d'ordinateurs dans le monde en 1987. L'extension de la digitalisation devrait favoriser l'émergence de nouveaux produits et services où vont converger traitement et transport de signaux représentant la voix, les images et les données. Les industries impliquées (télécommunications, informatique, électronique) risquent elles aussi de continuer à converger, ce qui pourrait engendrer de nouvelles compétitions comme de nouvelles fusions industrielles. Le fait porteur sera constitué par la rencontre entre les avancées du côté de l'intégration des circuits électroniques à un niveau «submicronique» *(Ultra Large Scale Integration)* et l'opérationnalisation de l'intelligence artificielle (IA) dans le «traitement des connaissances». L'IA se développera notamment largement dans l'univers de la micro-informatique, ce qui permettra une pénétration en profondeur de l'IA dans tous les secteurs. La commission «Prospective 2005» recommande de privilégier cinq voies de développement technique.

Des progrès sont d'abord attendus dans l'architecture des machines — notamment l'abandon de l'architecture dite de von Neumann (traitement séquentiel) — pour accroître de manière significative leur capacité de computation. Puis une transformation des technologies de transmission et d'accès à l'information devrait accompagner les progrès importants de la vitesse de computation (l'optronique, qui utilise la lumière comme support de transmission de l'information, jouera ici un rôle majeur). Ensuite les interfaces de communication homme-machine impliquant l'IA devraient être améliorées et axées notamment sur la facilitation des usages des machines (la reconnaissance automatique des langues naturelles sera un fait porteur pour la démocratisation de la culture informatique). La dynamique de diffusion de l'informatique devrait entraîner la mise au point de nouveaux périphériques (liés à diverses fonctions comme impression, édition, affichage, réseaux locaux, etc.) et de nouveaux médias utilisés dans les divers secteurs de la communication et de l'audiovisuel. Enfin les coûts de développement, maintenance et conversion des logiciels étant devenus un obstacle majeur à la diffusion de l'informatique, des efforts devraient être consacrés au génie logiciel qui, s'appuyant sur les principes de l'IA, mettra en place de nouveaux produits logiciels standards à vocation multiple et transversale, facilitant l'appropriation de l'informatique par des individus sans formation technique préalable.

Dans le secteur des médias, la diffusion transnationale des signaux de télévision, aidée par les satellites et les réseaux de câbles, devrait connaître un essor important. Celui-ci pourrait toutefois être ralenti par les résistances politiques et culturelles des gouvernements soucieux de protéger les identités nationales; mais aussi par celles des usagers, incapables d'absorber un tel flot d'informations, surtout quand celles-ci se banalisent et deviennent trop souvent redondantes. Ainsi, le magnétoscope devient un produit clé pour l'expansion de la télévision de divertissement, mais la multiplication des chaînes de télévision ne s'accompagne pas d'une croissance équivalente des productions nouvelles et originales, de plus en plus coûteuses. Ce contexte avantagera les entreprises américaines, qui offrent à des prix compétitifs, de vieilles séries déjà rentabilisées aux réseaux de télévision des diverses parties du monde. Une importance accrue sera accordée aux documents d'archives, ce qui occasionnera de nouvelles négociations concernant les droits liés à la diffusion répétée des œuvres télévisuelles.

Au niveau culturel, la tendance est à une modification en profondeur de nos conceptions de l'individu et de la société: c'est en tout cas la ligne de force proposée par la commission «Prospective 2005». D'une problématique axée sur la diffusion, les impacts et la maîtrise des techniques nouvelles, nous basculons vers une conception qui interroge le changement de nature du système économique de nos sociétés dorénavant informatisées. L'heure est à la constitution d'une économie de l'information qui marque une rupture avec l'économie industrielle. Les entreprises et les groupes devront maîtriser l'«espace stratégique de l'information» et se donner les moyens d'une gestion efficace des connaissances nécessaires à leur développement. Dans un contexte socio-économique où une majorité de travailleurs sera appelée à se recycler ou à se perfectionner, les individus devront prendre en compte les retombées de l'intelligence artificielle pour la formation et les stratégies nouvelles d'apprentissage.

Le foyer de l'avenir et l'idée d'une «société de communication»

En France, à l'horizon 2000 — dans le prolongement du «plan câble» qui vise l'installation de 4 millions de prises —, l'objectif est de mettre en place un Réseau national numérique à intégration de services (RNIS) qui, par le moyen d'une ligne spécialisée de transmission de données et l'équivalent d'une seconde ligne téléphonique, toutes deux raccordées à un réseau polyvalent et interactif, permettrait aux abonnés de transmettre simultanément voix, images et données. Cet objectif français rejoint les travaux américains entrepris aux AT&T Bell Laboratories, qui définissent la prochaine étape du développement des télécommunications comme celle de l'«Integrated Services Digital Network» (ISDN). Cette nouvelle technique intégratrice vise à connecter des réseaux publics «intelligents» avec des périphériques «intelligents» installés chez les usagers (micro-ordinateurs, terminaux, etc.). Cette nouvelle technique très flexible et hautement performante permettrait une communication «point à point» à l'échelle planétaire, sur les modes simultanés de la voix, de l'image et des données. Ces dispositifs techniques pourraient transformer en profondeur la nature des communications organisationnelles dans les milieux d'affaires et commerciaux, mais aussi déboucher sur une nouvelle manière de définir le foyer, ce dernier apparaissant alors comme un lieu privilégié de production, de traitement et de transmission d'informations concernant de nombreux domaines et services: le travail à distance, le divertissement, le courrier électronique, l'accès à des banques de données spécialisées, la consommation à distance, l'information commerciale et la publicité, les transferts électroniques de fonds, les transactions concernant les principaux services publics et privés (banques, assurances, dossiers liés à la santé, à l'éducation, etc.), la distribution de photos et de pages de journaux, les visioconférences, la télé-surveillance du foyer, la télécopie, etc.

Alors que la pénétration de la micro-informatique domestique en Amérique du Nord et en Europe avait connu un ralentissement à partir de 1983-1984 — aux États-Unis, on a parlé du *computer slump* (creux de vague informatique) —, faute d'usages domestiques pertinents, il est possible que ces dispositifs techniques centrés sur une synergie nouvelle entre l'audiovisuel, les télécommunications et l'informatique, marque le début d'une période de redécouverte des potentialités particulières du foyer pour la mise en place de ce que certains technologues et entrepreneurs appellent déjà la «société de communication». Les études prospectives américaines à propos de la pénétration des nouveaux services informationnels dans les foyers décrivent l'arrivée prochaine d'une nouvelle génération de produits (périphériques et logiciels) qui permettront la généralisation du courrier électronique, la consultation interactive à distance de documents et fichiers contenus dans des banques de données, des systèmes téléphoniques «intelligents» et des systèmes polyvalents centrés sur le divertissement qui permettront des usages nouveaux des médias. Cette pénétration de nouveaux produits ne sera toutefois possible qu'à certaines conditions, comme la nécessité d'implanter une infrastructure de réseaux électroniques permettant le raccordement des terminaux domestiques, le développement de services de réparation et de maintenance, ou la diffusion d'activités de formation à la culture technique nécessaire pour l'utilisation des machines informatiques, des dispositifs efficaces de sécurité, une certaine standardisation des protocoles, une législation en vue de protéger la confidentialité des renseignements personnels, etc.

Les médias domestiques tels le magnétoscope, le lecteur de disques compacts, l'appareil de télévision haute définition, le micro-ordinateur couplé à un vidéodisque et équipé d'un modem, le terminal télématique, le visiophone, etc., seraient connectés entre eux dans une nouvelle synergie, certains étant raccordés à des réseaux grand public polyvalents et interactifs donnant accès à la fois à des chaînes de télévision classiques, à des programmes télévisuels ou musicaux à la carte, à des services vidéotex et à des banques de données, etc., sans compter l'arrosage éventuel d'émissions de télévision *via* les satellites de radiodiffusion. Ces phénomènes provoqueraient un bouleversement de la problématique de la distribution des biens et services, dans un paradigme de la communication-consommation où publicité, marketing, information et vente auraient tendance à se fondre dans un ensemble nouveau.

Ainsi, les dispositifs de «marketing interactif» où, à travers leurs gestes d'achat, les consommateurs sont appelés à participer directement à la définition des marchés-cibles dont ils font partie révèlent les nouveaux comportements et les nouveaux enjeux qui émergent dans le projet d'une «société de communication», phase ultime de développement de ce que certains critiques avaient appelé la «société de consommation». Le comportement d'achat serait ici non seulement un geste économique s'insérant dans un contexte commercial de distribution des marchandises mais aussi, simultanément, un geste de communication d'un style nouveau: la transmission en retour, par le consommateur lui-même, d'informations ayant trait à ses propres habitudes, à son propre mode de vie. La boucle serait ainsi bouclée: la publicité nous avait habitués à l'idée que les objets fonctionnaient aussi comme signes en direction des consommateurs, par-delà leur fonctionnalité, voilà que les comportements d'achats des consommateurs seront dorénavant décodés eux aussi comme signes, par les marchands cette fois, et systématiquement grâce à l'informatique.

Ces visions prospectives tiennent évidemment compte de certains progrès attendus en matière de techniques de communication mais elles restent, on le voit bien, largement influencées par une certaine idéologie de la communication. Tout s'y passe comme si les techniques engendraient, du simple fait de leur présence, des usages immédiats et enthousiastes de la part de clients qui n'attendaient que cela. Elles postulent, de plus, une capacité d'intégration entre elles des différentes techniques de communication. N'est-ce pas là une vision un peu trop idyllique, qui ne tient pas compte de l'existence de clivages profonds dans ce domaine?

Le sociologue Dominique Wolton, par exemple, critique la vision prospective qui présente télécommunications, informatique et audiovisuel comme un ensemble complémentaire d'outils et de services de communication se développant dans une direction convergente, que certains analystes — par exemple, Claire Ancelin — qualifient de «galaxie vidéomatique». Wolton insiste sur le fait que les différences entre ces domaines sont plus profondes que ne laissent croire les discours actuels. Peut-être y a-t-il un hiatus important entre les discours des hommes publics et des spécialistes, et les tendances effectives des comportements du public. Wolton soutient qu'il est difficile, dans ces conditions, d'anticiper les comportements futurs du public en matière de consommation audiovisuelle, «la question essentielle (étant) celle de l'équilibre à préserver entre une vie quotidienne relativement immobile et une ouverture au monde qui ne cessera de croître». Avec l'explosion actuelle des médias, sommes-nous entraînés dorénavant dans un processus de désengagement social, chacun se désinvestissant de toute responsabilité vis-à-vis d'autrui? La surinformation sous forme d'un trop-plein d'images en provenance du monde extérieur va-t-elle provoquer paradoxalement le repliement individualiste? Wolton écrit que ce développement de la communication «repose la question de son rôle dans le fonctionnement de la société».

Tout se passe comme si la dernière figure de l'idéologie de la communication consistait dans l'anticipation de la société de communication. Nous sommes ainsi amenés à nous poser un certain nombre de questions critiques face à cette vision de l'avenir.

Les individus et les groupes vont-ils se laisser imposer un cheminement programmé essentiellement par les promoteurs gouvernementaux et les grands agents économiques impliqués avantageusement dans la distribution et l'implantation des nouvelles techniques d'information et de communication (fabricants de matériels, fournisseurs de services et de contenus, transporteurs, etc.)? La scénarisation de la société de communication sera-t-elle soumise à cette «logique de l'offre» ou, au contraire, y aura-t-il une autoconstruction par les usagers (consommateurs individuels, associations et collectivités locales) d'un cheminement orienté par leurs demandes et leurs besoins?

Le développement des nouveaux usages médiatiques de la «société de communication» s'inspirera-t-il du modèle vertical des médias (centralisation des sources d'émission et des banques de données; standardisation des contenus transmis; unidirectionnalité dans le sens de l'échange)? Ces usages nouveaux vont-ils encourager le repliement sur soi et la consommation passive? Au contraire, vont-ils engendrer de nouvelles solidarités et de nouvelles formes de sociabilité?

La «société de communication» risque-t-elle d'entraîner une accoutumance, ou même une dépendance, des humains pour une forme de dialogue qui passerait d'abord par la médiation des machines? Connaîtrons-nous une valorisation de la conversation rationnelle et protocolaire du dialogue humain-machine au détriment de la conversation à la fois plus riche et plus ambiguë de la communication interhumaine? Les usages médiatiques de la société de demain pourront-ils, au contraire, nous permettre de retrouver des possibilités accrues de création et d'autonomie? L'explosion de la communication fera-t-elle de l'homme une victime des techniques ou permettra-t-elle, comme l'avaient souhaité ses promoteurs, de construire une société meilleure, sans exclusion d'aucune sorte?

Bibliographie: C. ANCELIN, 1985; COMMISSARIAT GÉNÉRAL DU PLAN, 1987; T. FORESTER, 1987; O.E. KLAPP, 1986; J. LESOURNE, M. GODET, 1985; J.S. MAYO, 1987; B.M. MURPHY, 1986; S. PROULX (sous la dir.), 1982; D.E. SANGER, 1986; J. TUNSTALL, 1986; N.P. VITALARI, A. VENKATESH, 1987; B. WINSTON, 1986; D. WOLTON, 1984, 1987

Bibliographie

ADER Martin, *Le Choc informatique,* Denoël, Paris, 1984.

ALTHUSSER Louis, «Idéologie et appareils idéologiques d'État», *La Pensée,* n° 151, Paris, juin 1970, p. 3-38.

ANCELIN Claire, «Télécommunications et jeux de pouvoir», dans LESOURNE Jacques, GODET Michel, *La Fin des habitudes,* Seghers, Paris, 1985, p. 295-311.

ARISTOTE, *Rhétorique,* tomes 1, 2, et 3, texte établi et traduit par Médéric Dufour, Les Belles Lettres, Paris, 1967.

ARSAC Jacques, *Les Machines à penser,* Seuil, Paris, 1987.

AUGARTEN Stan, *Bit by Bit. An Illustred History of Computer,* Ticknor and Fields, New York, 1984.

BACKMAN J., «Is Advertising Wasteful?», *Journal of Marketing,* vol. 32, n° 1, 1968, p. 2-8.

BARAN P.A., SWEEZY P.B., *Le Capitalisme monopoliste,* Maspero, Paris, 1968.

BARTHES Roland, «Éléments de sémiologie», *Communications,* n° 4, Seuil, Paris, 1964, p. 91-135.

BARTHES Roland, *Mythologies,* Seuil, Paris, 1957.

BARTHES Roland, *Système de la mode,* Seuil, Paris, 1967.

BARTHES Roland, «L'ancienne rhétorique», *Communications,* n° 16, Seuil, Paris, 1970.

BAUDRILLARD Jean, *La Société de consommation,* SGPP, Paris, 1970.

BAUDRILLARD Jean, *Pour une critique de l'économie politique du signe*, Gallimard, Paris, 1972.

BAUDRILLARD Jean, *Simulacres et Simulation*, Galilée, Paris, 1981.

BEAUD Paul, *La Société de connivence: média, médiations et classes sociales*, Aubier, Paris, 1984.

BENJAMIN Walter, *L'Homme, le langage et la culture*, Denoël-Gonthier, coll. «Médiations», Paris, 1971: «L'œuvre d'art à l'ère de sa reproductibilité technique», p. 137-181.

BERELSON B., *Content Analysis in Communication Research*, Free Press, Glencoe, 1952.

BERELSON B., STEINER G.A., *Human Behavior: An Inventory of Scientific Findings*, Harcourt, Brace and World, New York, 1964, p. 527-555.

BERTHO Catherine, *Télégraphes et téléphones*, Le Livre de poche, Paris, 1981.

BLUMLER J.G., KATZ E., *The Uses of Mass Communications: Current Perspectives on Gratifications Research*, Sage Publications, Beverly Hills, 1974.

BLUMLER J.G., GUREVITCH M., KATZ E., «Reaching out: A Future for Gratifications Research», dans Rosengren K.E., WENNER L.A., PALMGREEN P., *Media Gratifications Research: Current Perspectives*, Sage Publications, Beverly Hills, 1985, p. 255-273.

BOGART Leo, *The Age of Television*, Frederick Ungar Publishing Co., New York, 1972 (éd. orig. 1956).

BONNANGE C., THOMAS C., *Don Juan ou Pavlov: essai sur la communication publicitaire*, Seuil, Paris, 1987.

BOULDING K.E., «Il est assez typique des esprits très créateurs d'enfoncer de très gros clous mais de taper toujours un peu à côté», dans STEARN, G.E., *Pour ou contre McLuhan*, Seuil, Paris, 1969, p. 61-69.

BRAMSON Leon, *The Political Context of Sociology*, Princeton University Press, Princeton, 1961.

BRAUDEL Fernand, *Civilisation matérielle, économie et capitalisme*, XVᵉ-XVIIIᵉ siècle. Les structures du quotidien: le possible et l'impossible, Armand Colin, Paris, 1979.

BRETON Philippe, «La cybernétique et les ingénieurs dans les années cinquante», *Culture technique*, mai 1984.

BRETON Philippe, «Quelques précisions sur l'origine et l'histoire de trois termes en rapport avec une identité disciplinaire: informatique, ordinateur, information», *Le Langage et l'homme*, n° 58, Bruxelles, mai 1985.

BRETON Philippe, «Culture matérielle et formation: le cas de l'informatique», *Éducation permanente*, n° 90, Paris, octobre 1987, p. 15-21.

BRETON Philippe, «Rencontres et oppositions entre le monde de l'informatique et celui de la communication», communication au colloque «Nouvelles technologies de la communication: stratégies et enjeux», Direction générale des télécommunications, université Paris-IX, 11 décembre 1987.

BRETON Philippe, *Histoire de l'informatique*, La Découverte, Paris, 1987.

BURGELIN Olivier, «Structural Analysis and Mass Communications. Tendency of French Research on the Mass Communications», *Studies of Broadcasting*, n° 6, Tokyo, 1968, p. 143-168.

BURRAGE Michael, «Two Approaches to the Study of the Mass Media», *Archives européennes de sociologie*, tome X, n° 2, Paris, 1969, p. 238-253.

CADET A., CATHELAT B., *La Publicité: de l'instrument économique à l'institution sociale*, Payot, Paris, 1968.

CAREY J., «Mass Communication Research and Cultural Studies: An American View», dans CURRAN J., GUREVITCH M., WOOL- LACOTT J., éds, *Mass Communication and Society*, Sage Publications, Beverly Hills, 1979, p. 409-425.

CATHELAT B., *Publicité et Société*, Payot, Paris, 1987.

CHARON J.-M., CHERKI E., *La Télématique domestique: état et perspectives*, CEMS, La Documentation française, Paris, 1985.

CICÉRON, *De l'orateur*, livre premier et livre second, texte établi et traduit par Edmond Courbaud, Les Belles Lettres, Paris, 1922.

COHEN John, *Les Robots humains dans le mythe et dans la science*, Vrin, Paris, 1968.

Collectif, «The Living McLuhan», dossier paru dans *Journal of Communication*, vol. 31, n° 3, été 1981, p. 116-199.

Commissariat général du Plan et CNRS, *Prospectives 2005:*

explorations de l'avenir, Economica, Paris, 1987: en particulier, les textes de François Gros, Henri Guillaume, Simon Nora, ainsi que le chap. 3: «Technologies d'information et société de communication.»

COMSTOCK G., *Television in America*, Sage Publications, Beverly Hills, 1980.

COMSTOCK G., CHAFFEE S., KATZMAN N., McCOMBS M., ROBERTS D., *Television and Human Behavior*, Columbia University Press, New York, 1978.

CORTEN A., TAHON M.-Bl., éds, *La Radicalité du quotidien: communauté et informatique*, VLB Éditeur, Montréal, 1988.

DAHLGREN Peter, «The Modes of Reception: For a Hermeneutics of TV News», dans DRUMMOND, P., PATERSON, R., éds, *Television in Transition: Papers from the First International Television Studies Conference*, British Film Institute, Londres, 1986, p. 235-249.

DAYAN Daniel, KATZ Elihu, «Performing Media Events», dans CURRAN J., SMITH A., WINGATE P., éds, *Impacts and Influences: Essays on Media Power in the Twentieth Century*, Methuen, Londres, 1987. p. 174-197.

DEFLEUR M.L., BALL-ROKEACH S.J., *Theories of Mass Communication*, Longman, New York, 1982.

DEGUISE Jacques, «L'entreprise de communication de masse», *Recherches sociographiques*, vol. XII, n° 1, Presses de l'université Laval Québec, 1971, p. 99-103.

DE LA HAYE Yves, *Dissonances*: critique de la communication, La Pensée sauvage, 1984.

DELLA SANTA André, *Une culture de l'imagination ou l'invention en rhétorique*, Patino, Genève, 1986.

DESCARTES, *Règles pour la direction de l'esprit*, Vrin, Paris, 1970.

DINCBUDAK Nezih, «Déréglementation de l'industrie des télécommunications: le cas américain», *Réseaux*, Paris, mars 1987, n°23.

DUBARLE Dominique, «Une nouvelle science: la cybernétique. Vers la machine à gouverner?», *Le Monde*, 28 décembre 1948.

DURANDIN Guy, *Les Mensonges en propagande et en publicité*, PUF, Paris, 1982.

ELLUL Jacques, *Histoire de la propagande*, PUF, «Que sais-je?», Paris, 1967.

ELLUL Jacques, *Le Bluff technologique*, Hachette, Paris, 1988.

ENCAOUA David et KŒBEL Philippe, «Réglementation et déréglementation des télécommunications: leçons anglo-saxonnes et perspectives d'évolution en France», *Revue économique*, n° spécial, mars 1987.

ENZENSBERGER H.M., «Constituents of a Theory of the Media», *New Left Review*, vol. 64, nov.-déc. 1970, New York, p. 13-36.

ESCARPIT Robert, *Théorie générale de l'information et de la communication*, Hachette Université, Paris, 1976.

EWEN Stuart, *Consciences sous influence: publicité et genèse de la société de consommation*, Aubier, Paris, 1983.

FABRE Maurice, *Histoire de la communication*, Éditions Rencontre et Erik Nitsche International, Paris, 1963.

FLICHY Patrice, *Les Industries de l'imaginaire: pour une analyse économique des media*, Presses universitaires de Grenoble, Grenoble, 1980.

FORESTER Tom, *High-Tech Society: The Story of the Information Revolution,* MIT Press, Cambridge, 1987.

FRANK R.E., GREENBERG, M.G., *The Public's Use of Television*, Sage Publications, Beverly Hills, 1980.

GALBRAITH J.K., *Le Nouvel État industriel: essai sur le système économique américain*, Gallimard, Paris, 1968.

GHEBALI Victor-Yves, «Télécommunications et développement», *Problèmes économiques et sociaux*, n° 576, La Documentation française, Paris, 1988.

GILLES Bertrand, «L'évolution de la civilisation technique», dans *Histoire générale des techniques*, tome 2: «Les premières étapes du machinisme», Presses universitaires de France, Paris, 1965, p. 125-139.

GILLES Bertrand, *Histoire des techniques*, «La Pléiade», Gallimard, Paris, 1978.

GIRAUD Alain, «Le mouvement de dérégulation», *Réseaux*, Paris, mars 1987, n° 23.

GOURNAY DE Chantal, «Service non compris», *Réseaux*, Paris, mars 1987, n° 23.

GOURNAY DE Chantal, MERCIER Pierre-Alain, «Le coq et l'âne:

du zapping comme symptôme d'une nouvelle culture télé-visuelle», *Quaderni,* n° 4, Paris, 1988, p. 95-113.

GRANOU André, *Capitalisme et mode de vie*, Cerf, Paris, 1974.

GRANOU A., BARON Y., BILLAUDOT B., *Croissance et crise*, Maspero, Paris, 1979 (nouvelle édition, 1986).

GRIMAL Pierre, *La Civilisation romaine*, Arthaud, Paris, 1968.

GRIMAL Pierre, *Cicéron*, Fayard, Paris, 1986.

GUBACK T., Varis T., *Transnational Communication and Cultural Industries*, Report n° 92, Unesco, Paris, 1982.

GUSDORF Georges, *La Parole*, PUF, Paris, 1952.

HAINEAULT D.-L., ROY J.-Y., *L'inconscient qu'on affiche: essai psychanalytique sur la fascination publicitaire*, Aubier, Paris, 1984.

HALL Stuart, «Culture, the Media and the "Ideological Effect"», dans CURRAN J., GUREVITCH M., WOOLLACOTT J., éds, *Mass Communication and Society*, Sage Publications, Beverly Hills, 1979, p. 315-348.

HALL Stuart, «Encoding/Decoding», dans HALL S., HOBSON D., LOWE, A., WILLIS P., éds, *Culture, Media, Language*, Hutchison, Londres, 1980, p. 128-138.

HALLORAN James, *Les Moyens d'information dans la société: nécessité de développer la recherche*, Unesco, Paris, 1970.

HALLORAN James, *The Effects of Television*, Panther Modern Society, Londres, 1970.

HAMELINK Cees J., «Les technologies de l'information et le tiers monde», *Revue Tiers Monde*, Paris, juillet-août 1987.

HAVELOCK Eric A., *Aux origines de la civilisation écrite en Occident*, Maspero, Paris, 1981.

HEIMS Steve J., *John von Neumann and Norbert Wiener*, MIT Press, Cambridge, Mass., 1982.

HENNION Antoine, MEADE Cécile, *Dans les laboratoires du désir: le travail des agences de publicité*, Centre de sociologie de l'innovation, École des mines de Paris, CNET/ CNRS, 1987.

HOGGART Richard, *La Culture du pauvre*, Minuit, Paris, 1970.

HORKHEIMER Max, ADORNO Theodor W., *La Dialectique de la raison*, Gallimard, Paris, 1974.

HOVLAND C.I., JANIS I.L., KELLEY H.H., *Communication and Persuasion: Psychological Studies of Opinion Change*, Yale University Press, New Haven, 1953.

HUET A., ION J., LEFÈBVRE A., MIÈGE B., PERON R., *Capitalisme et industries culturelles*, Presses universitaires de Grenoble, Grenoble, 1978.

IFRAH Georges, *Les Chiffres, ou l'histoire d'une grande invention*, Robert Laffont, Paris, 1985.

JACOBS Norman (sous la dir. de), *Culture for the Millions?*, Beacon Press, Boston, 1964; voir, en particulier, les textes de LAZARSFELD, SHILS, ARENDT.

JANOWITZ M., SCHULZE R., «Tendances de la recherche dans le domaine des communications de masse», *Communications*, n° 1, Paris, 1961, p. 16-37.

JAY Martin, *L'imagination dialectique: Histoire de l'école de Francfort*, Payot, Paris, 1977: «Théorie esthétique et critique de la culture de masse», p. 205-251.

JEAN Georges, *L'Écriture, mémoire des hommes*, Découvertes/ Gallimard, «Archéologie», Paris, 1987.

JOANNIS Henri, *De l'étude de motivation à la création publicitaire, et à la promotion des ventes*, Dunod, Paris, 1981.

JOUËT Josiane, *La Communication au quotidien*, La Documentation française, Paris, 1985.

JOUËT Josiane, «Le vécu de la technique. La télématique et la micro-informatique à domicile», *Réseaux*, Paris, juin 1987, n° 25.

JOUËT Josiane, *L'Écran apprivoisé: télématique et informatique à domicile*, CNET, Paris, 1987.

KAPFERER Jean-Noël, *Les Chemins de la persuasion*, Dunod, Paris, 1984.

KATCHOURINE A., *La Psychologie sociale, clé du marketing*, Editions Sabri, Paris, 1967.

KATZ E., *Communications Research since Lazarsfeld*, Occasional Paper, Gannett Center for Media Studies, Columbia University, New York, 1987.

KATZ E., LAZARSFELD P., *Personal Influence*, Free Press, Glencoe, 1955.

KATZ E., GUREVITCH M., HAAS H., «On the Use of the Mass Media for Important Things», *American Sociological Review*, vol. 38, n° 2, New York, avril 1973, p. 164-181.

KATZ E., LIEBES T., «Mutual Aid in the Decoding of *Dallas*: Preliminary Notes from a Cross-Cultural Study», dans

DRUMMOND P., PATERSON R., éds, *Television in Transition: Papers from the First International Television Studies Conference*, British Film Institute, Londres, 1986, p. 187-198.

KEY W.B., *Subliminal Seduction*, New American Library, New York, 1974.

KLAPP Orrin E., *Overload and Boredom: Essays on the Quality of Life in the Information Society*, Greenwood Press, Westport, 1986.

KLAPPER J.T., *The Effects of Mass Communication*, Free Press, New York, 1960.

LABARRE Albert, *Histoire du livre*, Presses universitaires de France, Paris, 1970.

LAGNEAU Gérard, *La Sociologie de la publicité*, PUF, Paris, 1983.

LANDES David S., *L'Europe technicienne*, Gallimard, Paris, 1975.

LAPOUGE Gilles, *Utopie et civilisations*, Flammarion, 1978.

LASSWELL H.D., LEITES N., et autres, *Language of Politics*, G.W. Stuart Publ., South Norwalk, 1949.

LASSWELL H.D., LERNER D., SOLA POOL I. DE, *The Comparative Study of Symbols*, Stanford University Press, Stanford, 1952.

LASSWELL H.D., «The Structure and Function of Communication in Society», dans SCHRAMM W., éd., *Mass Communication*, University of Illinois Press, Urbana, 1960, p. 117-130 (article publié originellement en 1948).

LAULAN Anne-Marie (sous la dir. de), *L'Espace social de la communication*, RETZ CNRS, Paris, 1986.

LAZARSFELD P.F., «Remarks on Administrative and Critical Communications Research», *Studies in Philosophy and Science*, 9, 1941, p. 3-16.

LAZARSFELD P.F., «Communication Research and the Social Psychologist», dans DENNIS W., éd., *Current Trends in Social Psychology,* University of Pittsburgh Press, Pittsburgh, 1948.

LAZARSFELD P.F., BERELSON B., GAUDET H., *The People's Choice,* Columbia University Press, New York, 1948.

LAZARSFELD P.F., MERTON R.K., «Mass Communication, Popular Taste and Organized Social Action», dans SCHRAMM W., éd., *Mass Communications*, University of Illinois Press, Urbana, 1966, p. 492-512.

274

LEFEBVRE Henri, *La Vie quotidienne dans le monde moderne*, Gallimard, Paris, 1968.

LEFEBVRE Henri, *De l'État*, tome 2, 10/18, Paris, 1976.

LEFEBVRE Henri, *Critique de la vie quotidienne*, 3 tomes, L'Arche, Paris, 1958, 1961, 1981.

LEISS W., KLINE S., JHALLY S., *Social Communication in Advertising*, Methuen, Toronto, 1986.

LESOURNE Jacques, GODET Michel, *La Fin des habitudes*, Seghers, Paris, 1985.

LÉVY Pierre, *La Machine univers. Création, cognition et culture informatique*, La Découverte, Paris, 1987.

LIGONNIÈRE Robert, *Préhistoire et histoire des ordinateurs*, Robert Laffont, Paris, 1987.

LINDON Denis, *Marketing politique et social*, Dalloz, Paris, 1976.

MACBRIDE Sean, *Voix multiples, un seul monde*, rapport de la Commission internationale d'étude des problèmes de la communication, La Documentation française, Unesco, Paris, 1980.

MAFFESOLI Michel, *La Conquête du présent*, PUF, Paris, 1979.

MANDROU Robert, *Histoire de la pensée européenne. Des humanistes aux hommes de science*, Seuil, Paris, 1973.

MARCHAND Marie, SPES, *Les Paradis informationnels: du Minitel aux services de communication du futur*, Masson, Paris, 1987.

MARCUS STEIFF Joachim, *Les Études de motivation*, Hermann, Paris, 1961.

MARCUS STEIFF Joachim, «Les effets de la publicité sur les ventes. Quelques résultats de l'analyse des données naturelles», *Revue française de sociologie*, vol.10, n° 3, 1969.

MARCUSE Herbert, *L'Homme unidimensionnel*, Minuit, Paris, 1968.

MARSHALL Alfred, *Industry and Trade*, Londres, 1920 (cité par BARAN et SWEEZY, 1968).

MARTIN Henri-Jean, «L'imprimerie, origine et conséquences d'une découverte», dans *L'Écriture et la psychologie des peuples*, Librairie Armand Colin, Paris, 1963, p. 279-299.

MATTELART Armand, *Multinationales et systèmes de communication*, Anthropos, Paris, 1976.

MATTELART A., DELCOURT X., MATTELART M., *La Culture contre*

275

la démocratie ? L'audiovisuel à l'heure transnationale, La Découverte, Paris, 1984.

MATTELART A. et M., *Penser les médias*, La Découverte, Paris, 1986.

MATTELART A. et M., *Le Carnaval des images: la fiction brésilienne*, La Documentation française, Paris, 1987.

MAYO John S., «New Developments in Computer and Communications Technologies», *Vital Speeches of the Day*, 53:16, 1er juin 1987, p. 499-503.

MCANANY E.G., «Cultural Industries in International Perspective: Convergence or Conflict?», dans DERVIN B., VOIGT M.J., éds, *Progress in Communication Sciences*, vol. VII, Ablex Publ. Corp., Norwood, 1986, p. 1-29.

MCCORMARCK Thelma, «Reflections on the Lost Vision of Communication Theory», dans BALL-ROKEACH S.J., CANTOR M.G., éds, *Media, Audience, and Social Structure*, Sage Publications, Newbury Park, 1986, p. 34-42.

MCLUHAN Marshall, *The Mechanical Bride: Folklore of Industrial Man*, Beacon Press, Boston, 1967 (édition orig. 1951).

MCLUHAN Marshall, *La Galaxie Gutenberg*, Mame, Paris, 1967.

MCLUHAN Marshall, *Pour comprendre les médias*, Mame Seuil, Paris, 1968.

MCLUHAN Marshall, *D'œil à oreille,* HMH, Montréal, 1977.

MCQUAIL Denis, *Towards a Sociology of Mass Communications*, Collier-Macmillan, Londres, 1969.

MCQUAIL Denis, *Mass Communication Theory: An Introduction*, Sage Publications, Londres, 1983.

MCQUAIL Denis, «Functions of Communication: A Nonfunctionalist Overview», dans BERGER C.R., CHAFFEE S.H., éds, *Handbook of Communication Science*, Sage Publications, Newbury Park, 1987, p. 327-349.

MERCIER Pierre-Alain, «La culture logicielle», *Critique régionale*, n° 16, Institut de sociologie, université de Bruxelles, Bruxelles, 1988, p. 101-107.

MERCIER P.-A., PLASSARD, F., SCARDIGLI, V., *La Société digitale: les nouvelles technologies au futur quotidien*, Seuil, Paris, 1984.

MERTON Robert K., *Éléments de théorie et de méthode*

sociologique, Plon, Paris, 1965: «Sociologie de la connaissance et psychologie sociale», p. 325-336.

MEYER T.P., TRAUDT P.J., ANDERSON J.A., «Nontraditional Mass Communication Research Methods: An Overview of Observational Case Studies of Media Use in Natural Settings», *Communication Yearbook*, 4, Transaction Books, New Brunswick, 1980, p. 261-275.

MISSIKA Jean-Louis, WOLTON Dominique, *La Folle du logis: la télévision dans les sociétés démocratiques*, Gallimard, Paris, 1983, chap. 6: «Les empiriques et les critiques», p. 186-214.

MOLES Abraham A., *Sociodynamique de la culture*, Mouton, Paris, 1967.

MORIN Edgar, *L'Esprit du temps*, Grasset, Paris, 1962.

MORIN Edgar, «Nouveaux courants dans l'étude des communications de masse», dans *Essais sur les mass media et la culture*, Unesco, Paris, 1971, p. 23-48.

MORIN Edgar, *Les Stars*, Seuil, Paris, 1972 (1ère édition, 1957).

MORIN, Edgar, *Pour sortir du xxe siècle*, F. Nathan, Paris, 1981.

MOUNIN Georges, *Introduction à la sémiologie*, Minuit, Paris, 1970.

MUCCHIELLI Roger, *Communication et réseaux de communication*, Éditions ESF, Paris, 1976.

MURPHY Brian M., *The International Politics of New Information Technology*, St. Martin's Press, New York, 1986.

MURRAY J.P., *Television & Youth: 25 Years of Research & Controversy*, The Boys Center for the Study of Youth Development, Stanford, 1980.

NEEDHAM Joseph, *La Science chinoise et l'Occident*, Seuil, Paris, 1969.

NIVAT Maurice, *Savoir et savoir-faire en informatique*, La Documentation française, Paris, 1983.

NORDENSTRENG K., SCHILLER H.I., éds, *National Sovereignty and International Communication*, Ablex, Norwood, 1979.

ORTEGA Y GASSET José, *La Révolte des masses*, Gallimard, Paris, 1961.

PACKARD Vance, *La Persuasion clandestine*, Calmann-Lévy, Paris, 1963.

PERELMAN Ch., OLBRECHTS-TYTECA, *Traité de l'argumentation*, *la nouvelle rhétorique*, Éditions de l'université de Bruxelles, 1970.

PIERCE William, JEQUIER Nicolas, «Les télécommunications au service du développement», *Rapport de synthèse du projet UIT-OCDE sur la contribution des télécommunications au développement économique et social*, UIT, Genève, 1983.

PRINGLE Peter, SPIGELMAN James, *Les Barons de l'atome*, Seuil, 1982.

PROULX Serge, «De la pratique publicitaire au Québec», *Communications*, n° 17, Seuil, Paris, 1971, p. 141-151.

PROULX Serge, *La Production sociale du discours publicitaire*, thèse de doctorat de troisième cycle, École pratique des hautes études, université de Paris, Paris, 1973.

PROULX Serge (sous la dir. de, avec P. BRISSON, G. KHOL et P. VALLIÈRES,), *Vie quotidienne et usages possibles des médias dans l'avenir,* Recherche prospective, ministère des Communications, gouvernement du Québec, Québec, 1982.

PROULX Serge (sous la dir. de), *Vivre avec l'ordinateur: les usagers de la micro-informatique,* G. Vermette, Montréal, 1988.

PROULX Serge, Tahon Marie-Blanche, «La dimension culturelle de la micro-informatique», *Loisir et Société*, Presses de l'université du Québec, Trois-Rivières, décembre 1988.

QUÉRÉ Louis, *Des miroirs équivoques. Aux origines de la communication moderne*, Aubier Montaigne, Paris, 1982.

QUÉRÉ Louis, «Sociabilité et interactions sociales», *Réseaux*, n° 29, CNET, Paris, 1988, p. 75-91.

RANDELL Brian, éd., *The Origins of Digital Computers*, Springer-Verlag, Berlin Heidelberg, New York, 1982.

RAVAULT René-Jean, «Information Flow: Which Way is the Wrong Way?», *Journal of Communication*, 31: 4, automne 1981, p. 129-134.

RAVAULT René-Jean, «Défense de l'identité culturelle par les réseaux traditionnels de "coerséduction"», *Revue internationale de science politique,* 7:3, juillet 1986, p. 251-280.

REAL M.R., *Mass-Mediated Culture*, Prentice-Hall, Englewood Cliffs, 1977.

REBOUL Olivier, *La Rhétorique*, PUF, «Que sais-je?», Paris, 1984.

REVEL J.-F., *Contre Censures*, J.-J. Pauvert, Paris, 1966.

RICHARD E., «Historique du marketing», *L'Actualité économique*, vol. 41, n° 3, Montréal, 1965.

RICHERI Giuseppe, «Television from Service to Business: European Tendencies and the Italian Case», dans DRUMMOND P., PATERSON R., éds, *Television in Transition: Papers from the First International Television Studies Conference*, British Film Institute, Londres, 1986, p. 21-35.

RILEY J.W., RILEY M.W., «Mass Communication and the Social System», dans MERTON R.K., BROOM L., COTTRELL L.S., éds, *Sociology Today,* Basic Books, New York, 1959, p. 537-578.

ROGERS E.M., *Diffusion of Innovations*, Free Press, New York, 1962.

ROGERS E.M., KINCAID D.L., *Communication Networks: Toward a New Paradigm for Research*, Free Press, New York, 1981.

ROQUEPLO Philippe, *Cultiver la technique*, ministère de la Recherche, Dalloz, Paris, 1983.

ROSENBERG B., WHITE D.M. (sous la dir. de), *Mass Culture: The Popular Arts in America*, Free Press, New York, 1957; voir, en particulier, les textes de MACDONALD, ANDERS, LANG, LAZARSFELD et MERTON, ADORNO.

ROSZAK Theodor, *The Cult of Information*, Pantheon Books, New York, 1986.

SANGER David E., «Wall Street's Tomorrow Machine», *The New York Times*, 19 octobre 1986.

SAUSSURE F. DE, *Cours de linguistique générale*, Payot, Paris, 1971.

SCHILLER H.I., *Mass Communications and American Empire*, Beacon Press, Boston, 1971.

SCHILLER H.I., *Communication and Cultural Domination*, M.E. Sharpe Inc., White Plains, New York, 1976.

SCHILLER H.I., «Electronic Utopias and Structural Realities», dans WHITNEY, D.C., WARTELLA, E., *Mass Communication Review Yearbook*, n° 3, Sage Publications, Beverly Hills, 1982, p. 283-287.

SCHILLER H.I., «Electronic Information Flows: New Basis for Global Domination?», dans DRUMMOND P., PATERSON R., éds, *Television in Transition: Papers from the First International Television Studies Conference*, British Film Institute, Londres, 1986, p. 11-20.

SFEZ Lucien, *Critique de la communication*, Seuil, Paris, 1988.

SIMON Denis Fred, «China's Computer Strategy», *China Business Review*, novembre-décembre 1986.

SINGER B.D., *Advertising and Society*, Addison-Wesley Publ. Ltd, Don Mills (Ontario), 1986.

SLACK J.D., ALLOR M., «The Political and Epistemological Constituents of Critical Communication Research», *Journal of Communication*, vol. 33, n° 3, 1983, p. 208-218.

SOLA POOL I. DE, éd., *Trends in Content Analysis*, University of Illinois Press, Urbana, 1959.

STEINER G.A., *The People Look at Television*, Alfred A. Knopf, New York, 1963.

STEINER George, *Dans le château de Barbe-Bleue. Notes pour une redéfinition de la culture*, Gallimard, Paris, 1973.

STERNBERG B., SULLEROT E., *Aspects sociaux de la radio et de la télévision*, Mouton, Paris, 1966, partie I.

TREMBLAY Gaëtan, «Développement des industries culturelles et transformation de la radiodiffusion canadienne», *Cahiers de recherche sociologique,* 4: 2, 1986, p. 39-62.

TUNSTALL Jeremy, *Communications Deregulation: The Unleashing of America's Communications Industry*, Basil Blackwell, New York, 1986.

TURING Alan, «Les ordinateurs et l'intelligence», *Pensée et Machine*, Coll. «Milieux», Champ Vallon, Paris, 1983.

VICTOROFF David, *La Publicité et l'image*, Denoël-Gonthier, Paris, 1978.

VITALARI N.P., VENKATESH A., «In-Home Computing and Information Service: A Twenty-Year Analysis of the Technology and Its Impacts», *Telecommunications Policy*, 11:1, mars 1987, p. 65-81.

VITALIS André, *Informatique, pouvoir et libertés*, Economica, Paris, 1981 (nouvelle édition, 1988).

VITALIS André, *Les Enjeux socio-politiques et culturels du système télématique TELEM*, LIANA, université de Nantes, 1983.

WHITE D.M., «Mass Communications Research: A View in Perspective», dans DEXTER L., WHITE D.M., éds, *People, Society and Mass Communications*, Free Press, New York, 1964, p. 521-546.

WHITE R.A., «Mass Communication and Culture: Transition to

a New Paradigm», *Journal of Communication*, vol. 33, n° 3, été 1983, p. 279-301.

WIENER Norbert, *Cybernetics or Control and Communication in the Animal and the Machine*, Hermann, Paris, 1948.

WIENER Norbert, *Cybernétique et Société*, Deux-Rives, Paris, 1952.

WIENER N., ROSENBLUETH A., BIGELOW J., «Comportement, intention et téléologie», *Les Études philosophiques*, 1961, n° 2.

WILLIAMS Raymond, *Culture and Society 1780-1950*, Penguin Books, Harmondsworth, 1961.

WILLIAMS Raymond, *Television: Technology and Cultural Form*, Fontana-Collins, Londres, 1974.

WILLIAMS Raymond, «Advertising: the Magic System», dans *Problems in Materialism and Culture*, Verso Editions, Londres, 1980, p.170-195.

WILLIAMS Raymond, *The Sociology of Culture*, Schoken Books, New York, 1981.

WINKIN Yves éd., *La Nouvelle Communication*, Seuil, Paris, 1981.

WINSTON Brian, *Misunderstanding Media*, Harvard University Press, Cambridge, 1986.

WOLTON Dominique, «Vers la société médiatique», *Le Monde*, Paris, 7 septembre 1984.

WOLTON Dominique, «La prospective de l'audiovisuel est-elle une question technique?», dans Commissariat général du Plan et CNRS, *Prospectives 2005: explorations de l'avenir*, Economica, Paris, 1987, p. 199-202.

WRIGHT C.R., «Functional Analysis and Mass Communication», dans DEXTER L., WHITE D.M., éds, *People, Society and Mass Communications*, Free Press, New York, 1964, p. 91-109 (article publié originellement en 1960).

WRIGHT C.R., «Functional Analysis and Mass Communication Revisited», dans BLUMLER J.G., KATZ E., éds, *The Uses of Mass Communications: Current Perspectives on Gratifications Research*, Sage Publications, Beverly Hills, 1974, p. 197-212.

WYMAN David S., *L'Abandon des juifs. Les Américains et la solution finale*, Flammarion, Paris, 1987.

YATES Frances, *L'Art de la mémoire*, Gallimard, Paris, 1975.

Table

II. LA PERCÉE DES MÉDIAS ET DES NOUVELLES TECHNIQUES

285

Achevé d'imprimer en janvier 1989
sur les presses de la SEPC, Saint-Amand (Cher)
Dépôt légal : janvier 1989
Numéro d'imprimeur : 029
Premier tirage : 5 000 exemplaires
ISBN 2-7071-1786-2
ISBN 2-89052-254-7